本书出版获得中国社会科学院大学中央高校基本科研业务费资助支持

中国社会科学院大学文库

教育体系与国家竞争力
——以英法德美四国为例

高迎爽 著

34

社会科学文献出版社
SOCIAL SCIENCES ACADEMIC PRESS (CHINA)

"中国社会科学院大学文库"
总　序

　　恩格斯说："一个民族要想站在科学的最高峰，就一刻也不能没有理论思维。"人类社会每一次重大跃进，人类文明每一次重大发展，都离不开哲学社会科学的知识变革和思想先导。中国特色社会主义进入新时代，党中央提出"加快构建中国特色哲学社会科学学科体系、学术体系、话语体系"的重大论断与战略任务。可以说，新时代对哲学社会科学知识和优秀人才的需要比以往任何时候都更为迫切，建设中国特色社会主义一流文科大学的愿望也比以往任何时候都更为强烈。身处这样一个伟大时代，因应这样一种战略机遇，2017 年 5 月，中国社会科学院大学以中国社会科学院研究生院为基础正式创建。学校依托中国社会科学院建设发展，基础雄厚、实力斐然。中国社会科学院是党中央直接领导、国务院直属的中国哲学社会科学研究的最高学术机构和综合研究中心，新时期党中央对其定位是马克思主义的坚强阵地、党中央国务院重要的思想库和智囊团、中国哲学社会科学研究的最高殿堂。使命召唤担当，方向引领未来。建校以来，中国社会科学院大学聚焦"为党育人、为国育才"这一党之大计、国之大计，坚持党对高校的全面领导，坚持社会主义办学方向，坚持扎根中国大地办大学，依托社科院强大的学科优势和学术队伍优势，以大院制改革为抓手，实施研究所全面支持大学建设发展的融合战略，优进优出、一池活水，优势互补、使命共担，形成中国社会科学院办学优势与特色。学校始终把立德树人作为立身之本，把思想政治工作摆在突出位置，坚持科教融合、强化内涵发展，在人才培养、科学研究、社会服务、文化传承创新、国际交流合作等方面不断开拓创新，为争创"双一流"大学打下坚实基础，积淀了先进的发展经验，呈现出蓬勃的发展态势，成就了今天享誉国内的"社科大"品牌。"中国社会科学院大学文库"就是学校倾力打造的学术品牌，如果将学校之前的学术研究、学术出版比作一道道清澈的溪流，"中国社会科学院大学文库"的推出可谓厚积薄发、百川归海，恰逢其时、意义深远。为其作序，我深感荣幸和骄傲。

高校处于科技第一生产力、人才第一资源、创新第一动力的结合点，是新时代繁荣发展哲学社会科学，建设中国特色哲学社会科学创新体系的重要组成部分。我校建校基础中国社会科学院研究生院是我国第一所人文社会科学研究生院，是我国最高层次的哲学社会科学人才培养基地。周扬、温济泽、胡绳、江流、浦山、方克立、李铁映等一大批曾经在研究生院任职任教的名家大师，坚持运用马克思主义开展哲学社会科学的教学与研究，产出了一大批对文化积累和学科建设具有重大意义、在国内外产生重大影响、能够代表国家水准的重大研究成果，培养了一大批政治可靠、作风过硬、理论深厚、学术精湛的哲学社会科学高端人才，为我国哲学社会科学发展进行了开拓性努力。秉承这一传统，依托中国社会科学院哲学社会科学人才资源丰富、学科门类齐全、基础研究优势明显、国际学术交流活跃的优势，我校把积极推进哲学社会科学基础理论研究和创新，努力建设既体现时代精神又具有鲜明中国特色的哲学社会科学学科体系、学术体系、话语体系作为矢志不渝的追求和义不容辞的责任。以"双一流"和"新文科"建设为抓手，启动实施重大学术创新平台支持计划、创新研究项目支持计划、教育管理科学研究支持计划、科研奖励支持计划等一系列教学科研战略支持计划，全力抓好"大平台、大团队、大项目、大成果"等"四大"建设，坚持正确的政治方向、学术导向和价值取向，把政治要求、意识形态纪律作为首要标准，贯穿选题设计、科研立项、项目研究、成果运用全过程，以高度的文化自觉和坚定的文化自信，围绕重大理论和实践问题展开深入研究，不断推进知识创新、理论创新、方法创新，不断推出有思想含量、理论分量和话语质量的学术、教材和思政研究成果。"中国社会科学院大学文库"正是对这种历史底蕴和学术精神的传承与发展，更是新时代我校"双一流"建设、科学研究、教育教学改革和思政工作创新发展的集中展示与推介，是学校打造学术精品、彰显中国气派的生动实践。

"中国社会科学院大学文库"按照成果性质分为"学术研究系列""教材系列""思政研究系列"三大系列，并在此分类下根据学科建设和人才培养的需求建立相应的引导主题。"学术研究系列"旨在以理论研究创新为基础，在学术命题、学术思想、学术观点、学术话语上聚焦聚力，推出集大成的引领性、时代性和原创性的高层次成果。"教材系列"旨在服务国家教材建设重大战略，推出适应中国特色社会主义发展要求、立足学术和教学前沿、体现社科院和社科大优势与特色、辐射本硕博各个层次、涵盖纸质和数字化等多种载体的系列课程教材。"思政研究系列"旨在聚焦重大理论问题、工作探索、实践经验等领域，推出一批思想政治教育领域具有影响力的理论和实践研究成果。文库将借助与社会科学文献出版社的战略合作，加大高层次成果的产出与传播。既突出学术研究的理论性、学术性和创新性，推出新时代哲学社会科学研究、教材编写和思政研究的最新理论成果；又注重引导围绕国家重大战略需求开展前瞻性、针对性、储备性政策研究，推出既通"天线"又接"地气"，能有效发挥思想库、智囊团作用的智库研究成果。文库坚持"方向性、开放式、高水平"的建设理念，以马克思主义为领航，严把学术出版的政治方向关、价值取向关、学术安全关和学术质量关。入选文库的作者，既有德高望重的学部委员、著名学者，又有成果丰硕、担当中坚的学术带头人，更有崭露头角的"青椒"新秀；既以我校专职教师为主体，也包括受聘学校特聘教授、岗位教师的社科院研究人员。我们力争通过文库的分批、分类持续推出，打通全方位、全领域、全要素的高水平哲学社会科学创新成果的转化与输出渠道，集中展示、持续推广、广泛传播学校科学研究、教材建设和思政工作创新发展的最新成果与精品力作，力争高原之上起高峰，以高水平的科研成果支撑高质量人才培养，服务新时代中国特色哲学社会科学"三大体系"建设。

历史表明，社会大变革的时代，一定是哲学社会科学大发展的时代。当代中国正经历着我国历史上最为广泛而深刻的社会变革，也正在进行着人类历史上最为宏大而独特的实践创新。这种前无古人的伟大实践，必将给理论创造、学术繁荣提供强大动力和广阔空间。我们深知，科学研究是永无止境的事业，学科建设与发展、理论探索和创新、人才培养及教育绝非朝夕之事，需要在接续奋斗中担当新作为、创造新辉煌。未来已来，将至已至。我校将以"中国社会科学院大学文库"建设为契机，充分发挥中国特色社会主义教育的育人优势，实施以育人育才为中心的哲学社会科学教学与研究整体发展战略，传承中国社会科学院深厚的哲学社会科学研究底蕴和40多年的研究生高端人才培养经验，秉承"笃学慎思明辨尚行"的校训精神，积极推动社科大教育与社科院科研深度融合，坚持以马克思主义为指导，坚持把论文写在大地上，坚持不忘本来、吸收外来、面向未来，深入研究和回答新时代面临的重大理论问题、重大现实问题和重大实践问题，立志做大学问、做真学问，以清醒的理论自觉、坚定的学术自信、科学的思维方法，积极为党和人民述学立论、育人育才，致力于产出高显示度、集大成的引领性和标志性原创成果，倾心于培养又红又专、德才兼备、全面发展的哲学社会科学高精尖人才，自觉担负起历史赋予的光荣使命，为推进新时代哲学社会科学教学与研究，创新中国特色、中国风骨、中国气派的哲学社会科学学科体系、学术体系、话语体系贡献社科大的一份力量。

（张政文　中国社会科学院大学党委常务副书记、校长、中国社会科学院研究生院副院长、教授、博士生导师）

目 录

第一章　引言：教育与国家竞争力的关系

第一节　研究缘起

自近代民族国家形成以来，国家之间的相互竞争成为世界发展格局的"主旋律"，围绕包括军事竞争、经济竞争、教育竞争、文化竞争在内的国家竞争力就成为各国政府关注的焦点。各国为提升本国在国际竞争中的优势地位，不仅将国家竞争力作为判断国际关系格局的重要标准，还将其作为国家战略制度设计、决策部署、政策制定的依据。我国关于国家竞争力的诸多研究中一个共同特征就是从不同角度强调了人才对国家竞争力的重要推动作用，教育、人才、技术、创新作为国家竞争力的核心要素的作用随着时代进步而愈加凸显，同时，制度、法规也是影响国家竞争力的主要因素。教育与国家竞争力之间的关系不证自明。尤其是第三次工业革命以来，科技创新推动产业技术进步与结构转型升级，想要建设现代化产业体系，就必须坚持科技是第一生产力、人才是第一资源、创新是第一动力，将教育、科技、人才、创新作为增强国家竞争力的关键要素，促进教育、科技、人才三位一体发展。综观历史上国家竞争力位于前列的国家，它们的一个共同特征就是非常重视教育，美国、德国、瑞士、芬兰等一些欧美国家，长期以来它们投入大量财力、物力用于人力资源的优化，这些国家高度重视教育在提升国民素质方面的作用，将教育作为经济发展的重要基础。美国前总统奥巴马多次强调教育与重振美国经济的关系，他认为牺牲教育就是牺牲未来。国民只有受到更好的教育，国家才会更安全、生活才会更美好。奥巴马政府把教育上的任何放弃都视为美国的失败。自2021年拜登上任美国总统以来，科技对抗就成为中美竞争的焦点。可见，以美国为代表的一些发达国家将教育提升到危及国家安全的高度。教育是将人与政治、经济联结在一起的桥梁。国家在其中发挥着规划、引导、实施的作用。发达国家不仅重视教育的投入，还从国家发展战略的角度进行制度设计，逐渐形成一套适合本国产业发展的、独具特色的教育制度，由制度竞争力催生了教育竞争力，进而实现了国家竞争力的提升。教育发展、国家竞争力提升都是动态的过程。我们不禁思考在经历三次产业革命之后，发达国家通过教育提升国家竞争力的措施、路径、模式以及影响是什么？各级各类教育如何适应本国经济和社会发展的需求？教育体系与国家竞争力之间的张力到底是如何形成并产生共振的？

2010 年首次发布的《国家竞争力蓝皮书：中国国家竞争力报告》中指出，在 G20 国家中，中国人口资源总量排名第一，但由于本科以上学历、技能人才、工程师和科学家所占比重较低，劳动力整体素质不高，人力资本构成指数仅是美国的 1/12、日本的 1/10，连续 5 年排在第 18 位。在教育方面，中国虽然高等教育规模已位居世界第 1，但中国的顶尖高校与世界著名高校相比，整体水平不高，距世界一流大学的指标较远；高等教育指数虽然排在第 4 位，但指数值却不及欧盟的 1/10，只占美国的 1/3。在科学技术方面，世界知名研究机构数量排名中前三位依次是美国、法国和德国，中国虽然在 2008 年上升到第 6 位，但美国每百万人中从事研发的研究和技术人员是中国的 5 倍。中国拥有超级计算机的数量位于世界第 7，排在美国、欧盟、英国、法国、德国和日本之后，2008 年中国超级计算机 500 强中拥有量为 15 台，而美国是 290 台，可见两国在高科技发展的重要工具方面的差距。[①]

纵览我国之前经济发展，经济增长依靠的不是人才、技术的竞争力，而是劳动密集型的低端加工制造业、组装加工环节等低附加值的产业，层次低、消耗高、污染重、工资低，企业因为没有核心技术而缺乏国际竞争力。一方面，我国产业结构调整、升级需要知识、技术和人才的支持；另一方面，我国高校毕业生就业难已成为全社会关注的问题。2023 年，我国有 1158 万应届大学毕业生，再加上中职毕业生以及部分初中、高中毕业未就业群体，就业形势严峻。加之国内多个传统行业因不景气大幅度减员，新兴技术的广泛应用又带来新职业、新岗位的人才紧缺，产业结构升级造成结构性失业加剧。大学生就业形势的严峻，将危及国家政治稳定、经济发展和社会和谐。大学

---

① 倪鹏飞主编《国家竞争力蓝皮书：中国国家竞争力报告》，社会科学文献出版社，2010，第 77~78 页。

毕业生就业难、择业难，企业招人难、用人难，造成这种结构性矛盾的根本原因是我国教育结构与产业结构失调，教育体系无法支撑教育结构主动适应产业结构调整与升级，很难有效地为经济发展提供知识、技术与智力支持，从而造成教育低效、人力资源浪费。国家是统整教育资源、经济资源的重要力量，其应该如何在教育方面分配资源？如何调整教育结构从而提升教育效能？这需要政府、产业界、教育界以及社会各界人士的共同思考与努力。

从产业安全角度看，在国际化背景下，提升产业竞争力是产业安全理论的主要研究内容。教育作为提升产业竞争力的重要方面，也属于产业安全理论的研究范畴。诚如李孟刚教授[①]在谈到非传统国家安全观产生与发展的必要性时所说，过去国家关心的主要是生存安全，而现在更多的是关注国家发展。在知识经济时代，影响国家发展的因素更为复杂，掌握关键核心技术，增强科技创新能力，拥有一大批高质量技能人才成为决定国家自立自强、影响国家安全的关键"钥匙"。习近平总书记多次在会议中强调，只有把关键核心技术掌握在自己手中，才能从根本上保障国家经济安全、国防安全和其他安全。[②] 国家不发展或倒退，都将从根本上影响国家安全，即目前国家安全的外部威胁在减小，而影响国家安全的内部因素的地位和影响却在上升。国家经济上的贫困、政治上的腐败以及国民素质的低下、教育制度的落后等可能成为更大的威胁。国际竞争的主战场已经从军事力量转向科技力量及经济力量、教育力量之上。如何占领科技和经济制高点成为各国的焦点，而作为科技的原发地、经济后备人才基地的教育也就成为各国关注的重点。

人才属于国家的战略资源。2010 年《国家竞争力蓝皮书：中国国家竞争力报告》明确指出，科技、人才、教育、文化等是国家竞争力的核心。党的二十大报告明确提出教育、科技、人才三位一体发展的战略意义，强调加快建设国家战略人才队伍，努力培养造就更多大师、战略科学家、一流科技人才和创新团队、青年科技人才、卓越工程师、大国工匠、高技能人才。想要解决关键核心技术受制于人、高水平科技自立自强和"卡脖子"难题，推动教育体系改革，提高人才培养质量是关键。教育体系的变革，一方面需要政治决策的推动，另一方面也需要劳动力市场的激发。目前，我国如何从劳动

---

① 李孟刚：《产业安全理论的研究》，北京交通大学博士学位论文，2006，第 25～26 页。

② 蔡珏、董晓辉：《努力把关键核心技术掌握在自己手中》，《红旗文稿》2023 年第 10 期。

密集型转向知识密集型、从中国制造走向中国创造，必须通过教育挖掘人口红利，通过研发、设计、创新、升级，调整产业结构，形成自己的品牌竞争力，才能在国际竞争中处于不败之地，中华民族伟大复兴的梦想才能实现。英国、法国、德国和美国等发达资本主义国家教育体系的演变对其国家竞争力提升发挥的不同作用值得我们借鉴。因此，从英、法、德、美四国教育体系形成与变革的视角探究教育与国家竞争力之间的关系，具有重要意义。

第二节　国内外研究现状

教育与国家竞争力是一个宏大、抽象的概念，国家人力资源质量以及技术创新与经济生产率成长之间的关系，现在已成为共识，关于这方面的论述很多，散见于有关国家竞争力、人力资源等相关著作以及国家教育和科技政策文件中。但具体到教育体系形成与变革和国家竞争力之间关系的研究还较为少见，研究成果主要分为理论研究与实践研究两个方面。

首先，国外关于教育体系形成与变革和国家竞争力之间关系的理论研究。现代教育起源于西方，因而西方关于教育体系的理论研究与实践尝试起步较早，但关于教育体系的研究多为教育管理制度、教育经费投入等制度层面的研究，关于教育结构体系的理论性研究较少，介绍性居多。大多数关于教育体系的研究多从国家政治、经济的视角研究，如美国雷·马歇尔和马克·塔克所著的《教育与国家财富：思考生存》，英国安迪·格林所著《教育与国家形成：英、法、美教育体系起源之比较》和《教育、全球化与民族国家》。还有一些这方面的论述散见于经济类或教育类著作中，在此不一一列举，所有这些为本书的理论与实践体系重构提供了有益借鉴。但这里的教育以及教育体系多是笼统的分析，真正关于各级各类教育结构体系与国家竞争力之间关系的论述较少。

其次，国内关于教育体系与国家竞争力之间关系的理论与实践研究。自新中国成立后，我国先后多次针对经济发展需求进行教育结构体系调整，如1951 年开始调整全国学制，1952 年进行院系调整，改革开放后教育结构的几次重大调整，一直持续至今，关于这方面的研究很多。英、法、德、美是世界上发达资本主义国家的代表，关于这四个国家教育体系的研究散见于一些外国教育史的教科书、史料中，可为本书提供资料支撑。但这些研究缺乏系统连贯性，或是对某个国家或几个国家教育体系的比较分析，或是对教育结构中某一类型教育的比较研究，从国家竞争力的视角对教育结构体系进行综合研究的尚属少见。

总体来看，国内外关于英、法、德、美教育体系形成与变革方面的研究可为本书提供资料与参考，关于四国国家竞争力的研究有助于本项目正确理解这一概念。但关于四国教育体系变迁和国家竞争力之间的关系需要阐释，以提升国家竞争力为目的的教育体系框架需要构建，这不仅仅是教育实践领域也是教育理论界必须回应的问题。

第三节　研究目标与研究内容及意义

一　研究目标

本书拟从历史的维度和比较的视角，分析英、法、德、美四国政府为提升"国家竞争力"，在教育体系的形成与变革中所扮演的角色、采取的措施、取得的成效以及经验与启示。在分析上述四国教育发展路径的基础上，探索国家如何通过教育体系变革形成本国教育竞争力，进而更好地提升国家竞争力。在此基础上，基于我国实现人才强国战略、科教兴国战略、创新驱动发展战略（简称"三大战略"）和建设创新型国家的目标，本书力求探索构建"以实现中华民族伟大复兴的中国梦"为宏旨的现代教育体系，为实现我国的"强国梦"，协同推进教育、科技、人才三位一体发展，促进中国式现代化建设提供些许建设性方略。

二　研究内容

本书通过比较分析英、法、德、美教育体系形成与变革历程，结合四国在不同历史阶段的政治、经济状况，分析教育体系与国家竞争力之间的关系。重点考察能够提升国际竞争力的教育体系是如何产生的、哪些因素促成了这些教育体系的演变？政府是如何制定政策、实施政策的？国家如何发挥强有力的影响力？这种影响即政府通过政策的干预，局部或全面地改善人力资源的竞争优势的重要举措。从历时和共时两个维度探讨怎样的教育体系更能激发教育的活力、怎样的教育结构体系更能促进经济社会的发展。在此基础上，从历史的维度和政治哲学的视域，分析提升国家竞争力的教育体系的应然状态，在实然状态下政府该如何作为，同时探索构建能够提升我国国家竞争力的教育体系改进范式。

三 研究意义

（一）学术建设价值

本书具有理论建设价值。教育的强国职能貌似人人皆知，自1995年我国逐步推进科教兴国、人才强国和创新驱动发展的三大战略以来，不少学者通过理论研究与实证分析充分论证了教育与经济增长、科技创新和人才培养之间的密切关系。教育体系建设在推动经济可持续发展、促进产业技术进步、提高人才结构质量方面起到积极影响。然而，国家如何通过介入教育，怎样通过教育体系的调整、演变促进国家竞争力提升这一议题，在以往的研究中并没有专门的论述。因此，有必要构建适于国家创新发展需要的教育体系，并在提升国家竞争力方面彰显教育体系的竞争优势。西方发达资本主义国家教育体系是如何形成、完善，如何适应产业发展的人才需求、怎样提升国家竞争力的？政府扮演了什么角色，如何实施的？当前我国教育体系的完善应如何调整教育结构？这些都未得到充分的认识和研究，这与我国科教兴国、人才强国与创新驱动发展战略不相称。因此，本书试图从政治哲学视角分析发达国家如何通过教育体系的形成与变革，激发人才、科技与创新的活力促使国家竞争力的提升，为实现中国式现代化建设提供理论依据。这也正是本书的理论价值所在。

（二）实践指导价值

从实践关切看，研究英、法、德、美教育体系的演变与国家竞争力之间的关系在实践上回应了我国建设创新型国家和落实人才强国战略对教育体系改革的要求。随着国际竞争日趋激烈，几乎所有国家都面临提升国家竞争力问题。国家竞争力不仅仅是经济问题，它还是一个社会问题、教育问题，更是一个政治问题。学术界已经认识到，在一定意义上，竞争力就是生产力。政府应该通过什么样的方式方法，创造一个国家竞争力能够顺利快速发展的合适环境，这是很多国家共同关注的话题。现阶段，我国正处在实现中华民族伟大复兴的关键阶段，国家深入贯彻落实"三大战略"，将协同推进教育、科技、人才三位一体建设作为战略性目标导向，如何在比较国外经验基础上，构建符合我国国情的中国式现代化建设思路与实践方案具有战略性指导意义。本书将充分探析上述四个国家教育体系的变革作用于国家竞争力的经验得失，从而启示我国在教育体系建设中要实事求是，避免盲目学习他国经验，因此，本书具有较高的实际应用价值。

（三）应用前景

本书依托产业经济学、历史学、教育学和政治学相关理论，以专题研究和案例分析的方式，尽量避免"就教育谈教育"的研究模式，从历史发展的维度和政治哲学的视角，分析不同历史阶段，英、法、德、美四个国家干预教育体系的目的、措施与效果，探讨如何创建具有国家特色的创新体系。在非军事化竞争阶段，政府想要提高国家竞争力不应该直接参与竞争过程，其主要作用应该是制定有利于产业发展的政策、制度，改善生产率增长、创新能力提高的环境，改善基础设施以及国民教育体系的质量与效率，促进产业升级和创新，推动国家走向繁荣和富强。这种从产生、提高国家竞争力要素的微观角度与政府干预教育体系的宏观角度相结合，从多维视角分析教育、人、经济、政府之间的张力的思路，将对我国政府改革教育体系、创建国家创新体系、提高国家竞争力提供强有力的分析与借鉴。本书的主旨在于探索教育体系改进的合理路径，其应用前景如下。

其一，国家在教育体系方面的调整和改革，其实就是在创造一个人人都能有更好的发展、人人都有一个好出路的教育环境，这应该是一个符合人性的、适合人全面发展的教育体系。本书力求通过对英、法、德、美四个发达国家教育体系变革的分析，探寻其在推动教育体系，适应或引领国家产业经济调整与升级，提升国家竞争力方面的做法，为中国式现代化建设提供一系列的有益经验与理论借鉴。

其二，为我国教育体系（层次结构、形式结构、类型结构、区域结构）调整提供有效的理论指导和智力支持，亦可为我国国家创新体系的建设提供改进范式，提高我国教育效率，发挥人口红利，建立人力资源强国。

第四节　教育体系的概念界定

从广义上看，教育分为社会教育、家庭教育和学校教育。体系是一种结构和关系的组合。相应地，教育体系也是不同级别、不同类型的社会教育、家庭教育和学校教育的总称。从狭义上看，教育通常指学校教育，教育体系也被相应地界定为除家庭教育之外的各级各类教育的总称。因为一些社会教育机构与学校教育联系密切，并且同属于公共机构，有时候也被包括其中。本书主要关注学校教育体系。

教育体系作为各级各类教育机构的系统化、结构化的整体，是一种社会存在，反映了国家政治、经济、社会和人的发展对教育的诉求，也是国家意志与发展战略的体现与实现途径。教育政治、经济、文化和社会等功能的实现也需借助于教育体系。根据《国际教育标准分类法 2011 版》① 的划分，从纵向看，教育体系可分为学前教育、初等教育、初级中等教育、高级中等教育、中等后非高等教育、高等教育。高等教育又可以进一步细分为短期高等教育（我国的专科和高职属于此类）、学士阶段教育、硕士阶段教育、博士阶段教育。从横向看，教育类型根据课程取向分为普通教育和职业教育，也有的使用学术教育和专业教育。国内学者认为，"教育结构体系，指教育总体各个部分的相互关系及组合方式。从宏观的角度看，主要有教育层级结构、科类或者专业结构、教育类型结构、办学形式结构、教育布局结构、教育管理体制结构等"。② 这种教育体系界定的外延过于宽泛。本书主要关注不同层次教育之间的纵向衔接与结构比例，如学前教育与小学、中等职业教育与高等教育的衔接等，同时关注不同类型教育的横向沟通及结构比例，如普通教育和职业教育之间的融通。研究中注意对比不同国家教育体系的结构性、工具性、依附性、历史性、差异性，通过历时性的对比分析，从中归纳不同的国家教育体系如何满足国家政治、经济以及人的发展需要。

根据系统论的观点，教育体系内部各要素之间在比例、时空结构上都是相互联系的整体，由于每个要素都具有可变性和相对稳定性的特征，任何一

---

① 联合国教科文组织：《国际教育标准分类法 2011 版》，http://www.uis.unesco.org/EDUCA-TION/pages/international-standard-classification-of-education.aspx。

② 郝克明主编《当代中国教育结构体系研究》，广东教育出版社，2001，第 2 页。

个要素的变化都会引起教育体系的相应调整。此外，教育体系内部各要素在量变或质变方面，也会对体系的结构、性质与功能产生相应影响。本书除了从历史发展的视角关注国家各级各类学校的性质、任务、入学条件、学习年限及它们之间的衔接之外，重点考察了这些要素之间以及不同要素的形成、变化与外部社会经济发展之间的关系。

教育体系本身是一个纷繁复杂的系统，有待于用系统论的视角对其进行分析。所谓的"系统论视角"，就是将研究对象作为一个系统，分析这个系统的结构、功能，研究这个系统、要素及环境之间的相互关系与变动情况。通常，人们认为，系统指的是"由相互作用和相互依赖的若干组成部分结合成的具有特定功能的整体"。[①] 学界认为，所谓的"系统"，具有三个特征，一是具有一定结构的元素的组合，所有与系统有关联的其他元素共同构成了系统的环境，有时也称其为外部系统；二是以整合的方式与环境相互作用，系统通过与环境之间的作用（以输入或输出的方式）表现其功能；三是作为一个整合的系统，在一定程度上具有稳定性、动态性和适应性。[②]

因此，教育体系系统可以界定为，由相互作用和相互依赖并与教育体系具有一定关系的若干外部要素，以及教育体系内部各要素所组成的具有特定功能的整体。也就是说，教育体系系统分外部系统和内部系统两个层面。所谓"内部系统"，指的是教育体系系统内部各要素及其相互关系的整合，侧重教育体系自身的内在和谐与统一。外部系统指的是教育体系与其他社会子系统及要素之间的关系，是教育体系在内部调适的过程中，与外部环境调适、适应的过程。这种适应，就是教育体系"为响应其环境变化而具有的学习能力和改变内部机制运行的能力"，[③] 即调整自己的结构和功能的能力。

社会学家涂尔干认为，社会学研究的基本原则是，一个社会事实必须用别的社会事实来解释。因此，分析一个国家的教育体系，必须分析这个国家或民族的社会结构与文化。教育的价值和行为取向可以从该国社会结构的变

---

① 钱学森、许志国、王寿云：《组织管理的技术——系统工程》，《文汇报》1978年9月27日，第1版。

② 柏贵喜：《文化系统论》，《恩施职业技术学院学报》（综合版）2002年第2期。

③ 何维凌、邓英淘编著《经济控制论》，四川人民出版社，1984，第32~33页。

迁中找到原因。教育变迁是社会变迁的结果，"教育上所发生的一切变革都是因为人类生活的社会条件发生了变化所致"。[①] 就此而言，教育体系的变化必须从该国的政治、经济、文化中寻找原因。

第五节　研究问题与研究方法

一　研究问题

本书拟解决的关键问题有以下四个。

其一，关于"教育体系"与"国家竞争力"之间关系的研究。国内外关于教育体系，具体到各级各类教育及其结构与国家竞争力之间关系的研究很少，本书尝试从历史比较的视角，根据英、法、德、美四国在不同时期教育体系形成与变革以及对国家竞争力的影响，探索以国家竞争力为核心的现代教育体系框架。

其二，"国家竞争力"是很宏大、抽象的概念，本书拟通过具体国情和历史阶段分析，将"国家竞争力"具体化为军事竞争力、经济竞争力、文化竞争力、教育竞争力。将"教育体系"具体化为"教育结构体系"，教育结构分解成层次结构、形式结构、类型结构、区域结构等多维度。本书将以政治哲学的视角，从政府行为出发，从宏观到微观、从抽象到具体、从历时的纵向分析到现时的横向比较，探索政府通过推动教育体系改革以提升国家竞争力的路径。

其三，英、法、德、美四国政治制度、经济发展、文化教育传统不同，影响国家教育体系变革的因素很多。为避免泛泛而谈，本书将四个国家不同历史阶段的代表性机构调整作为案例进行重点分析。

其四，总结英、法、德、美四国教育体系变迁的经验与启示，构建具有中国特色社会主义、实现中国式现代化建设、提升中国国家竞争力的教育体系，这需要政治、经济、社会和教育多领域、多部门的协同创新，构建具备竞争力的教育体系，在理论和实践层面上都是难点。

---

① 钱民辉：《教育社会学概论》（第 3 版），北京大学出版社，2010，第 29 页。

二　研究方法

本书的研究对象是教育体系，这是一个高度抽象又客观具体、既能感受却又难以一一列举描述的对象。国家竞争力通常被视为一个经济学概念，然而在现实中处处存在潜在的竞争力影响因素。不同阶段、不同层次、不同类型的教育在不同的国家发挥着不同的作用。国家在教育体系与国家竞争力的关系中发挥着关键作用。本书将综合运用经济学、管理学、政治学、教育学、社会学、历史学的研究方法，对比分析英、法、德、美四国教育体系形成与变革路径及其与国家竞争力之间的关系，探讨政府何以为、如何为以及实施效果为何，从而探讨适合我国国家竞争力提升的现代教育体系。具体而言，本书采用的研究方法如下。

文献分析法。文献是记录教育信息的载体，同时也体现着教育研究情况，通过查阅与教育相关的文献资料，有助于全面、正确地了解研究对象，探寻事物发展的规律，从中发现问题。本书通过认真收集、研读英、法、德、美四国教育体系演变的相关文献资料，从政治学、管理学、经济学、社会学、历史学以及教育学等多学科的视角对史料进行综合分析，从中分析四国教育体系演变的路径、原因及影响。

政策文本分析法。政策文本是体现政府行为的价值理念、法律依据，是反映其运行模式的重要载体，也是本书的重要依据。本书主要选择英、法、德、美四国有关教育体系的政策法规以及与经济、军事相关的政策文本。

案例分析法。为了使研究问题更加深入，本书重点采用案例分析法，将宏观描述与微观分析结合起来，以增强研究结果的说服力及可信度。

系统分析法。从系统论的角度来看，教育体系自身要适应社会环境，并推动社会政治经济的良性变化，保持结构和功能等的高度一致。本书从英、法、德、美四国教育体系形成与变革的历史、环境、影响等多角度、多层面进行研究。在分析方法上，通过对各个阶段现实政治经济情况的考察，采用系统分析法将教育视为社会开放大系统的有机组成部分，同时结合不同时代、不同区域的社会经济发展状况、自然条件和文化传统，探索教育与外部关联主体的互动模式。

比较法。本书通过对不同研究对象或者同一对象的不同发展阶段加以对比分析，从比较中获得对该问题的客观认识和正确评价。本书一方面从纵向对不同阶段英、法、德、美四国教育体系的形成与发展进行对比，从中分析其变化趋势；另一方面从横向就四国教育体系进行对比研究，在此过程中，根据我国政治、经济和文化发展的特殊国情，探索、归纳我国教育体系改进的有效模式。

第二章 英、法、德、美教育体系变迁的影响因素分析

自 19 世纪以来，英、法、德、美四国逐渐确立、发展了适合其政治、经济和社会发展的教育体系，奠定了各国在国际上的竞争地位。在这四个国家教育体系的确立与发展过程中，思想与理论基础、经济基础、政治制度、对国家竞争力的关注以及个人的发展需求等都是教育体系变迁的重要推动力。

第一节 思想与理论基础

一 文艺复兴与宗教改革奠定了教育体系形成的思想基础

13~15 世纪，意大利和北欧的一些国家先后兴起了以复兴古典文化为形式的文化运动，人文主义成为这次运动的思想核心，这次运动被称为"文艺复兴"，代表着西方近代历史的开端。到 16 世纪时，德国、瑞士、英国等国家继文艺复兴之后，又掀起了一场以反宗教为主题的伟大的思想革命，即反抗天主教庭的统治、反对天主教教义，主张民族独立的政治与宗教运动。文艺复兴与宗教改革解放了人们的思想，为民族国家的形成与教育世俗化的发展奠定了基础。17 世纪，英国率先发生了资产阶级革命（1640~1688 年），资本主义得到迅速发展，自然科学、哲学和社会科学也都取得丰硕成果，教育思想也迅速发展起来，并传播到西欧各国。

步入 18 世纪之后，英国发生了第一次工业革命。起源于 17 世纪的启蒙运动在 18 世纪的法国得到强劲发展，并进一步影响到欧美其他国家，对美国革命产生了深远的影响。美国发起独立战争，英国被迫于 1783 年在巴黎签订合约，承认美国独立。历史学家斯塔夫里阿诺斯写道："美国革命在当时具有深远的影响。一个独立的共和国在美洲的建立，在欧洲被广泛地解释为：它

意味着启蒙运动的思想是切实可行的——一个民族有可能建立一个国家，有可能制定一种建立在个人权利基础上的切实可行的政体。"① 法国也于 1789 年爆发了震惊世界的大革命，这意味着与封建制度的决裂，并且直接影响到欧洲其他国家。启蒙运动进一步解放了人的思想，成为教育改革的启明星。法国在这次启蒙运动中出现了很多具有旷世影响的思想家，也孕育出了丰硕教育思想，如法国国民教育思想、卢梭的自然主义教育思想和空想社会主义教育思想。同时期，英国出现了国民教育思想，瑞士也出现了裴斯泰洛齐教育思想并风靡德国、美国。

在上述政治背景与思想引领下，欧美各国教育管理权开始从教会转交政府，教育目的开始从培养教徒转向为民族国家培养良好公民，教育内容开始世俗化，德国、法国和美国开始提出义务教育制度，制度化的教育体系开始形成。随着近代民族国家的形成，教育在国家发展中的重要地位与作用越来越受到各国政府的重视。诚如学界所说，西欧的文艺复兴运动对人和对人所能取得成就的重新强调，解放了人们的思想；宗教改革运动的发展把中世纪统一的教会拆散成大量地方性教会，其直接的和决定性的遗产行使权力由教会向政府转移。② 在某种程度上，文艺复兴和宗教改革对人们思想的解放推动了现代教育体系的形成与发展，奠定了这些欧洲国家步入世界强国行列的教育与文化基础。

二 英、法、德、美教育体系形成与发展的历史背景

国家科学技术、工业经济以及教育理论等发展构成了教育体系的形成与发展的现实生态。从历史上看，17 世纪肇始于英国的科学革命，经过一个多世纪的发展，到 19 世纪时已经在自然科学领域获得蓬勃发展，取得累累硕果并开始应用于国家工业生产与生活中，直接推动了人文社会科学的发展与教育思想的兴起。此时，最早开始于英国的工业革命也获得较大发展，并且影响到欧美其他国家，极大地提高了社会生产力，改变了社会生产关系和经济结构，其直接导致人口从农村向工业集中的城镇转移，城市规模日益扩大，

---

① 斯塔夫里阿诺斯：《全球通史：从史前史到 21 世纪（下）》，吴象婴等译，北京大学出版社，2005，第 439~440 页。

② 斯塔夫里阿诺斯：《全球通史：从史前史到 21 世纪（下）》，吴象婴等译，北京大学出版社，2005，第 385 页。

城市化进程日益加快。与此同时，农业和工业、农村与城市、阶级冲突等社会矛盾越来越尖锐。这些新变化直接推动了现代国家教育体系的形成与发展，欧洲各国确立了本国的教育制度，各级各类教育也得到了较大的发展。其中，德国成为这一时期世界教育发展的中心，其各级教育的发展都位于世界前列，吸引英国、法国和美国以及世界其他国家有识之士前来参观学习。在教育思想领域，为解决国家发展中出现的种种问题，使教育更能适应社会经济发展的需求，欧美各国的一些思想家、教育家、社会活动家等都积极思考，形成了丰富的具有深远意义的教育思想，出现了一批教育家，如德国赫尔巴特、福禄贝尔等。这一时期影响较大的教育思想主要有：德国国民教育思想、新人文主义教育思想、赫尔巴特教育思想、福禄贝尔教育思想；英国儿童教育与贫民教育思想、功利主义教育思想、空想社会主义教育思想、古典人文主义教育思想、科学教育思想；美国公共教育思想、高等教育改革思想；法国功能主义教育思想等。此外，还有儿童和儿童教育研究思想、马克思和恩格斯的教育思想等。这些教育思想为国家教育体系的形成与发展提供了理论沃土。

进入 20 世纪之后，两次世界大战改变了教育发展的进程。尤其是第二次世界大战成为人类社会与教育体系发展的分水岭。"二战"之前，以英、法、德、美为首的主要资本主义国家在 19 世纪末 20 世纪初进入了帝国主义疯狂扩张的发展阶段，为争夺世界霸权与海外贸易市场，各个帝国主义国家之间矛盾加剧，再加上国内积累的社会矛盾进一步激化，爆发了第一次世界大战。从此一直到第二次世界大战结束，"战争与革命"成为各国的政治主题。这一时期出现了西欧新教育运动和美国以杜威为代表的进步主义运动，出现了一大批教育改革思想家与实践者，还有意大利的学前教育家蒙台梭利，它们都对日后世界教育体系的变革产生了深远影响。第二次世界大战结束之后，和平与发展成为时代主题。但各国之间争端不断，国家之间以经济和军事实力为主的竞争仍然非常激烈。19 世纪末 20 世纪初发生的以电力蒸汽机动力为标志的第二次工业革命和 20 世纪中期发生的以原子能、电子计算机、空间技术和生物工程的发明和应用为标志并涉及信息技术等许多领域的第三次工业革命在极大地提高社会生产力、促进资本主义经济高速发展的同时，也改变了人类社会的生产与生活方式。经历了三次工业革命的转型升级之后，英、法、德、美各国建立起了以知识、信息、高科技创新为支撑的现代经济体系，各国经济与军事实力的竞争转变为人才的竞争，其本质就是对知识、科技创新与教育体系的竞争。这进一步激发了国家对教育在提高国家竞争力方面的作用的高度重视，引发越来越多政治家、经济学家和社会活动家对现有的教育体系进行深入思考。

在激烈竞争的推动下，第三次工业革命的发生极大地推动了科学技术的迅猛发展和人文社会科学研究成果的勃兴，教育领域也出现了各种思想流派，共同构筑了 20 世纪多彩纷呈的教育思想，促进了教育学科的分化与融合。其中对教育体系的变革与发展影响最大的主要有三点：一是国家对教育变革与战略性地位的重视；二是关于人自身发展问题的研究；三是关于终身教育理论与实践的探讨。[①] 这三点构成了各国教育体系变迁的主线。

第二节　经济与产业发展是教育体系变迁的首要推动力

英、法、德、美四国在建成民族国家之后，以机械生产为标志的经济发展成为决定国际竞争地位的关键，关系到国家的长治久安，因此其成为各国关注的焦点，与此同时，为经济发展提供科技与人才支持的教育也受到直接影响。"现代经济成为教育体系的主要决定因素和制约因素。或者说，从工业革命开始发展至今的教育体系，其本质和框架是由现代经济所决定、所塑造的。"[②] 教育的经济功能得到各国政府的高度重视。经济作为国家参与国际竞争的重要筹码，是国家长治久安之本，"而现代经济的发展又离不开教育体系的支撑。这是 19 世纪末以来许多国家建构和完善教育体系，并不断对教育体系进行升级改造的根本原因。现代经济离不开教育，现代教育的本质特征就是教育与生产劳动相结合，即教育的经济功能的彰显、教育的生产性的彰显"。[③] 在经济发展过程中，与提升国家经济竞争力相关的产业结构调整与升级、生产要素结构及其配置方式等的变革，都会引起教育体系的变革。

一　产业结构的变革需要教育体系的支撑

从以蒸汽机为标志的第一次工业革命之后，人类逐渐进入以第二产业和

① 资料来源：对资深外国教育史研究专家吴式颖先生关于外国教育思想发展通史的访谈。
② 褚宏启等：《中国现代教育体系研究》，北京师范大学出版社，2014，第 55 页。
③ 褚宏启等：《中国现代教育体系研究》，北京师范大学出版社，2014，第 55～56 页。

第三产业为主的时代。尤其是在第二次、第三次工业革命的推动下，各国的产业结构都发生了较大的变化，相应的劳动力结构也在改变。这些变革都直接带动教育层级与教育类型的变化，以培养出符合经济社会发展需要的人才。从理论上看，教育与产业经济的结构性匹配，应是现代经济发展背景下教育体系变革的依据。

二　生产要素结构的调整直接影响教育体系

第一次工业革命之后，英国、法国、德国和美国逐渐进入现代经济时代，支持现代经济发展的要素包括自然资源、资本、劳动时间、劳动力、科学技术等。随着机械化生产和科学技术的广泛应用，物质资源在其中发挥的作用相对降低，而掌握一定生产技术的劳动力与科学技术的作用越来越重要。随着掌握生产技术的劳动力成为现代经济发展的核心要素，作为人才培养发动机的教育的经济价值受到史无前例的推崇。20 世纪 60 年代美国经济学家舒尔茨提出了人力资本理论，从理论上阐述了教育对于经济发展的价值。第二次世界大战之后，美、英、德、法各国出现的高等教育大众化、普及化，使教育规模得到了快速扩张。20 世纪末 21 世纪初，随着信息化的发展和知识经济时代的来临，世界经济发展与产业结构发生了快速而巨大的变化，带来各国教育体系生态的大变革。教育除了培养人才之外，还承担着文化、知识与技术的传承与创新的责任，这是现代经济发展的重要力量。"现代化生产发展的历史，是科学通过技术与社会物质生产逐步相结合的历史。科学通过技术与物质生产相结合，具体表现在科学物化在社会生产力各种要素上，如科学物化在劳动力要素上，则表现为劳动力以自觉地应用自然科学知识、生产技术，代替了单纯从劳动经验中得到的陈规旧律；科学物化在劳动资料和劳动对象上，则表现为以机器代替手工工具，提高劳动手段智力化程度，以新的生产材料代替旧的生产材料，开拓新的劳动领域。总之，科学通过物化环节，转化为生产技术，使科学从知识形态上的生产力，转化为直接生产力。这说明科学技术一旦应用于物质生产过程，并与物质生产资料相结合，就会成为巨大的社会物质力量。"[①] 因此，各国将教育体系的改革纳入经济发展中和生产要素结构一样的优先地位。

---

① 黄济、王策三主编《现代教育论》，人民教育出版社，1999，第 36、38 页。

三　生产要素分配方式与所有制结构直接影响教育体系

从生产要素配置方式看，主要有计划和市场两种。所谓"计划方式"，即政府根据国家经济发展要求和教育现状，从教育层级、类型的比例结构方面进行调整。而市场配置方式主要指通过市场手段，教育体系与劳动力市场灵活对接。到底计划多一点还是市场多一点，还涉及国家教育管理制度。相对而言，德国和法国在教育体系调整过程中，政府的计划调控作用比较突出，而英国和美国则相对较弱。但 20 世纪末期以来，英国和美国，尤其是英国政府越来越认识到政府在教育体系要素配置中的计划作用较弱所带来的负面效果，也开始加强对教育体系的控制。另外，生产要素的所有制结构与教育体系的所有制结构一样，都会影响到教育体系的调整与变迁，政府与市场之间的博弈，最优的效果是实行教育体系的多方治理机制，以创建更好的教育体系发展生态。

无论是计划还是市场，对教育体系产生直接影响的都是毕业生就业环节。毕业生就业犹如教育体系的晴雨表，能够及时反映教育体系与产业结构、经济发展的适配关系。因此，政府与市场通过不同的方式来促使教育体系与产业结构及经济发展需求相适应，将毕业生是否具备产业所需的职业资质、岗位就业比率作为判断人力资本市场配置的重要指标。其中，美国在市场配置方面的优势较为突出。英、法、德、美四国通过建立完善的"职业资格证书制度"，建立了教育体系与就业市场之间的衔接，通过明确的国家职业分类、职业技能标准及不同行业岗位要求，对教育体系的变革形成一种"倒逼机制"。在这一方面，英国推行的整合取向的资格认证模式效果明显。英国于1997 年成立资格与课程委员会（QCA），致力于促进教育与培训的统一，全面整合从学前教育至各级普通教育、职业教育乃至高级职业培训的学校课程、评估和资格认证，建立一个统一的国家资格证书体系。这一体系囊括了 3 套资格证书：普通教育证书、普通国家职业资格证书（GNVQ）、国家职业资格证书（NVQ）。具体做法是承认获得相应国家职业资格的学习者可以免试直接升入相关大学的学科攻读学位，并与普通教育高级水平考试（A 级）具有同等地位。[①] 这些进入不同学习途径的学生可以横向流动，使得学生能够根据自

---

① 褚宏启等：《中国现代教育体系研究》，北京师范大学出版社，2014，第 61 页。

身的条件、情趣和志向自由地选择继续接受教育的路径（见表2-1）。

表2-1　英国国家资格证书体系

国家职业资格证书（NVQ）	普通国家职业资格证书（GNVQ） （16~19岁全日制）	普通教育证书
NVQ5（工程师）		硕士学位（大学）
NVQ4（高级技师）		学士学位（大学）
NVQ3（技术员或高级技工）	GNVQ 高级	大学预科 A 级（16~18 岁）
NVQ2（机器操作者）	GNVQ 中级	
NVQ1（简单劳动者）	GNVQ 初级	普通中学证书（14~16 岁）

资料来源：郝克明主编《跨进学习社会——建设终身学习体系和学习型社会的研究》，高等教育出版社，2006，第54页。

可见，英国政府通过上述资格证书体系，从全国范围内将经济发展、产业变革与教育体系密切联系在一起，使得教育体系能够更有效地发挥其经济功能。此外，国家的经济发展水平也直接影响教育体系的变迁，决定着教育体系建设的边界与水平，如同国内学者所言，建立完善的教育体系需要耗费很多资源，一个经济贫困的国家不可能也没必要建立一个"豪华"的教育体系。[①] 经济发展水平与教育体系建设未必能同步，但从长远看，两者确实是共生一体的。美国教育体系的变迁历史就是最好的证明。

第三节　国家政治制度与国家意志是教育体系变迁的推动力

教育具有依附性，教育体系也是如此。国家的政治制度是基础，直接决定教育制度、影响教育体系。自近代民族国家出现以来，国家逐渐将教育纳入公共事业领域，从表面上看，教育机构的存废、教育体系的调整与外部社会经济发展、产业结构升级的需求相关，但是事实上这一切必须经过一定的政治程序，上升为国家意志之后，才能真正落实。诚如人们对政治的理解，政治就是人们围绕公共权力而展开的活动，以及政府运用公共权力而进行的资源的权威性分配的过程。[②] 政治的根本目的是实现对有限的社会资源的占有

---

① 郝克明主编《当代中国教育结构体系研究》，广东教育出版社，2001，第137~138页。
② 金太军主编《政治学新编》，华东师范大学出版社，2006，第5~6页。

和分配，政治的驱动力是人们的各种利益需求，人们希图通过公共权力满足和实现自己对物质财富和非物质财富的需要。① 在教育体系调整、教育资源的分配等本身体现了国家意志，国家政治制度发挥着关键作用。

一　教育的政治功能是国家掌控教育体系的首要考量

从古至今，所有统治阶层都非常重视教育的政治作用，通过掌控教育主权、调整教育内容、调整教育体系，培养顺民或者未来的政治家。对此，马基雅维利的《君主论》、伊拉斯谟的《一个基督教君主的教育》、柏拉图的《理想国》等都有论述。民族国家建立之后，英国、法国、德国和美国在创建现代政治制度的过程中，为确保现代政治的有效运行，高度重视教育在培养现代公民、官员与政治家方面的作用。

公民教育，即培养现代政治所要求的具备现代公民精神、公民意识的人，这是一个国家民主政治与民主社会的基础与保障。国家开展公民教育的目的在于提高公民政治素质，宣传国家核心价值观，维护社会秩序，培养未来公民的社会责任感、民主与法治意识，为未来更好地参加政治生活与社会建设做准备。在教育体系中，公民教育属于大众教育范畴，无须开设专门的学校，只需要在教育权限、教育内容方面进行调整。英、法、德、美四国公民教育的发展历程也是推动教育体系变迁的重要推动力。

官员、政治家等作为国家统治阶层的政治人才，代表着统治阶级的利益和意志，具有坚定的政治主张、政治见解、政治才能和强烈的使命感，能够对国家政治生活和社会发展产生重要影响，是国家现代政治建设的领导者。近代民族国家建立之后，英、法、德、美等国建立起了资本主义民主政治制度，政治制度上由古代封闭的亲选社会转变为开放的贤选社会，个人的能力、工作业绩等与受教育程度及类型相关的后天因素越来越成为政治录用与升迁的衡量标准，这极大地刺激了教育开发并增加现代政治服务的教育内容与教育机构，如英国的牛津大学、剑桥大学，法国国家行政学院、巴黎高等师范学校，美国的哈佛大学和耶鲁大学等，都是政治精英的摇篮。这类政治人才的教育属于精英教育，与普通大众的公民教育不同，必然会对教育体系产生影响。

---

① 唐晓、杨帆：《政治科学基础》，世界知识出版社，2007，第13~14页。

二　教育的经济功能是国家调整教育体系的决定性因素

经济基础是上层政治建筑的重要支柱，任何现代政治国家都高度重视经济建设与发展。现代化问题专家艾森斯塔德指出："经济问题的解决，对于现代社会及其政治体制的存活与发展、保障现代化的延续、持续增长，以及任何领域的持续发展（无论是政治的、经济的还是社会组织的领域），都具有头等重要的意义。"[①] 自近代民族国家创建以来，英、法、德、美各国的政治家们在政治制度建设过程中，均把经济发展视为巩固政治地位的根本，因此也高度重视教育及教育体系的经济功能。因此，有专家研究后指出，"可以这么说，19世纪末以来，发达国家的教育政策和教育立法，主要是围绕如何建构一个能有效促进经济发展的教育体系而展开的"。[②] 在此意义上说，现代政治的经济功能促进了现代教育经济功能的发挥，直接推动了越来越重视经济功能的教育体系的发展。

三　政治民主化与决策质量决定着教育体系的民主与质量

英、法、德、美各国自民族国家建立以来，逐渐改变古代等级专制的特权政治，追求创建民主平等的现代政治制度，在这个民主政治制度确立过程中，政治民主化直接推动了教育平等与民主化，最为明显的是普通大众子弟从最初的没有受教育的机会，逐渐争取到享有接受初等教育的机会，从享有接受职业教育的机会到最后可以不受出身与社会背景限制平等选择受教育的层次与类型。在此过程中，教育体系也经历了不同教育类型的增加、不同教育层次与类型之间的融通诸如双轨制变为单轨制等重要调整。由此说，政治民主化的程度直接推动着教育体系民主化的发展。

但是，在政治民主化运作过程中，政治决策的效率与质量直接影响教育体系的变革与质量。与古代君主专制不同，英、法、德、美四国在建立现代民主政治制度后，强调决策民主化、法治化和理性化，任何决策都需要在多方参与、严格论证研究、征求多方利益相关者意见的基础上进行，以最大限

---

① S.N. 艾森斯塔德：《现代化：抗拒与变迁》，张旅平等译，中国人民大学出版社，1988，第57~58页。

② 褚宏启等：《中国现代教育体系研究》，北京师范大学出版社，2014，第64页。

度地进行权力制约与纠错。例如，英国、法国和美国成立了各种教育调查委员会，在充分调研、论证的基础上形成报告，供改革参考。这种政治运行机制极大地确保了教育体系改革与发展的质量。当然，在决策过程中，民主化、科学化与法治化的落实程度以及决策效率，有时也会对教育体系的变革带来负面影响。

第四节　国家竞争力是教育体系变迁的推动力

从历史上看，随着民族国家的兴起，国与国之间竞争与交流成为一种常态，科学技术、交通与通信设施的发展，进一步促进了国际竞争与交流的趋势，提高国家竞争力与国际影响力成为近代以来各国发展的重点。英国、德国、法国和美国在 19 世纪以来围绕军事、经济、政治等涉及国家根本利益的问题进行了激烈竞争，它们最初是认识到教育与人才在维护社会秩序、塑造统一价值观中的作用，后来进一步认识到科技与人才优势在提高国家竞争力中的基础性作用，为了更好地挖掘人力资源、打造人才与科技优势，都对教育体系进行了改革与调整。

一　对国家竞争力的关注促进教育体系的完善

为在国际竞争中占有优势地位，国家通常会重视与国际竞争直接相关的军事、外交、高端科学技术等至关重要的人才。所以，各个民族国家出于对国家竞争力的关注，越来越重视对教育体系的管理与完善，希望在教育领域取得头筹，各国不断在原有教育体系中增加挖掘英才教育的内容，将那些与同龄人相比表现出较高成就或潜能的儿童进行重点培养。例如，在向来注重国家竞争力、追求世界霸权地位的美国，从第二次世界大战结束后就开始发展英才教育，进入 20 世纪 70 年代后先后颁布了《1974 年教育修正案》、《1978 年英才儿童教育法案》、《贾维茨英才学生教育法案》和 2010 年美国前总统奥巴马颁布的《教育改革蓝图》，越来越明确提出英才教育。例如，1988年颁布的《贾维茨英才学生教育法案》把英才儿童与国家安全直接挂钩，认为"英才学生是国家资源，这种资源对于国家的前途至关重要，对于国家的安全与福祉至关重要"。① 随着国际竞争的加剧，各国对国家竞争力的关注直接转化为对教育体系中稀缺人才资源的培养。到 20 世纪末 21 世纪初，这一趋势更加明显。

曾经作为世界"日不落帝国"的英国，在 1997 年工党执政后，在教育上也强力推行英才教育。1999 年，英国政府推出《追求卓越的城市教育计划》（Excellence in Cities，简称《EIC 计划》），该计划为期三年，针对大工业城市的 450 所中学的排在前 5%～10%的学生实施英才教育，要求每个地方教育行政机构、每所学校都要设专人负责英才教育事务，要求每所学校要甄别出最有能力的前 5%～10%的优秀学生并向他们提供有针对性的教学。② 2002 年，英国教育与技能部创办国家青少年英才学院（National Academy for Gifted and Talented Youth），主要为全国前 5%的 11～19 岁的英才学生提供特殊课程服务。2007 年，英国又进一步把服务对象拓展为全国前 5%的 4～19 岁的英才儿童。"早发现，早培养，精培养，早成才，成大才，贡献大"成为英才教育的基本诉求。③ 从教育体系入手，将这些高潜能人才开发好、利用好，通过培养其首创精神与能力，进而转化为国家的核心竞争力，成为各国的共识。

二　国际竞争与交流促使教育体系出现趋同效应

国际竞争与交流是提高国家竞争力的重要途径，教育是其中的重要内容。自民族国家成立之后，教育成为英、法、德、美四国在国际竞争与合作过程中的重要组成部分。一方面，各国通过教育体系培养出的人才进行竞争；另一方面，各国彼此派出留学生或者考察团，到对方国进行教育调研，互相汲取所长。例如，美国作为移民国家，最初是借鉴英国经验，后来又效仿德国建立起本国教育体系；英国在博士教育方面曾借鉴美国研究生院和专业博士培养方面的经验；法国也曾借鉴德国经验调整本国教育体系。近年来，在欧洲国家兴起的致力于创建高等教育与科研区的博洛尼亚进程，更是极大地改

①　Spielhagen, F. R., Brown, E. F., "Excellence Versus Equity: Political Forces in the Education of Gifted Students," in Cooper, B. S., Cibulka, J. G., Fusarelli, L. D. eds., *Handbook of Education Politics and Policy*(New York: Routledge, 2008), p. 377.

②　Gross Miraca U. M., "International Perspectives," in Colangelo, N., and Davis, G. A. eds., *Handbook of Gifted Education*(3rd ed)(Boston: Pearson Education, 2003), p. 548.

③　褚宏启：《追求卓越：英才教育与国家发展——突破我国英才教育的认识误区与政策障碍》，《教育研究》2012 年第 11 期。

变了欧洲各国教育体系的面貌。这种国家之间的相互借鉴有助于起步较晚的国家发挥"后发优势"，破解一些制约因素以减小差距。但也不可避免地会导致各国教育体系出现趋同。除了国家之间交流合作办学之外，国际组织也在导致各国教育体系的趋同方面产生着重要作用。比如联合国教科文组织在对各国教育体系进行深入比较研究的基础上，组织编写了《国际教育标准分类》，并先后出版了 1976 年版、1997 年版和 2011 年版三个版本，为各国构建、调整教育体系提供参考。随着国际教育与合作力度的加大，以及教育对个人与社会发展的意义越来越大，各国越来越倾向于参照联合国教科文组织颁布的《国际教育标准分类》来构建和重塑本国教育体系，以此作为改善本国教育体系的国际标准。

第五节　个人的发展需求助推教育体系的变迁

从教育学的视角分析，教育的三大要素是教育者、受教育者与教育影响。教育者指以教师为代表的所有对受教育者产生影响的人。受教育者指学生。教育影响指教育设施、教材、学校环境等教育媒介。教育者与受教育者是教育得以存在的、具有主观能动性的主体，也是教育体系存在之本。尤其是受教育者，其发展与教育体系的变化直接相关。教育体系在多大程度上对受教育者群体的需求做出反应，代表了该教育体系有多大的先进性。能够满足个人自由、平等、差异化、终身可持续发展需求的教育体系，是真正体现以人为本、符合人性的教育原则。

从人与社会的关系看，在不同国家不同历史阶段，个人在社会中的地位与作用不同，其中也包括个人的自我认知。在古代社会和近代社会，由于生产力低下，个人对神、对宗教、对封建权威的依附性很强。文艺复兴、宗教改革之后，一直到现代社会，人的主体意识逐渐加强，人的主体性得到重视与张扬，"以人为本"的理念逐渐深入，与此同时，个人由存在需求转向发展需求，并且随着社会的发展，人的需要越来越多、越来越高，也越来越复杂，个人发展需求的变化会在一定的背景下引发教育体系的变迁。

一　自由与平等的发展需求推动教育体系走向民主、开放

自由、平等首先是政治术语，长期以来被人类所追求着。古代是等级社

会，特权阶级占统治地位，自由与平等较难实现。随着近代社会启蒙运动、文艺复兴与宗教改革等一系列运动，各国民众的主体意识越来越强烈。随着资本主义民主社会的建立与发展，虽然贫富差距、劳资对立、阶层分化等社会问题仍然存在，但国家越来越意识到教育在国家政治、经济和社会发展中的重要作用，确立了人人拥有平等的受教育权的法律规定，并逐渐将各级各类教育纳入国家教育体系，加强对教育体系的支持与控制。随着工业革命的发展、城市化进程的推进与科学技术在生产中的应用，人们也意识到接受教育、掌握一定的文化知识与技术是个人生存与发展之本，渴望能够享有平等的发展权利与机会。因此，对平等的教育权的追求成为德国、英国、法国和美国的教育体系发展的重要推动力。在经济发展和民众需求的双重推动下，再加上一些政治家与学界专家的助力，很多国家都把让平民平等地接受教育、教育民主和平等视为教育改革的重要目标，尽管这一进程涉及很多复杂因素，推行起来很难。例如美国 19 世纪的公立学校运动、英国义务教育制度的确立等。法国于 1989 年颁布的《教育指导法》第一条规定："教育是国家优先发展的事业。公共教育事业应根据各类学生构建和组织，应有助于机会平等。每个人所享有的接受教育的权利要得到保证，使个性得到发展，有利于个人进入社会和职业生活以及行使公民的权利。"[①] 这样，从国家立法层面破除可能导致教育不平等的限制，如性别、身份、出身、地位、职业、财产、民族等，确保公民享有平等接受教育的权利与机会。

人们平等接受教育的需求，即教育机会均等的要求，是各国教育体系变迁与发展中面对的最大挑战，这涉及不同层级、不同类型教育机构的设立以及彼此之间的比例与衔接等，这种机会均等的程度是衡量一国教育体系现代化程度高低的重要标准，也是推动教育体系走向民主化的重要力量。

人生来热爱自由，自由是平等的孪生姊妹。人们在追求平等发展权、受教育权的同时，对自由的追求与渴望也如影随形。英、法、德、美四国在资本主义民主社会的建设与发展过程中，宣扬人的自由与主体性，鼓励个体个性发展与创造性的发挥，并且工业革命的发展所创造的先进的生产力与物质财富，在一定程度上不断使个人从体力劳动、物质生活中得以解放，在生活

---

① 吕达、周满生主编《当代外国教育改革著名文献（德国、法国卷）》，人民教育出版社，2004，第 317 页。

享有便利的同时，对精神生活也有一定追求，即要实现自我。

人们对自由的追求推动教育理念的改革。联合国教科文组织《学会生存——教育世界的今天和明天》的报告中指出，教育的目的在于使人成为他自己，应该把"学习实现自我"放在最优先的地位，教育要把一个人在体力、智力、情绪、伦理各方面的因素综合起来，使他成为一个完善的人，成为他自己文化进步的主人和创造者。教育要解放人民的才能，挖掘他们的创造力。① 此外，联合国教科文组织在《教育——财富蕴藏其中》一书中进一步指出，"教育应当促进每个人的全面发展，即身心、智力、敏感性、审美意识、个人责任感、精神价值等方面的发展。应该使每个人借助青年时代所受的教育，能够形成一种独立自主的、富有批判精神的思想意识，以及培养自己的判断能力""教育的基本作用，似乎比任何时候都更在于保证人人享有他们为充分发挥自己的才能和尽可能牢牢掌握自己的命运而需要的思想、判断、感情和想象方面的自由"。② 这种具有人本思想的教育目的，从个体发展的立场指明了教育应培养能够认识自我、实现自我、具备自由精神的现代人。

人的自由发展的需求必然要求教育体系逐渐从封闭走向灵活开放。一是在教育类型上，学生希望能够自由选择；二是在教育时间上，学生希望根据自己工作、生活安排，自由决定接受教育的时间；三是在教育形式上，学生能够根据自己的实际情况，有选择在职教育或全日制教育或者线上/线下教育的自由；四是在空间上，学生可以根据自己的规划，自由选择到他国接受教育。所有这些自由接受教育的需求，需要教育体系更加开放、灵活，增加更多备选项，这需要该国教育体系具有强大的经济与物质支撑。教育体系给予个人选择的自由度的多少也是衡量其教育是否发达、是否现代化的重要标志。

二 差异性发展需求引导教育体系呈现多样性

英国、法国、德国和美国共同的特点是非常注重个人的个性发展，美国是其中的突出代表。而民主社会为个性自由发展提供了空间，人们对自由、平等的发展权的追求也为个性发展奠定了基础。由于每个人的生理、心理基

---

① 联合国教科文组织国际教育发展委员会编著《学会生存——教育世界的今天和明天》，华东师范大学比较教育研究所译，教育科学出版社，1996，第14、202、251、169页。
② 《教育——财富蕴藏其中》，联合国教科文组织总部中文科译，教育科学出版社，1996，第85页。

础以及价值追求不同，发展的要求也具有一定的差异性。这要求教育体系内各级各类学校的设置要考虑教育者个人的具体情况，通过理论研究、政策制定、教育立法等回应这一现实需求，将受教育者的差异化、个性化需求视为教育体系调整、优化的前提，通过教育类型、教育形式等多样化满足受教育者的需求。

就此而言，一个面向人人的国家教育体系，为了挖掘人力资源的潜力，让每个人都得到最大限度的发展，必须与外部现代社会经济、政治、国际竞争等发展需求相契合，同时又关照到人的差异性发展需求。然而，这种高度异质化的教育体系的形成不是一蹴而就的，其与不同国家不同历史阶段的政治、经济状况密切相关。满足个人的差异化需求是构建和完善教育体系的目标与标志。

三　人的可持续发展需求引领教育体系提供终身教育

个人的发展需求是与所在国家政治经济发展状况有关的。从历史上看，从农业经济向工业经济的转型，从机械生产和科学技术的广泛应用到现在产业革命的不断转型升级，置身于这一场域中的人的生存与发展的条件也随之改变，人们由最初的不识字到必须接受一定的文化教育、掌握必要的技能，再到一次性学校教育已经无法适应当前及以后知识型经济社会中岗位变动增加、竞争加剧的工作与生活需要，人的可持续发展的需求成为绝大多数人必须面对的现实，这就需要教育体系秉持终身教育的理念。所谓"终身教育理念"，最早是 20 世纪 60 年代法国教育家朗格朗提出的，他认为教育将由一次性教育延伸至人的一生，教育不再局限于固定的时间，即"活到老学到老"。这一理念已被国际社会广泛认可和接受。这是继人的自由、平等与差异化发展要求之后，对教育体系的又一大推动与调整，整个教育体系在具体落实过程中，必须充分考虑到不同年龄阶段的人的差异化需求，在个人发展与社会发展之间不断进行信息交换与整合，实现交叉与融合。

第三章　英国教育体系与国家竞争力

英国是世界上最早发生资产阶级革命与工业革命的国家，但就教育体系形成而言，英国却落后于法国、德国和美国。在一定程度上，19 世纪之后，与法国、德国和美国相比，英国在国际上的竞争力略有下降，这与其教育体系有直接联系。但从另一方面说，英国教育体系的形成与发展与其本国历史、文化、政治等方面的因素密切相关，英国的教育体系在形成与发展过程中有其适用于英国历史与国情的特征，这也是英国在国际上竞争力仍处于世界前列的基础。英国教育体系的形成与发展是一个漫长的历史过程，本章从古代、近代与现代三个阶段勾勒英国教育体系的演变。

第一节　维系国家霸主地位的英国古代教育体系

英国有着悠久的教育传统。从教育体系的视角看，英国最早出现的是中学和大学，英国教育体系的主体结构由拉丁文法学校、公学以及更高一层的牛津大学、剑桥大学组成。这种结构一直持续，经历了 17 世纪的资产阶级革命和 18 世纪的产业革命时期。到 19 世纪时，英国产业革命使得生产力获得较大发展。在拿破仑进攻欧洲大陆、法德战争爆发之际，英国大力发展矿业、冶金和机械制造工业，成为当时世界上首屈一指的工业大国。15～19 世纪，英国经历了人类历史上政治、经济与社会领域的重大变革，从农业经济社会转向工业经济社会，建立了资本主义政治制度，开始了以蒸汽机为动力的机械化生产模式，劳动力开始从农村走向城市，城市规模扩大，开启了城镇化进程，社会结构与生态发生了翻天覆地的变化。而这一切毫无疑问都是长期以来英国社会酝酿积累的结果，从英国在当时世界上的地位看，英国的经济、政治强国地位的取得与其当时的教育体系不无关系。从中世纪到 19 世纪，英国教育从宗教化到世俗化、科学化，形成了精英/大众双轨制的公共教育体系，既提高了普通民众的读写能力与国民素质，又培养了政治与经济领域的精英人才，为这一阶段英国经济与科技发展提供了人才保障，加强了英国在国际上的竞争力。

一　面向上层社会的公学与拉丁文法学校

在英国教育体系中，公学（Public School）和拉丁文法学校（Grammar School）在双轨制中属于上层的精英教育，主要招收上层社会的贵族士绅子弟，相当于在中学实施贵族教育，代替了原来贵族阶层的家庭教育以及中世纪流行的骑士教育。这类学校不仅要培养学生忠诚于上帝和教会，具有正直的美德，还要传授书本知识、语言、历史、优雅的举止、良好的军事技术等。学生毕业后，优秀的学生可进入牛津大学、剑桥大学继续学业，其他毕业生通常进入政府部门和教会等统治机构。这类教育在当时非常受欢迎。

（一）公学

从起源上看，公学最初是由集体创办的私立学校，面向全国招生，实施免费的具有慈善性质的教育，旨在提高公共教育水平，培养普通神职人员。但由于门槛不高，不同家庭背景的学生都可免费入学，一些英国贵族依然聘请家庭教师进行家庭教育。到17世纪后，受到文艺复兴和宗教改革运动的影响，英国贵族阶层不再热衷于家庭教育与骑士教育，而以学习拉丁语和希腊语为时尚。公学的师资水平较高、教学质量较好，培养的毕业生多为当时享有较高社会地位的宗教神职人员，因而备受贵族子弟的青睐。公学也逐渐演变为贵族学校，如伊顿公学和威斯敏斯特公学。到18世纪下半叶，公学基本上变成令英国贫困家庭难以承受的贵族学校。[①] 后来学者对公学进行了全新的描述：（1）公学大多数是小规模的学校；（2）公学主要是为年龄超过13岁的儿童而设立的学校；（3）公学一般为寄宿学校；（4）公学通常实行男女分校，所收男生多于女生；（5）公学一般为收费学校；（6）公学多数设在英格兰的南部。[②]

[①]　Hardy, J. G. *The Public Phenomenon* (Harmondsworth, Middlesex: Penguin Books Ltd, 1977), p. 28.

[②]　伍振鹜：《英国公学》，五南图书出版公司，1998，第10~15页。

公学开设的课程有文法、逻辑、修辞、算术、天文、几何、音乐，由于拉丁语在当时是官方语言，也是《圣经》语言，所以文法、逻辑、修辞是重要学习内容。尽管经历了文艺复兴和宗教改革，公学在教学中开始强调理性与实用性，但其学习内容仍以拉丁语、希腊语为主，以更好地理解亚里士多德等先贤的思想，对学生进行思想启蒙，培养学生对基督教的了解与忠诚，并养成良好的生活与行为习惯。

公学是英国独特的中等教育机构，是进行贵族精英教育的重要场所，如同美国教育家亚伯拉罕·弗莱克斯纳评论的那样："公学主要为一个阶级服务，它只生产一种类型——一种精神类型、一种风度类型；它百折不挠、专心致志地以一种确定的方式塑造学生。在其领域内，它是一所有效的教育机构，但是该领域不能与现代生活共存，因为现代生活是一种参与世界各地的智力竞争和工业竞争的民主社会的生活。只要英国社会仍是贵族的等级分层的社会，公学就能够按照自己的方式存在下去。"① 当时，英国的贵族子弟求学基本上首先要进入公学。因此，英国公学自16世纪初创之后，即获得较大发展。据史料记载，1588年伊丽莎白女王在位时建立的公学数量为51所，1603年发展到280所，1700年更是增加到400所。② 同时，公学的规模也得到极大的发展。以伊顿公学为例，1678年，其在校生数量为207人，1728年增加至378人，1765年增加至522人。③

（二）拉丁文法学校

拉丁文法学校是中世纪英国中等学校的典范，与英国公学一样，开展文法、修辞、逻辑、算术、几何、天文、音乐教育，但尤为重视文法等语言教学，因为"文法是所有学识的基础，它不仅是打开圣经、教父哲学、宗教教义、祈祷书的金钥匙，而且也是一条通向先哲智慧的重要通道"。④ 文法学校由于根植于教会教育，受到教会的垄断，属于教会教育的一部分，其最初的办学目的是传播讲授基督教教义，培养未来传教士，虽然早在11世纪前就已

---

① 亚伯拉罕·弗莱克斯纳：《现代大学论——美英德大学研究》，徐辉、陈晓菲译，浙江教育出版社，2001，第200页。
② 易红郡：《从冲突到融合：20世纪英国中等教育政策研究》，湖南教育出版社，2005，第27~28页。
③ 原青林：《为什么要研究英国公学》，《外国中小学教育》2004年第7期。
④ Lawson, J., Silver, H. *A Social History Education in Englarnd* (London: Hamish Hamiton, 1973), p. 19.

创办，但在师资、规模、教学质量以及毕业生社会地位方面都比不上公学，一直不被人重视。直到 12 世纪之后，文法学校不断独立于教会学校，在与教会的联系中逐渐获得一定的发展。14 世纪，英国新建了一些大众化的、具有慈善性质的世俗文法学校：首先是一批由世俗牧师维持的文法学校；其次是一批依附于歌祷堂（Chanty）的文法学校；再次是一批由城市商人行会和手工业者工会建立的学校；最后是由私人创办的免费的文法学校。文法学校的数量不断增加，远远多于公学。

从 15 世纪下半期到 16 世纪末，英国掀起了一场持续 150 余年的办学运动，并于 1611~1630 年发展至高潮，现代教育的某些特征也初见端倪。相关统计数据显示，当修道院、小教堂以及其他宗教机构被迫关闭之初，幸存下来的文法学校数量仅为 63 所，但是到了英王伊丽莎白一世（Elizabeth I，1558~1603 年）时期，英国的文法学校增至 168 所。① 1530 年，英国的文法学校数量直线上升，总数达 300 所。1575 年，英国文法学校的总数已增至 360 所。截至 16 世纪晚期，英国世俗文法学校继续扩大，其学校总数已经在原来的基础上增加了 4 倍之多，出现了"在今天女王陛下统治下的英国，没有一个城镇没有文法学校"② 的繁荣景象。据资料记载，到 1660 年为止，英国人口中每 4400 人就设置一所文法学校，这是 20 世纪以前英国人口与学校数比例最高的时期。③ 据估计，从 17 世纪末到 18 世纪，英格兰和威尔士有 600~700 所文法学校。这些学校的学生除部分进入大学外，"其他的可以进入贸易领域或响应其他部门的召唤"。④

二 面向普通民众的初等教育

这一阶段，在公学逐渐变为贵族子弟专属学校之后，英国普通大众的子弟由于家境贫困，只能进入由宗教团体或慈善机构创办的初级学校，"贫苦家庭限于财力，才送子弟入基督教的堂区学校，或进入 15 世纪出现的主妇学校

---

① 滕大春主编《外国教育通史》，山东教育出版社，1989，第 265~267 页。
② Raght, L. D. W. *Life and Letters in Tudor and Stuart England* (New York: Cornell University Press, 1962), p. 294.
③ Gardner, B. *The Public Schools: A Historical Phenomenon* (London: Hamish Hamiton, 1973), pp. 41 - 45.
④ 李远本：《16、17 世纪英国教育的双轨模式》，《教学研究》2006 年第 4 期。

之类的私学"，① 接受基本的读、写、算及宗教教义等教育。1406 年，为了确保个人接受教育的权利，英国国会通过《初等教育法》，其中规定："每个男人或女人，不论其地位或条件如何……均有权利送子女进王国内他们喜欢去的任何学校学习。"② 但当时，初级学校、教师都受控于教会，直到 16 世纪宗教改革之后，教会势力受到严重打击，许多依附于小教堂的初级学校也被取消，一些教会牧师转变成专职教师，在一些未拆除的小教堂内开办专门的学校，由居民、商人及乡绅捐赠一些资金，为平民子弟提供一些规模较小的、收费的初等或中等教育。这些学校"最初也以神学为主课，兼传授某些实用知识；18 世纪之初，始受工业、商业及海外贸易迅速发达的影响，发展为实科性的中等学校"。③ 虽然这些学校提供的教育无法与公学相比，但这些学校的创办推动了英国教育世俗化、大众化的进程，提高了普通民众的文化知识水平，具有深远的历史意义。在伊丽莎白时代，英国平民学校、乡村教育获得史无前例的大发展，人们办学热情高涨，"在没有建立学校或没有堂区（Parish）学校的地方，当地农民就会一起凑钱并像城里很早就开始的那样邀请教师来任教"，商人捐资办学的力度也越来越大，虽然这一时期建立的学校规模大小不一，师资力量也不等，但学校数量急剧增加。"在女王陛下最令人幸运的统治下……所建立的学校比这个王国以前所有时代建立的都多。"④ 因此，整个 17 世纪，英国文盲率的下降速度是 1500 年以来最快的，这也为日后英国工业革命奠定了基础。

此外，这一时期英语作为国家官方语言成为学校教学用语，并且成为《圣经》语言，得到了广泛的应用与普及。印刷术的发展进一步促进了民族语言的崛起与教育的普及，通过《圣经》等书籍启迪着人们的思想，将教育下移并推广到课堂之外的广阔的社会。因而，19 世纪之前，英国教育门类增加、教育水平有了一定的提高，受教育范围也开始扩大，虽然教育服务现实社会的功能难以体现，但教育体系在逐渐形成。

---

① 滕大春主编《外国近代教育史》，人民教育出版社，1989，第 5 页。
② 李远本：《16、17 世纪英国教育的双轨模式》，《教学研究》2006 年第 4 期。
③ 邓特：《英国教育》，杭州大学教育系外国教育研究室译，浙江教育出版社，1987，第 25 页。
④ 李远本：《16、17 世纪英国教育的双轨模式》，《教学研究》2006 年第 4 期。

三 古典大学的创建

19 世纪之前，英国高等教育一直都是在中世纪创建的牛津大学、剑桥大学等古典大学内进行。因为这两所大学创建于英国"大宪章"之前，所以被称为"比英国国家还老"。① 从 14 世纪到宗教改革之前的百余年内，苏格兰也成立了圣安德鲁（St. Andrew，1411 年）大学、格拉斯哥（Glasgow，1451年）大学和阿伯丁（Aberdeen，1495 年）大学三所大学。1582 年，又成立了当时唯一一所不受教会控制的爱丁堡（Edinburgh）大学。1592 年，爱尔兰也效仿牛津大学和剑桥大学成立了达布尔大学。到 18 世纪末，英国共有 7 所大学，构成了英国古典大学体系。但从 12 世纪一直到 19 世纪中叶，牛津大学和剑桥大学垄断了英国高等教育 600 多年，比世界性的 16~18 世纪大学发展的"冰河期"还要长。②

英国古典大学虽然最初是由城市内学者或学生自发形成的学术行会组织，但很快被教会势力控制，与宗教联系密切。从办学模式看，牛津大学、剑桥大学都采用学院制，1500 年牛津大学与剑桥大学各有 10 所学院，1600 年时各有 16 所学院，16~17 世纪，由于王权的加强，大学逐渐"通过调整来适应一个更加世俗化的社会"。③ 到了 17 世纪末 18 世纪初，牛津大学和剑桥大学都已发展到 20 多所学院。"准确地说，牛津大学和剑桥大学的学院数量在继续增长，17 世纪 30 年代达到了顶峰，学生超过 4000 人，其学生占总人口的比例可能比 20 世纪以前的任何时候都要高。"④ 从人才培养目标看，这些大学主要是为培养未来统治阶级，属于精英教育。从招生对象看，在相当长时间内，牛津大学、剑桥大学的学生主要是上层统治阶级的后代，其中包括来自公学和文法学校的一部分"在校期间表现最为出色""最适合为教会和国家服务"⑤ 的毕业生。据统计，在 17~18 世纪时牛津大学与剑桥大学的学生来源

---

① 牛津大学（Oxford University）创立于 1168 年，剑桥大学（Cambridge University）创立于 1209年，英国在 1215 年才制定了限制王权、保护贵族权利的《大宪章》，标志着英国成为统一的封建国家。
② 张建新：《高等教育体制变迁研究——英国高等教育从二元制向一元制转变探析》，教育科学出版社，2006，第 61 页。
③ 李远本：《16、17 世纪英国教育的双轨模式》，《教学研究》2006 年第 4 期。
④ 孔杰：《16 至 18 世纪中期的英国教育》，《开封教育学院学报》2008 年第 1 期。
⑤ 李远本：《16、17 世纪英国教育的双轨模式》，《教学研究》2006 年第 4 期。

主要是贵族、绅士、官吏、军人、大商人以及上层社会职业者，如律师、牧师、医生等。一般职员、小商人和富裕的自耕农人家的子弟微乎其微，而贫困的劳动群众根本不能入学。① 在当时牛津大学四个学院的入学考试注册中，33%的学生出身于贵族绅士家庭，22%的学生是教士的儿子，16%的学生是富裕商人的儿子，还有15%是约曼农（Yeoman）的儿子。② 贫寒子弟虽也有机会（如坎特伯雷大主教切尔西），但很少，也很艰难。1581年，剑桥大学的1950个学生中，有269人因贫困或表现不佳而处于失学的边缘。③

牛津大学、剑桥大学的教学内容主要是古典文科与神学。17世纪末18世纪初，在科学家牛顿与培根的影响下，学校增加了一些自然科学的教学内容，大学也开始向世俗化方向靠拢，培养熟悉政治、经济、行政管理事务的统治精英。据统计，在1584年，英国议会中有48%的议员在牛津大学、剑桥大学和法律协会接受过高等教育；到1640～1642年，这个数字达到了70%。④ 而在教会中，1454～1486年，坎特伯雷主教区被授予圣职的牧师中有1/6的人是大学毕业生；1570～1580年，在伊利担任圣职的牧师中有73%的人接受过大学教育；1660～1674年，伍斯特主教区接受过高等教育的牧师已高达84%。⑤ 17世纪末，贵族中接受过大学教育的比例为32%，到18世纪中期，这一数字已经达到50%。鉴于当时的发展形势，贵族子弟除了选择牛津大学、剑桥大学之外，还会根据社会发展需要，选择伦敦司法学院学习法律或者出国留学。这些学生走向工作岗位后成为社会各界精英，为英国经济发展、国家竞争力的提升作出了贡献。

第二节　工业革命推动下英国近代教育体系的发展

19世纪，英国工业革命的发展提高了政府及社会各界对教育的重视。从18世纪末到19世纪，英国以工业革命为契机，开始尝试加强对教育体系的管理，围绕促进教育体系的民主化以及加强教育体系与工业社会之间的关系，

---

① 王天一、夏之莲、朱美玉编著《外国教育史》，北京师范大学出版社，1993，第163页。
② 许洁明：《十七世纪的英国社会》，中国社会科学出版社，2004，第173页。
③ 李远本：《16、17世纪英国教育的双轨模式》，《教学研究》2006年第4期。
④ 许洁明：《十七世纪的英国社会》，中国社会科学出版社，2004，第182页。
⑤ 许洁明：《十七世纪的英国社会》，中国社会科学出版社，2004，第183页。

开始对教育及教育体系进行反思与改进，推动教育国家化、世俗化、社会化、民主化与科学化，教育体系变得更为民主和开放。

一 工业革命与英国教育体系的反思

19世纪，欧洲民族国家建立之后，各国之间的竞争日益加剧，除了战场上兵戎相见之外，以科技创新为基础的较量逐渐成为主题，教育的经济功能越来越受到各个主要资本主义国家的重视。18世纪后半叶到19世纪前半叶，随着蒸汽机技术的出现，英国进行了人类经济发展史上的一次重大变革——第一次工业革命。大机器生产取代了传统的工厂手工业，使各个主要工业部门取得很大成就，英国因此凭借工业优势取得世界工业与国际贸易的"霸主"。工业革命的本质是竞争替代了早先曾经控制财富生产和分配的中世纪管制。[①]并且从英国发展史看，工业化不仅是一个产业结构转型的过程，更是一个经济由不自由之路转向自由之路的过程。[②]然而，从1870年之后，德、美两国在现代工业方面发展迅猛，英国的工业优势快速下降。工业生产在世界总产值占有从19世纪50年代的40%，滑落到70年代的32%，而这时期的美国占有了27%的份额。1900年，美国以31%的优势居世界首位，德国上升为16%，而英国则跌至18%。"英国享有了近100年的工业垄断，现在无可挽回地失去了。"[③]其实，早在1867年巴黎国际博览会上，德、美两国的某些工业行业位于英国之前，就已引发了英国朝野的恐慌以及对教育的重视。人们普遍认为，是英国科学技术发展落后与科技人才短缺造成创新体系疲软，从而导致经济增长衰退。

当时，英国国会正式委派以唐顿为首的委员会调查英国中等教育，并于1868年提交了一份报告，建议除了继续注重古典学科的文法学校和公学之外，增设以传授自然科学为主的新型中学，同时为小有产者子弟设立修业年限短而注重技术和职业科目的学校。委员会通过对英国教育体系的全面审视，发

---

① Arnold, T. *Lectures on the Industrial Revolution of the 18th Century in England* (London: Rivingtens, 1884), p. 85.

② 卡洛·M.奇波拉主编《欧洲经济史》第3卷，吴良健等译，商务印书馆，1989，第362～385页。

③ 恩格斯：《英国工人阶级状况》1892年英国版序言，载《马克思恩格斯全集》第22卷，人民出版社，1965，第311～325、367～383页。

现的问题如下。

其一，教育体系不平等。英国教育体系以学生家庭出身和社会地位为划分标准，而不是以学生学业进行划分。即使 1902 年英国出台的《巴尔福法案》仍在很大程度上承认学生能否接受学校教育由其父母的社会经济地位决定，单纯学业优秀的初等学校学生的求学/就学机会只占 25%。这种教育体系的弊端阻碍了不同阶层的社会流动。以托尼（R. H. Tawney）为代表的许多学者指出，"英国教育体系以社会阶级划分，是违反教育规律的，导致初等教育是贫民的教育，中等教育是富人的教育，这种教育体系的划分显然不是依据教育内在因素和教育对象的特征，而是建立在社会阶级和经济的因素之上。因此，教育分化始于教育开始之前，与家庭的社会地位密切相关"。[1] 其他学者也认为，"通过教育的社会流动，将减少下级阶层儿童中的才能浪费，并使经济、社会和政治等活动的效率更高"。[2] 因此，托尼提出了"人人平等接受中等教育"的理念，从而奠定了这一阶段及以后英国教育体系改革的总基调。

其二，教育体系不符合国家与社会发展需要。1832 年、1867 年、1884 年英国先后进行了三次议会制度改革，公民选举权范围扩大到工业资产阶级与部分普通民众，1870 年英国开展了公开竞争、择优录取文官的改革，19 世纪中叶英国成为世界工业"霸主"、国际金融中心，这些社会变革与辉煌需要相应的教育支撑。然而，"英国社会、政治和工业领域的变化是如此之大，几乎应该称之为'革命'了，但学校和大学却很少跟得上这种新的发展"。[3] 正如史学家 G. M. 扬（G. M. Young）所言："维多利亚社会的力量和弱点在哪里都没有比在教育领域表现得更明显。"[4] 例如，对于学校纪律、教学标准以及教师资格缺乏全国统一管理与指导，缺乏全国性教师培训与考核体系，小学教育入学率低，中等教育改革缓慢。

其三，技术教育落后不受重视。公学尊崇古典文化教育和精英理念，抵制现代课程，排斥科学和职业等科技教育于主流教育之外，中产阶级认为教育内容不实用；初等教育资源少、内容窄、水平低，工人阶级抱怨不能为其

---

① 托尼：《人人受中等教育》，载瞿葆奎主编《教育学文集·英国教育改革》，人民教育出版社，1993，第 24~33 页。

② 倪小敏：《从阶级分析到经验的社会学研究》，《浙江社会科学》2012 年第 1 期。

③ 单中惠：《试析十九世纪英国科学教育与古典教育的论战》，《清华大学教育研究》2000 年第 2 期。

④ 李冈原：《近代英国教育特征初探》，《杭州师范学院学报》1997 年第 1 期。

提供进一步学习科技知识的基础；大学固守于古典学科，根本不研究自然科学。此时法国和德国教育体系中都出现了专业性学院和技术中学等，当时教育观察家马修·阿诺德（Matthew Arnold）后来对此做了很公正的评价："现在英国和欧洲大陆国家最显著的差别在于欧洲大陆国家对科学思想的关注和英国对其的忽视。"①

其四，英国普遍认为教育是父母的权力和私人的事情，这种观念导致政府长期管理缺位，教育投入不足。英国多数学校是由教会和私人捐赠而建，国家缺乏统一管理和经费投入，导致经费长期缺乏。其中工业科学技术教育多在大学之外的、民间社会机构进行，"与其说是依靠国家，莫不如说是依靠与市民之间有着经济利益关系的高明工匠、追求新事物的有钱人以及城里的发明商等一些几乎没有受到科技教育的人来进行的"。② 这些导致了英国近代大学和科技教育体系落后于时代需要，使得英国丧失了工业发展优势。第一次世界大战时，英国因为科技落后而备受打击，"一战"后政府努力扭转这种情况，但成效有限。1944 年，英国政府公布的"铂西报告"中指出，"作为先进产业国家的大英帝国之地位，由于没有能够将科学有效地应用于产业上而失败，并至今面临着危机……其失败的原因之一在于教育""国家缺少发展科学技术教育的各种措施和方法，产业界与教育界缺乏互相联系和合作"等。③

其五，英国过于坚守精英教育，忽视民众教育。公学与文法学校只招收上层阶级子弟，培养上层管理者，广大普通民众难以接受合适的教育，造成城镇与工厂充斥着大量文化水平极低的不合格工人或文盲。1832 年，哈德兹菲尔德众议院委员会的报告显示，工厂里会写字的人不超过 1%；根据 19 世纪 40 年代注册总局的报告，40% 的成年人不会拼写自己的名字。对于平民接受教育的问题，1851 年在伦敦召开的宪章派代表大会上，纽卡斯尔教育委员会的一位委员提出下层阶级子弟最多上学到 10 岁，有的代表提出"一个受过教育的工人就意味着劳动纠纷的增加"，④ 反对普通民众接受教育。截至 1870

---

① 安迪·格林：《教育与国家形成：英、法、美教育体系起源之比较》，王春华等译，教育科学出版社，2004，第 28 页。
② 日本世界教育史研究会编《六国技术教育史》，李永连等译，教育科学出版社，1984，第 88 页。
③ 日本世界教育史研究会编《六国技术教育史》，李永连等译，教育科学出版社，1984，第 132 页。
④ 李冈原：《近代英国教育特征初探》，《杭州师范学院学报》1997 年第 1 期。

年，英国全部 6～10 岁的儿童只有 40% 上了学，10～12 岁的儿童只有 33% 上了学，还有许多儿童每星期总共只上两三天学，或者一年只上学几个星期，大部分学生在结业时仍然是半文盲。英国的教育远远地落后于美国和欧洲大陆的一些国家。有学者进行过比较，早在 1858 年，英国日校学生人数与总人口的比例是 1∶77，而同一时期普鲁士的比例为 1∶6.27。英国的小学入学率，很少高于适龄儿童的 50%，而当时的荷兰和德国已经实现了初等教育的普及。① 英国教育体系对民众教育的忽视埋下了日后美国、德国超越英国的伏笔。

其六，宗教与自由主义传统造成政府不干预教育。长期以来，英国国教控制着教育，它们担心国家控制教育会危及国教的世袭特权，导致宗教教育世俗化。一些反对派也担心政府干预教育会进一步导致对国教教育的倾斜。教派之间的争端与偏见严重地阻碍了国民教育体系的发展。另外，英国在殖民地时期形成的自由主义传统影响下，人们崇尚个人主义、创业和自由放任主义价值观与生活方式，认为教育应该远离国家控制，反对政府干预教育。这导致 19 世纪 30 年代英国政府关于国民教育体系改革的许多提案都未得到通过。1833 年 7 月，国会议员罗布克（Roebuck）在议会中提出了一项普及国民教育计划，要求设立公共教育大臣的职位，并提出，"必须通过立法使大不列颠和爱尔兰的每一个 6～12 岁的儿童接受正常的教育"，"如果家长不能或不愿为其子女提供合格的教育，那么国家就要干预，强迫家长将孩子送入公立学校接受教育"。② 英国教育家也反对国家干预教育，他们根本不讨论国民教育体系问题。1859 年，纽卡斯尔调查委员会对是否实行义务的、强制的初等教育的结论为，政府支持教育会造成对私人权利的干涉，因此再次否决了义务初等教育的设想，公共教育的普及和平等进程再遭阻碍，英国也未能建立起能进行积极干预的、进取的现代化的教育管理机构，政府也无所作为。因此，有人指出，"英格兰和威尔士在 1833 年间的初等教育历史上没有任何值得骄傲的地方"。③ 1870 年 2 月，福斯特呼吁："我们不能再延误了，我们

① 文进荣：《19 世纪英国教育相对落后的原因探究》，《广西师范学院学报》（哲学社会科学版）2008 年第 2 期。

② 祝怀新：《英国基础教育》，广东教育出版社，2003，第 33 页。

③ 邓特：《英国教育》，杭州大学教育系外国教育研究室译，浙江教育出版社，1987，第 10 页。

工业的繁荣取决于初等教育的迅速设置。"①

其七，英国保守主义力量强大，两党轮流执政的制度使得政府在面对教育改革问题时往往首先考虑不同利益集团的利益冲突，采取折中的方案，进行稳重和缓的改革，从而导致改革力度小、效率低。此外，英国保守与尊重传统、门第等级观念、追求贵族绅士化生活等导致其缺乏拼搏进取精神。并且，由于英国长期以来和平稳定的生活与半个世纪世界强国地位的荣光，他们没有认识到教育在国家兴亡、国计民生中的重要战略作用。总之，这一切的不足，进一步成为英国教育体系改进的起点。

二　教育体系国家化——政府强力干预的开始

从上述对英国教育体系的审视可看出，英国政府对教育体系的不干预是最大的问题。因此，这一阶段，英国政府开始逐步加强对教育的干预，尤其着力于初等教育的普及。政府采取的举措主要如下。

一是教育立法。这是英国政府干预教育的主要方式。1802 年，英国议会通过首部关于教育的法案《童工健康和道德法案》，规定了工厂主雇用童工必须承担一定的教育义务，在前四年中必须安排教师和培训场地，为其提供读、写、算三方面的教育。该方案实际上并未生效，但开启了英国政府通过立法干预教育的先河。教育立法便于国家对教育的统一管理。

二是提供经费资助。1833 年，英国议会通过第一个教育拨款法，要求政府提供 2 万英镑财政拨款用于改善初等教育办学条件，由英国英伦海外教育社和国民教育社这两个最大的教育团体具体落实。这是英国政府首次拨款资助教育。1839 年，政府再次为初等教育拨款 3 万英镑，之后逐年增加，1840 年为 10 万英镑，1854 年为 56 万英镑，1860 年为 60 万英镑，1862 年为 77 万英镑。② 政府拨款逐渐成为初等教育办学经费的重要支持，到 1861 年时，平均每所小学经费的 1/4 均来自国家的财政补助。到 1891 年，中央和地方政府已基本承担了所有公立小学的经费。③ 政府拨款在确保初等教育有稳定经费来源的基础上，也确立了国家在教育管理中的话语权。

---

① 李冈原：《近代英国教育特征初探》，《杭州师范学院学报》1997 年第 1 期。
② 张湘洛：《19 世纪英国教育普及综述》，《洛阳师范学院学报》2003 年第 4 期。
③ 张湘洛：《19 世纪英国教育普及综述》，《洛阳师范学院学报》2003 年第 4 期。

三是加强对教育内部事务的干预与督导。1861 年，英国议会通过了《1861 年修正法典》，设立了"成绩奖金制度"。该法典规定：凡接受公款补助的小学，都必须开设读、写、算三科；依据学生品行和三科成绩分配学校补助的数额；各地视导员有权审查学校的各项工作并决定其补助份额。

四是加强师范教育。英国初等教育发展中面临的突出问题是师资。政府通过督导、经费资助等方式，将英国最初推行的导生制最后发展为师范生制，从社会举办到国家支持。到 1861 年时，英国师范学校已有 30 余所。到 19 世纪末期，很多大学也开始接受国家支持开设中学教师培养项目。在国家的引导与资助下，英国初等教育师资水平普遍提高，教学更加科学规范，教学质量也整体提升。

五是成立全国性教育行政管理机构，从国家整体立场出发，加强对教育的管理。1839 年，中央成立枢密院教育委员会，负责教育拨款和师资培训工作。1856 年，枢密院教育委员会改为教育署，其行政职能进一步扩大。1899 年，教育部法案通过，中央成立教育部，属内阁部级机构。1902 年，议会通过法案成立地方教育局，取代地方学务局。其行政活动既归地方政府管辖，又接受中央教育部的视导。至此，英国中央和地方基本形成统一协调的教育行政机构。[①]

1870 年，英国议会通过《福斯特法案》，该法案规定：（1）国家保留初等教育的视导权；（2）为 5~13 岁的儿童提供义务初等教育；（3）设立地方教育行政机关——地方学校委员会；（4）将各种形式的初等教育统一纳入国家教育制度中；（5）宗教教育与世俗教育分离，凡接受公款补助的学校不得强迫学生上宗教课。1872 年和 1874 年的教育法案又进一步补充了《福斯特法案》。[②] 该法案奠定了国家初等义务教育制度的基础，在推动教育世俗化的同时也反映了国家干预教育体系的成就。

三 社会教育的兴起

从 1830 年开始，英国越来越多的中产阶级将子女送到学校接受教育，家庭教育模式开始衰弱。由于英国海外贸易的发展，许多新兴贵族、军人、殖

---

① 张湘洛：《19 世纪英国教育普及综述》，《洛阳师范学院学报》2003 年第 4 期。
② 张湘洛：《19 世纪英国教育普及综述》，《洛阳师范学院学报》2003 年第 4 期。

民官员和外交官等都希望将子女送到具有家庭氛围、社会声誉较好的公学接受教育。这一时期，英国公学也开始自发地进行自内而外的改革，在拉格比公学校长阿诺德对公学成功改革的示范下，公学的管理水平、纪律、师生比、生活条件、道德和宗教精神和教学质量情况都有了很大改观，吸引力提升，公学整体得到发展。[①] 这一时期，许多新生的中产阶级为了提高子女受教育的水平，捐资兴办了一批私立学校：第一种类型是由一批一般中产阶级富裕家庭支持兴办起来的私营日间学校（Proprietary Day Schools）；第二种类型是由一些合股企业创办的私营寄宿学校（Proprietary Boarding Schools）；第三种类型是由伍达德基金会（Woodard Foundation）与英国国教联手在兰兴、赫斯特皮尔波因特和阿尔丁里等地建立的中产阶级寄宿学校；第四种类型是由一批文法学校改建而来的公学。[②] 到19世纪末，英国公学进入"黄金时代"，从早期的"九大公学"发展到20世纪初的近100所，再到20世纪70年代的270所。[③] 虽然公学招收的学生人数未有增加，但其社会地位和声望成为英国中等教育的典范。

与此同时，随着英国世俗教育的发展，社会各界逐渐认识到教育的社会功能，纷纷参与到教育事业中，掀起了一场影响持久且深远的社会教育运动，从儿童教育与成人教育入手，推动了英国教育体系的普及与完善。

儿童社会教育运动首先发生在工业发达的城市地区，主要对象是童工，后来扩大到所有儿童。社会教育机构有主日学校、导生制、贫儿学校和幼儿学校。其中主日学校与导生制影响最大。主日学校最初起源于北美洲，1763年引入英国，1780年由牧师与社会热心人士利用星期日招收童工和无人照管的流浪儿童，传授其读、写、算和宗教道德等基本知识，称为主日学校，办学3年后取得卓然成效，形成一种运动，引得许多教派与社会团体纷纷效仿。1803年，英国成立了"主日学校运动联合会"，英国各地主日学校的学生规模急剧扩大。据统计，1811年，参加主日学校的学生已超过50万；1831年超过100万，1851年超过200万，分别占英格兰总人口的8.4%和12.5%；

---

① Aldrich, R. *An Introduction to the History of Education* (London: Hodder and Stoughton, 1985), p. 36.
② 原青林：《教育活化石的考释：英国公学研究》，南京师范大学博士学位论文，2005，第20~21页。
③ 原青林：《为什么要研究英国公学》，《外国中小学教育》2004年第7期。

1881 年已有 19% 的全国人口在主日学校注册,[①] 主日学校因此成为英国社会教育运动的表率。

导生制最初肇始于印度的个体教学制,1799 年经英国国教派牧师安德鲁·贝尔改进后被约瑟夫·兰卡斯特引进到英国。所谓"导生制",主要是教师从学生中选择优秀年长的学生作为导生,教师先将知识传授给导生,然后由导生再传授给一般学生。每个导生都至少可以辅导 10 个学生,这样既降低了办学成本,又提高了效率,极好地解决了初等教育和扫盲运动中师资和经费欠缺的问题,因此也非常受欢迎。

成人社会教育主要包括成人扫盲教育、成人职业教育和成人人文陶冶教育。其中,成人扫盲教育以大学推广运动的成人学校为主,以教育公社运动、公共博物馆运动和公共图书馆运动等为辅。成人学校是 19 世纪初根据主日学校发展起来的,主要招收工人及其家属,分为成人主日教学和成人夜校教学,以扫盲为主,以教授基本的读、写、算和宗教道德教育为辅。到 19 世纪中期,成人学校学生规模已达 25 万人,学校设施也逐渐健全。成人职业教育以技术学校运动为主,主要向工人传授职业方面的知识。1799 年,格莱斯特的柏班克学者创办了第一所技术学院;1823 年,在伦敦普及应用知识协会的支持下创办了伦敦寄宿学校,进行应用科学方面的职业知识与技能培训,得到资本家的欢迎与资助。到 19 世纪 40 年代初期,英国共开办了 200 多所技术学校,主要分布在朗卡郡和约克郡等城市中。到 1850 年,英国共有技术学校665 所,学生达到 114500 人,讲授的专业非常广泛,有冶金加工、木具制作、缝纫、农林、商业销售、水利运输等。[②] 成人人文陶冶教育以大学推广运动为主,最初受 1870 年剑桥大学教授詹姆斯·斯图尔在英格兰北部进行的妇女巡回讲学的启发,剑桥大学在校外建立演讲机构将大学教育推向民间,大学和地方共同承办,大学负责选派教师、设置课程、颁发文凭证书等事务,地方负责招生、收费与场所,此种方式效果非常好,引起各地及其他大学效仿,引发大学推广运动。据统计,剑桥大学、牛津大学和伦敦大学三所大学在1890~1891 年,共开设 457 门推广课程,其中自然科学 191 门、历史和政治159 门、文学和艺术 104 门、哲学 3 门。[③] 基于此,大学推广中心逐渐发展为

---

① 张湘洛:《19 世纪英国教育普及综述》,《洛阳师范学院学报》2003 年第 4 期。
② 张湘洛:《19 世纪英国教育普及综述》,《洛阳师范学院学报》2003 年第 4 期。
③ 张湘洛:《19 世纪英国教育普及综述》,《洛阳师范学院学报》2003 年第 4 期。

地方大学，例如诺丁汉大学就是在大学推广中心基础上建成的，为地方大学的建设奠定了基础。

通过国家干预与社会教育运动，这一时期英国教育体系中初等教育与社会教育取得了较大发展。英国国民受教育人口规模与总人口占比从 1803 年的 1∶17.5 提高到 1908 年的 1∶6，百余年间提高了将近 3 倍。文盲的百分比从 1841 年的男性 32.7%、女性 48.9%，下降到 1900 年的男性 2.8%、女性 3.2%。儿童受教育年限从 19 世纪初的 2~4 年提高到 1900 年的 7 年。学校、公共图书馆等教育文化设施在 19 世纪初还数量稀少，1870 年仅有学校 8800 所，图书馆也仅有 35 座，到 1900 年时，学校数量已增至 14500 所，公共图书馆达 360 座。平均每个大中城市都有博物馆 1~2 个。①

四　教育体系的完善——城市大学的出现

面对英国近代工业发展对科学技术及从业人员水平与素质的急迫要求，以及高等教育中古典大学不适应国家经济与科技发展的问题，英国从 19 世纪初开始，在传统大学体系之外，一些非国教派的教师和一些自由民主思想的开明学者、工业资本家一起创办了与古典大学抗衡的新大学。以费用低廉、传授专业技能的教育理念面向社会招收家境较好的中产阶级子弟，形成不以阶级、宗教、种族与性别差异对待的新型大学教育。其中，"伦敦大学学院"（University College of London）即最成功的典范，这是英国第一所拥有民主、自由精神的新型高等教育机构。在伦敦大学学院的示范下，英国在 19 世纪下半叶又陆续创建了一批同样类型的大学，被称为新大学。这些扎根于工业文化、满足地方不同工业发展需求的大学学院，通常被称为城市大学学院。城市大学学院多分布在英格兰中北部和威尔士的新兴工业城市，主要由财阀及富裕市民捐赠，与地方产业经济联系密切，不受教会控制。比如欧文斯学院最初是曼彻斯特纺织业主约翰·欧文斯捐资创办，后得到当地大工业家的慷慨资助；伯明翰大学最初是由当时世界上最大的钢笔笔尖制造商和运用电镀金银的企业家约西亚·梅森创办；南安普敦大学的前身是由当时的白酒制造商亨利·哈特里创办；谢菲尔德大学的前身创办于钢铁大王马克·费思之手。在威尔士大学创建过程中，普通民众提供了大量支持，在建立班戈尔的北威

---

① 张湘洛：《19 世纪英国教育普及综述》，《洛阳师范学院学报》2003 年第 4 期。

尔士学院时，33%的资金由英格兰教会募捐得来，29%的资金由卫理公教会募集，24%的资金由个人捐助，14%的资金由其他方面资助，通过教会募集的资金中有很大一部分是工人捐献的，其中班戈尔地区的采石工人有2000多人捐了款。① 在地方工业家、财阀的资助下，城市大学将培养适合经济发展所需要的人才为目标，旨在服务地方工业发展，因此在课程设置中重视科学技术，以近代自然科学为基础。此外，城市大学以德国大学模式为榜样，与当时英国联邦的教育结构密切联系，按照伦敦大学学位要求设置课程，学生考试合格者可获得学位。1900年左右，城市大学学院获得了独立大学的地位，发展成综合性大学。

城市大学学院学费低廉，学生主要来自工业和商业背景的家庭，以商人子弟为主。伯明翰大学是唯一一所每年精确划分社会等级的城市大学，据说19世纪80年代，该校大多数学生是本郡和邻郡制造业主的后代。1893年，该校拥有270名学生，其中至少有200人或有74%的学生来自商业和工业背景的家庭，可见英国城市大学的生源与工商界的联系十分密切。② 城市大学的毕业生也大多进入工业领域或商界，如曼彻斯特大学有1/3的毕业生进入化学界，伯明翰大学和布里斯托尔大学也有1/3的毕业生进入工业界，其余2/3的毕业生则成为教师和医生。纽卡斯特尔大学进入工业界的毕业生高达1/2。③

英国吸取第一次世界大战的教训，开始重视并组织泛科学化研究，城市大学学院与工业联系密切，与工商界建立了直接联系，担负着研发职能。一方面，科学研究与地方工业发展相结合；另一方面，可通过这种方式争取地方工业界的经费支持。例如，谢菲尔德大学的冶金学教授奥利弗·阿诺德在教学研究过程中，同时担任72家公司的技术顾问，训练了一代钢铁冶金业学家，他所研制合成的矾、锰、铬、钨等金属使谢菲尔德大学在特殊铁制品研究领域走在世界前列，并为英国的工业发展培养了一批专业技术人才、设计师、工业研究人员和推销员。

以城市大学为代表的新大学构成了英国高等教育体系，标志着英国高等

① 张泰金：《英国高等教育的历史现状》，上海外语教育出版社，1995，第35页。
② 丰华琴：《城市大学与英国教育体制》，《南京晓庄学院学报》2000年第3期。
③ Sanderson, M., "The English Civil Universities and the Industrial Spirit, 1870-1914," *Historical Research*61(1988): 101-102.

教育体系开始从传统教会和统治阶级的服务对象，转向培养社会经济、政治发展所需要的公共服务对象，教育对象范围的扩大适应了社会发展潮流，支持了英国经济发展和社会变革，还催生了一批以城市发展为中心的地方大学，如曼彻斯特的欧文（Owens）学院、里兹（Leeds）学院、伯明翰（Birmingham）学院和利物浦（Liverpool）学院等，这些城市学院代表着教育体系发展的一大进步。由此，英国近代高等教育的发展使得大学生规模迅速扩大，从1900年的在校大学生人数约2万人，增长到1938年的约5万人，[①] 这为英国工业经济发展提供了丰富的人力资源。

这一时期，英国继续教育也有了起步。随着工业革命与科技革命的发展，1823年在格拉斯哥创办了第一个职工讲习所以适应工商业发展的人力需求，其主要面向工厂，培养生产所需的工人，并由工人自己组织和教育管理。第二年，英国又创办了世界上最早的民众学校，为工人下班后提供夜间学习，进行文化知识教育。这种以科学技术技能培训为主要内容的教育模式的出现，标志着现代意义上继续教育开始形成，为成人社会教育奠定良好基础。

第三节　经济竞争加剧与英国现代教育体系的发展与完善

第二次世界大战是世界教育史上的分水岭。两次世界大战与第三次工业革命的发生，使得国与国之间的竞争变得更为激烈。"二战"之后，和平与发展成为世界主题，但维持和平与发展的基础更加依赖于科学技术的发展，更加依赖于国家竞争力。以教育为基础的科技与人才的综合实力的竞争成为各国关注的重点。在此背景下，科技与人才的较量，说到底就是对教育体系质量的考量。英国政府继续加大了对教育体系的调控力度，在教育体系民主化、普及化及强化经济功能方面做出努力。

一　学前教育

1918年，英国通过了《费舍法案》，该法案确立了一套正式的公共学校系统，包括保育学校、小学、中学和专科学校在内所有学校。1944年，英国

---

① 杨贤金、索玉华等：《英国高等教育发展史回顾、现状分析与反思》，《天津大学学报》（社会科学版）2006年第3期。

颁布了《巴特勒法案》，进一步将初等教育划分为保育学校、幼儿学校和初级小学三个阶段。这两部立法意味着英国从法律上将学前教育纳入了国家教育体系。为了实现幼儿园与小学阶段之间的顺利衔接，英国教育体系中初等教育体系内也建立了一些学前教育机构。例如，一些私立幼儿园属于独立学校系统，招收 3~8 岁儿童，就同时跨越了学前教育和初等教育；一些小学的幼儿部或幼儿学校的某个班，都招收 3~7 岁儿童，属于学前教育机构。这样，一些 5 岁左右的儿童就被纳入正规学校教育体系，属于最初一级的初等教育。英国学前教育机构包括[①]：游戏小组，隶属卫生部门，专门招收 2~5 岁的儿童，承担保育/教育/补偿功能；托儿所，隶属卫生部门，专门招收 0~5 岁儿童，承担保育/教育/补偿功能；保育学校（幼儿园）与保育班都隶属教育部门，专门招收 2~5 岁儿童，承担保育/教育功能；幼儿园，隶属教育部门，专门招收 3~7 岁儿童，承担保育/教育功能。

在英国，尽管有立法规定，保育学校是初等教育的一部分，但在 20 世纪六七十年代之前，由于缺乏强有力的经济保障，难以支撑学前教育的发展，学前教育发展缓慢。进入 21 世纪后，英国政府一改原来将学前教育视为家庭和市场的责任的做法，重新调整政策，开始重视对学前教育机构与设施的责任与投入。从经费投入看，英国学前教育生均经费占国家 GDP 的 0.47%，其中公共经费投入占 GDP 的 0.45%，私人经费投入占 GDP 的 0.02%。[②] 保育学校、保育班和幼儿班作为英国最重要的学前教育机构，其教育经费多来自政府和地方当局，受到公共资金的资助。84% 的保育学校受到政府和地方教育当局的经费资助，只有 12.5% 的保育学校不接受公共资金资助。托儿所多属于私立性质。学前游戏小组数量最多，最初其主要由家长或社会团体提供经费，现在也开始得到政府的经费支持。英国通过了"确保开端"（Sure Start）计划，资助贫困地区的家庭，从怀孕到儿童年满 4 岁均为资助期限，重视 0~3 岁幼儿的发展，推出"0~3 岁"（Birth to Three Matters）计划，加强对该阶段幼儿教职员工的培训。到 1998 年 9 月，英国已经实现了普及 4 岁幼儿入园计划。之后，英国政府又进一步扩充，将普及年龄向下延伸至 3 岁。2006 年，英国

---

① 冯晓霞主编《幼儿教育》，吉林教育出版社，2000，第 117 页。
② 周兢、陈思、郭良菁：《国际学前教育公共经费投入趋势的比较研究》，《全球教育展望》2009 年第 11 期。

学前儿童入园率为 70%~89%。[1]

二　初等教育

英国学前教育与初等教育的界限分割不清晰，学前教育与初等教育起始阶段相互交融。从 19 世纪后期开始，初等教育的入学年龄为 5 岁，一直延续至今。1870 年，英国颁布了《初等教育法》，规定 5~12 岁的儿童实施强制义务教育，标志着初等教育制度的正式形成。英国初等教育按儿童年龄分为 5~7 岁的幼儿部与 7~11 岁的小学部两个阶段，幼儿部的实施机构为幼儿学校，为幼儿教授读、写、算等基础知识，同时还开设了绘画、舞蹈、唱歌、讲故事和纸工等课程。小学部的实施机构为初等学校，推行全国统一的《国家课程》，但任课教师可以进行教学方式与方法的自主性创新与改革。英国也有一些初等学校设置幼儿班，将 5~11 岁所有儿童教育都集中在同一所学校内进行。后来有些地区采取初级小学、中级小学和高级小学三个阶段制度。1964 年，英国各地普遍设立中级小学。不管形式如何变化，英国初等教育年限始终保持 6 年。5 岁为义务教育起始年，儿童从 5 岁开始强制进入幼儿学校，经过 2 年教育之后进入初等学校。这 2 年的课程内容及要求、活动方式等仍然属于学前教育，但侧重于从学前教育向初等教育的过渡与衔接，这种设置有利于儿童的健康、顺利成长。

三　中等教育

从英国教育体系看，中等教育的在校生年龄为 11~18 岁，涵盖了初中与高中两个阶段，但两个阶段的具体分期需根据学校的具体类型而定。

英国中学呈现综合化趋势，将原来的学术、技术与普通类即文法中学、技术中学和现代中学三种类型整合为综合中学。与此同时，英国高中在纵向发展上又表现出多样化趋势——分为普通高中、技术高中与职业高中三种类型。其中，普通高中学制 3 年，实施完全中等教育，又称为长期高中，毕业生主要目标是通过高中毕业会考，进一步接受高等教育；技术高中的学制与普通高中一样，也是实施 3 年制的完全中等教育，但其毕业生主要是面向社

---

[1]　联合国教科文组织：《增强基础：幼儿保育与教育》，载《全民教育全球监测报告》，联合国教科文组织发布，2007。

会不同职业；职业高中则为学制 2 年的短期高中，实施不完全中等教育，但对于初中观察阶段的结业生生源，则学制为 3 年，其毕业生主要是职业社会中技术工人或低级职员。因此，英国普通高中阶段前设 1~11 年级，高中阶段的年级名称依次为第六年级一、第六年级二和第六年级三不等。[①]

在英国，正规学校教育通常承担普通教育功能，而职业技术教育往往由非正式教育机构承担。鉴于职业资格证书与学历证书价值等同，且与职业工作密切相关，英国非常重视职业资格证书制度，逐步形成了完备的职业资格证书体系和相应的权威的考核机构。1991 年，英国工业协会在行业培训目标与大纲中设置了国家职业资格制度与职业技能标准，2 年后正式将这一体系融入国家职业教育与培训目标中。在此基础上，英国还进一步制定了不同文凭和证书的课程设置标准，统一规定了不同类型课程的必修、选修模块的标准，这成为规范各级各类职业院校的教学质量与人才培养的准绳。英国鉴于既有的传统，首先从管理机构设置入手，1995 年开始将原来的教育部和就业部合并为教育与就业部，统一管理教育、培训与就业等事务，以促进教育部门、经济部门、雇主组织与就业部门之间的有效合作与衔接，从经济发展和就业方面推动职业教育的改革与发展。

英国政治民主化进程直接或间接地促进了教育体系的民主化。资产阶级革命使得英国接受了《权利法案》，建立了君主立宪制，议会开始治理国家，英国开始迈向政治民主化。18 世纪后半叶，随着工业革命的深入发展，工人阶级与工业资产阶级崛起，并加入激烈的政治斗争中，争取选举权，议会中工人的数量越来越多，到 1867 年第二次议会改革时，约有 100 万工人获得了选举权，这些选民的政治参与奠定了英国扎实的民主基础，他们代表下层民众的利益与需求更加重视平民子弟教育权，并且为了提高政治民主水平，选民的教育水平也受到极大关注。这构成了 1870 年英国《初等教育法》出台的一个重要背景。当时，由于贫富差距，英国仍然实行双轨制，一轨是贫民子弟的初等学校与就业；另一轨是预备学校、文法中学（或公学），然后是大学。虽然贫民子弟受教育机会有所增加，但教育体系的平等化、民主化仍面临极大挑战。1870 年《初等教育法》颁布后，教育下移，广大贫民子弟接受教育的比例显著提高，到 1884 年时，英国议会制度进一步向农村推进民主化

---

① 李其龙、张德伟编《普通高中教育发展国际比较研究》，教育科学出版社，2008，第 2 页。

改革，选民迅速扩大到450万，占当时人口比例的12.5%。到1900年，英国已经基本实现了7年制义务教育，实现了人人受教育的目标。到1918年，议会改革将选民范围进一步扩大到2100万以上，10年后，英国所有成年女性也都获得了选举权。下层民众与妇女选民数量的几次扩增使得英国政治民主化实现了质的变化，英国成为世界上最早具有现代民主意义的政党与最早实行两党制的资产阶级国家。到1924年左右，英国出现了工党与保守党轮流执政的政治格局，一直持续至今。

众多选民的教育利益也成为不同党派在政治竞争中必须考虑的问题。尤其是以工会为基础的工党，其立党基础就是为积极发动并支持社会福利政策，首先提出了"人人受中等教育"口号，要求一切正常的儿童都应接受全日制中等教育，中等教育应成为国民教育体系的一部分，即将义务教育年限扩至16岁。此时，英国初等教育的发展也要求中等教育进行相应的改革。因此，这一时期英国主要是通过改变教育体系的结构来实现教育公平。在此背景下，1922年，工党代言人托尼发表了《人人受中等教育》（Secondary Education for All）的报告，该报告指出，《1902年教育法》实现了英国完整的初等义务教育体系，《费舍法案》将义务教育年龄推至14岁，鼓励优秀者继续接受中等教育。20世纪后20年，公立中等教育机构发展情况大致如下。除了捐赠学校和其他通过遵守教育委员会规章并接受拨款而进入公立系统的学校之外，市政当局和郡当局已极大地扩展了公立中等教育体系。1897年，归属地方教育当局的学校数不足2%；1904年，市立学校和郡学校数为61所；1912年，地方教育当局开设了329所中学并接管了53所以上的学校。1919~1920年，英格兰1021所接受拨款的中学中有487所受地方当局的管理。除了这些学校之外，因遵守教育委员会规章并接受该委员会拨款而在一般意义上被称为公立中学的学校，在1902~1914年增加了20倍。[1] 托尼在报告中建议，通过循序渐进的方式，地方教育当局开办的学校必须全部免费，并建立奖学金制度；通过每年取消一部分学费的方法到1924年实现全部免除学费的目标；在实现全部免除学费之前，免费学额的数量必须从25%提高到40%；到1932年11~15岁的学生有75%在中等学校就读。[2] 托尼的报告代表着工党教育政策的确

---

① 瞿葆奎主编《教育学文集：英国教育改革》，人民教育出版社，1993，第27~28页。

② Silver, H. (ed.), *Equal Opportunity in Education: A Reader Insocial and Educational Opportunity* (London: Methuen & Co Ltd, 1973), pp. 8~9.

立，英国"人人受中等教育"的教育体系开始了进一步民主化的进程。

英国在第二次世界大战之前，文法学校一直是上流社会与中产阶级子弟青睐的教育机构，"直到 1939 年，88% 的年轻人在 14 岁初中毕业时即永远地离开了学校，只有上层和中产阶级子弟才能继续在文法学校或私立学校接受学术型的高中教育，然后接受精英大学的挑选"。[1] 面对这种情况，根据托尼的报告，1926 年，英国颁布了《哈多报告》（Hadow Report，又称《青少年报告》），该报告提议继续保持以 11 岁为初等教育与中等教育的界限，11 岁之前实施统一的初等教育，但 11 岁之后中等教育应根据学生的心理特点与能力倾向，实施多种类型的教育，将中等教育重组为具有同等地位的文法学校、现代学校和初级技术学校或商业学校。这一报告虽然多种原因之下未完全贯彻落实，却影响深远，奠定了英国中等教育三轨制发展的基础，从政府层面确认了普及和实施中等教育机会均等的观念，托尼称之为"一份非同凡响的文件"，[2] 学界誉之为"英国现代教育史上的重要里程碑"。[3] 1928 年，政府正式拨款实施这一计划。1938 年，英国颁布的《史宾斯报告》（《中等教育报告》）进一步提出将初级技术学校改为技术中学，促进初等教育与中等教育之间结构的调适与衔接。到 1939 年时，英国已经有 2/3 的 11 岁以上的儿童进入重组后的中学就读。

1943 年，英国颁布了著名的《诺伍德报告》（Norwood Report，又称《中学的课程与考试报告》）。该报告提出了使人人都受到"最适合自己的教育"的三轨制教育体系的设想：一轨是文法中学，实施考核的选择性招生；一轨是技术中学，同样实施选择性考核招生；一轨是现代中学，没有入学门槛。根据学生学术（academic）、技术（technical）和实践工作（practical）方面的能力性向，进行双向选择。1988 年，英国发布《斯本斯报告》（Spens Report），也建议发展古典型、实科型和职业型中等教育。

1944 年 8 月，英国议会通过了保守党政治家巴特勒（R. A. Butler）提交的《教育的改造》白皮书，教育史上称之为《巴特勒法案》（Butler Act，又

---

[1] Tomlinson, S. *Education* 14 – 19: *Critical Perspectives* (London and Atlantic Highlands: The Athlone Press, 1997), p. 3.

[2] Simon, B. *The Politics of Educational Reform* 1920 – 1940 (London: Lawrence and Wishart, 1974), p. 132.

[3] 邓特：《英国教育》，杭州大学教育系外国教育研究室译，浙江教育出版社，1987，第 17 页。

称《1944 年教育法案》）。该法案涉及教育领域的各个方面，其中关于教育体系的内容主要有如下两点。一是建立了包括初等教育、中等教育和继续教育在内的相互衔接的公共教育体系，将义务教育的年限从 5~14 岁提高到 15 岁，所有未满 18 岁但又未接受全日制教育的青少年将由地方教育当局提供继续教育的机会。二是改革英国双轨制的中等教育体系，通过由地方教育当局对民办学校提供资助等方式，加强对民办学校和独立学校的管理。要求所有独立学校必须对 5 名以上的义务教育阶段的儿童提供全日制教育。该法案是"自 1870 年以来教育发展中最伟大、也许是最著名的措施"，[1] 也是"英格兰和威尔士在后来的 25 年时间内教育空前大发展的序曲"。[2] 该法案为实现人人平等接受中等教育提供了法律依据，强化了国家对教育体系的管理权，对"二战"后英国教育体系的变迁具有积极影响。

该法案最大的一个贡献是提出具有鲜明民主原则的教育体系框架：基本教育分为两个阶段，即幼儿学校，招收 5 岁儿童，修业 2 年，小学招收 7 岁儿童，11 岁毕业，共修业 6 年；中等教育由 11 岁以上儿童所入的多种学校实施，即郡市补助学校（Aided School）、由小学设立高小班而领取政府补助的协定学校（Special Agreement School）、郡市立学校（Controlled School）和领取国家补助而不受郡市管理的私立学校或独立学校。该法案得到国会一致通过，并被誉为最理想的教育蓝图。[3]《1944 年教育法案》确立了一个"人人受中等教育"的普及化的、民主化的中等教育体系，将儿童离校最低年龄提高到 15 岁，促进了初等教育、中等教育和继续教育三个阶段之间的衔接，代替了原来的由小学和高级小学构成的初等教育体系，取消了公立中学收费制度，将中等教育结构重组为具有同等地位的文法学校、现代中学和技术高中，根据学生的能力性向来录取，为人人接受中等教育奠定了法律基础，一个单轨的、教育机会均等的现代教育体系初步形成，对"二战"前后的中等和高等教育改革也产生了深远的影响。

"教育公平是一个非常复杂的社会问题，即使到了 20 世纪 60 年代，那些处于优势地位的孩子依然享受优异的教育，而那些来自贫困家庭的孩子一般

---

① Simon, B. , "The 1944 Educatioon Act: A Conservation Measure?" *History of Education* 1 (1986): 31.

② 邓特：《英国教育》，杭州大学教育系外国教育研究室译，浙江教育出版社，1987，第 22 页。

③ 滕大春：《英国的重点中学——公学》，载滕大春《外国教育史和外国教育》，河北大学出版社，1998，第 281~282 页。

会比来自中产阶层或富裕阶层的孩子较早地离开学校，拥有更少的教育机会。"[1] 据统计，1960 年，英国文法学校共有 1248 所，到了 1974 年文法学校的数量就锐减为 675 所。[2] 但即便这样，人们依然青睐文法学校。1961 年和 1973 年，就读文法学校的学生占全体学生的比例均为 7.1%。而在这两年中就读现代中学的学生占全体学生的比例却分别只有 0.2% 和 0.7%，就读技术中学的学生占全体学生的比例也很低，在这两年中的比例分别为 0.4% 和 0.3%。[3] 尽管文法学校数量在减少、教育民主化思潮在强力推进，但中产阶级的学生仍然是文法学校的主要生源，来自工人阶级家庭的子女在文法学校生源中只占 34%，但在综合中学的学生相关比例却是 51%。约 83% 的文法学校学生都倾向学习学术型的 A-Levels 课程。[4] 可见，文法学校仍旧保留传统的学术型精英教育价值取向，有别于其他学校。

第二次世界大战初期，德国因为科学技术而取得的战争优势使得英国全体国民在空前灾难之后意识到发展公平、民主的公立教育制度，提高科学技术水平的重要性。英国公学因其保守的教学内容、贵族化的招生、蛮横封闭的管理方式，尤其是其在阻碍社会阶层流动等方面招致社会各界的批评。20 世纪 60 年代工党执政后，推行了一系列经济和文化变革，公学因其"十大罪状"[5] 受到重创。通货膨胀的发生尤其是 1968 年的英镑大贬值，导致公学的学费飞速上涨，其中规模较大的寄宿学校的学费从 1966 年的 545 英镑上涨至 1980 年的 2744 英镑，增长了 403%，走读学校在增幅最大的 1974～1975 年的增长幅度为 60%。[6] 随着文法学校教育质量的提高与其他类型学校的兴起，公

---

① Hirsch, Opportunities for All: Tackling Poverty and Social Exclusion, http://dera.ioe.ac.uk/15121/. pdf. 1999-12-01.

② King, R. *School and College: Studies of Post-sixteen Education* (London, Henley and Boston: Routledge & Kegan Paul, 1976), p. 20.

③ Statistics of Education. Department of Education and Science (1961-1973), HMSO.

④ Willams, M. *Sixth Form Pupils and Teachers: Council Sixth Form Survey Volume* 1 (London: School Council Publications, 1970), p. 85.

⑤ （1）公学是蠢人和庸人的避难所；（2）公学专门教授拉丁文，而不教科学；（3）公学学生对新大学和红砖大学不感兴趣；（4）公学学生拥有进入牛津大学和剑桥大学的特权；（5）公学垄断了英国伦敦商界和赫斯特军校等上层社会的职位；（6）公学藐视现代技术，不愿意把学生送入工业界；（7）培养出来的学生恃强凌弱；（8）公学里的学生生活方式野蛮；（9）公学享有不均衡的师生比例；（10）公学有助于同性恋的滋生。参见 Walford, C. *Life in Public School* (London: Methuen & Co. Ltd, 1986), p. 218。

⑥ Rae, J. *The Public School Revolution: Britain's Independent Schools* 1964-1979 (London and Boston: Faber and Haler, 1981), p. 78.

学的生源也遭遇危机，被迫进行了一场长达 16 年（1964~1979 年）的全面改革，开始建立专门机构，与社会各界建立广泛的联系，为社区和国家服务，从而通过行动赢得了社会的认可，在 1977 年确保了不被排斥在国家教师退休金的计划之外，也避免了一些规模较小的独立学校面临的关闭的危险。① 历经这次"公学革命"，英国公学再次获得生机。

到 20 世纪 70 年代，英国兴起了新自由主义思潮，主张人人享有平等的选择权利与机会，教育方面也是如此，因此，英国推出了允许"择校"的政策以促进教育机会公平，私立学校得到了大发展。到 2001 年，英国共有 2400 多所私立学校，为近 60 万学生提供了受教育机会，75% 的毕业生找到了较为体面的工作。② 然而，针对私立学校收费过高反而进一步导致教育机会不公平的问题，2011 年，英国又颁布了《打开门，打破壁垒：促进社会阶层流动的战略》（Opening Doors，Breaking Barriers：A Strategy for Social Mobility），以缓解社会地位差异所导致的教育机会不公平的问题。

综合中学的出现

20 世纪 50 年代，英国原有的三轨制教育体系越发显示出不足，背离了"人人受中等教育"和"教育机会均等"的教育目标与当时英国社会发展的需求，1951 年，工党发表的《中等教育政策》的研究报告指出，英国的三轨制教育体系无法为每个人提供平等的教育机会，背离了时代的要求和社会主义理想。③ 该报告认为综合中学的办学模式应满足所有学生共同学习核心课程的需要，根据学生的兴趣、能力和性向不同，提供多样化的课程。该报告表明了工党支持创办综合中学的态度。至 20 世纪 60 年代，英国人口生育高峰之后出现了适龄入学人口增加的现象，英国原有的进行精英教育的文法学校无法适应社会需求，但一些中产阶级又不想把子女送到现代中学，因此创办一种新型的综合中学的呼声越来越高。在政治民主化的思潮的影响下，社会底层民众也意识到要争取平等受教育权，要求破除三轨制教育体系，创建综合中学。1963 年，英国出台了《罗宾斯报告》启动了高等教育大众化，这就

---

① 原青林：《"教育活化石"的考释：英国公学研究》，南京师范大学博士学位论文，2005，第149 页。

② Tomlinson, S. *Education in a Post Welfare Society* (London: Open University Press, 2009), p. 173.

③ Party, L. *A Policy for Secondary Education* (London: Routledge & Kegan Paul, 1951), pp. 5-7.

要求中等教育进行相应的改革。而20世纪60年代英国经济发展以及工党基于平等主义原则所给予的政策支持都为综合中学的创办提供了可能。虽然工党内部对综合中学的态度出现了分歧，但工党领袖威尔逊（H. Wilson）在宣传过程中主张将综合中学改革与英国国家复兴和竞争力提升联系在一起，"我们对教育的态度来一个革命性的变化，不仅是对高等教育而是各级教育。我不想预料教育争论的结果，但是它意味着作为一个国家我们不能忍受在儿童11岁的时候就强行将他们分流。作为社会主义和民主主义者，我们反对这种教育上的隔离制度，因为我们信奉教育机会均等。但是这并不是问题的全部。作为一个国家，我们只是不能容忍忽略一个男孩或者一个女孩的教育发展，剥夺四分之三或者更多的儿童接受高等教育的任何机会。苏联没有这么做，德国没有这么做，美国没有这么做，日本也没有这么做。我们也不能这么做"。① 这样，综合中学的创办不仅得到民众支持，还得到工党选举获胜后的进一步支持。此外，这一阶段心理学家和社会学家也从研究的角度，论述了英国当时三轨制教育体系以及11岁选拔考试的不合理之处，为平等主义教育原则以及综合中学的创办提供了强有力的理论支撑。

然而，英国保守党从精英主义教育原则出发，肯定了三轨制教育体系在维系社会公平，强调了文法学校在培养国家精英、提高国家竞争力方面的重要性，认为综合中学不利于精英人才的培养与教育公平的实现，因此保守党在位期间，从削减经费、保护文法中学、促进现代中学发展等方面攻击、遏制综合中学的发展，宣称"目前，最为紧要的任务不是推行综合中学改革，而是建立更多的现代中学，并确保为现代中学的学生提供独特的职业类课程，使现代中学能够和技术学校一起为满足国家经济发展的需要作出应有的贡献"。②

在不同党派、理论与实践以及不同观点的教师组织的争论与冲突中，综合中学的创办与其说是教育问题，不如说是政治与意识形态问题。各方观点在不断论争中逐渐相互妥协、融合，工党开始在维持文法中学的基础上宣传综合中学，重新界定综合中学政策，指出"综合"不是"统一"，而是"破除隔离"，1958年，盖茨克尔（H. Gaitskell）在给《泰晤士报》的信中写道：

---

① Wilson, H. *Purpose in Politics: Selected Speeches* (London: Weidenfield & Nicolson, 1964), p. 9.

② Conservative Party. United for Peace and Progress, 1955, http://www.psr.keele.Ac.uk/area/un/man.htm. 2010-09-26.

"把我们的建议解释为'人人受文法学校教育'更接近事实……我们的目标是极大地扩充接受现在称之为文法学校的教育机会，我们同样想看到更高质量意义上的文法学校标准得到更广泛的推行。"① 这一说法符合了英国人的传统观念，得到了民众的支持。1964 年，工党上台执政，次年即颁布了第 10 号通告，要求地方教育当局在一年内提交综合中学改组方案，并提供了 6 种综合中学模式。②

模式 1：一贯制综合中学。学生在校年龄为 11～18 岁。该学校具有规模大、效益高、设施全、课程种类多等优点，但是这些条件很难实现，也不便于管理，而且该学校没有为学生开设具有学术性的第六学级。

模式 2：两级制综合中学。由初中部和高中部组成。所有学生于 11 岁进入综合中学初级阶段，13 岁或 14 岁进入综合中学的高级阶段。

模式 3：两级制综合中学。由初中部和高中部组成。所有的学生于 11 岁进入综合中学的初级阶段，但是 13 岁或 14 岁时只有一部分学生进入高级阶段继续学习，其余的继续留在初级阶段学习。这种方案又分为两种形式：一是学生在小学毕业后进入不提供与校外考试相关课程的学校，15 岁离校；二是学生进入提供普通教育证书和中等教育证书课程的学校，并鼓励部分学生在适当时候进入第六学级继续学习，学生一般离校年龄为 16 岁。

模式 4：两级制综合中学。由初中部和高中部组成。所有学生于 11 岁进入综合中学的初级阶段，到 13 岁或 14 岁时进行一次选拔，选拔的结果是：一类学生进入以普通教育证书"高级水平"考试和其他第六学级课程为目标的综合高中；另一类进入以参加普通教育证书"普通水平"考试为目标的综合高中。

模式 5：两级制综合中学。由综合中学和第六学级学院组成。综合中学招收年龄 11～16 岁的学生，第六学级学院招收 16 岁以上的学生，他们的入学条件是在普通教育证书"普通水平"考试中通过 5 门学科或明确表示准备参加"高级水平"证书考试。

模式 6：两级制综合中学。由中间学校和综合高中部组成。中间学校招收 8～12 岁或者 9～13 岁的学生，综合高中招收 12（13）～18 岁的学生。

---

① Chitty, C. *Towards a New Education System: The Victory of the New Right?* (London: Routledge, 1989), p. 36.

② Maclure, S. *Educational Documents: England and Wales*, 1816 *to the Present Day* (London: Methuen & Co. Ltd, 1965), p. 302.

上述 6 种模式，由地方教育当局根据本地情况灵活决定。中等教育综合化政策终于上升为国家政策，为综合中学发展提供了保障。虽然，1970 年，保守党执政后曾对工党的这一做法进行谴责，但该年发布的 10 号通告中指出，"政府的目的是保证每一个学生获得最适合他的需要和能力的中等教育的充分的机会。然而，政府认为通过立法或其他途径向地方教育当局强加一种统一的中等教育组织形式是错误的，因此，1965 年第 10 号通告相应取消。由该通告规定的中等学校建造计划的性质的限制也不再适用……教育和科学部已经批准其改组的那些地方教育当局，可以按原计划着手进行改组，也可以把它们对计划所拥有的修改意见告知教育和科学部。改组计划目前已提交到教育和科学部的地方教育当局，由它们自己决定是否收回这些计划。国务大臣愿意考虑可能提交上来的任何新计划。教育和科学部的官员将在任何阶段提供有益的咨询。"[1] 可见，两党在综合中学这一问题上最终达成了统一。1950 年和 1960 年的全国综合中学数量分别为 10 所和 130 所，而在 1965 年第 10 号通告实施期间，综合中学的数量增加了 883 所。1970~1974 年，综合中学的数量增加了 1128 所。截至 1974 年，全国共有综合中学 2273 所，[2] 公立学校学生在综合中学就读的比例超过 60%。[3] 1974 年，工党再次执政后颁布了《1976 年教育法》，英国中等教育综合化改革取得了更明显的效果，公立学校学生在综合中学就读的比例由 1965 年的 8.5%上升到 1980 年的 88%；在辖区内完全取消选拔考试的地方教育当局数量在 1980 年达到了 65%。[4]

中等教育综合化改革有效地解决了传统中等教育过早进行选择性分流而导致人才浪费、违背教育公平的做法，适应了人口出生高峰期以及社会、经济及教育环境变化对高中教育的需求，直接促进了高中教育的发展。从经济增长方式看，英国传统的学徒制（Apprenticeship System）从 20 世纪 50 年代开始衰颓，英国经济发展步入现代化模式，要求从业者具备系统的现代生产技术，这必然导致从业门槛提高、劳动者受教育年限延长，接受高中教育成

---

[1] Maclure, S. *Educational Documents: England and Wales, 1816 to the Present Day* (London: Methuen & Co. Ltd, 1965), pp. 352–353.

[2] King, R. *School and College: Studies of Post-sixteen Education* (London: Kegan Paul, 1976), p. 18.

[3] Lodge, P. *Tessa Blackstone. Educational Policy and Educational Inequality* (London: Martin Robertson, 1982), p. 150.

[4] Weeks, Alan, *Comprehensive School: Past, Present and Future* (London: Methuen & Co. Ltd, 1986), p. 48.

为必需。据统计，在 1951~1971 年的 20 年中，英国不需要经过专门技术培训的工作的比例从 12% 下降到 6.6%。[1] 在 1961 年，英国公立学校高中学生在综合中学就读的比例为 0.4%，而到了 1973 年，其比例已经达到 7.8%。[2] 1980年，高中教育的入学率达到适龄人口的 30.3%，1985 年这个比例上升到35.7%。如果把接受继续教育的高中生也包括在内的话，那么 1985 年的高中教育入学率实际上已经达到 48.8%。[3] 中等教育综合化与高中教育的发展为高等教育从精英化向大众化转型奠定了基础。

四　职业教育

在教育体系中，职业教育是与经济社会发展、劳动者素质以及劳动生产率提高联系最为直接、密切的环节，为国家经济和社会发展提供所需要的技术人才。因此，经济发展、工业革命的进步必然对职业教育反映其诉求。从历史上看，英国作为最早发生工业革命的国家，最早实现从农业社会向工业社会的过渡，一直到 19 世纪末都处于世界领先地位。但两次世界大战后英国的世界地位却位居美国之后，沦为一个二流国家，表 3-1 所示是关于 20 世纪50 年代至 70 年代初英、法、西德、美四大贸易国的 GDP 年均增长情况。

表 3-1　20 世纪 50 年代至 70 年代初英、法、西德、美四大贸易国的 GDP 年均增长率情况

单位：%

时间	1950~1955 年	1955~1960 年	1960~1964 年	1965~1969 年	1967~1973 年
英国	2.9	2.5	3.1	2.5	3.0
法国	4.4	4.8	6.0	5.9	6.1
西德	9.1	6.4	5.1	4.6	4.5
美国	4.2	2.4	4.4	4.3	4.4

资料来源：Alford, B. W. E. *British Economic Performance* 1945 - 1975 (London: Palgrave Macmillan, 1988), p. 14。

英国 GDP 增长为什么落后于美国？当然这是各种因素综合作用的结果。但英国职业教育尤其是中等职业教育落后、学校数量不足是其中的重要原因。正如英国《金融时报》1990 年 5 月 9 日载文中所描写的那样，"与欧洲大陆

---

[1]　King, R. *School and College: Studies of Post-sixteen Education* (London & Kegan Paul, 1976), p. 15.

[2]　Statistics of Education. Department of Education and Science (1961-1973), HMSO.

[3]　King, R. *School and College: Studies of Post-sixteen Education* (London & Kegan Paul, 1976), p. 17.

和日本相比，职业技术教育体系薄弱，缺乏各个层次的技术学校是英国战后教育最大的失败"。① 虽然英国原有的三轨制教育体系中技术中学在课程设置上注重技术性课程，但由于数量较少，难以发挥其应有的社会价值。现代中学虽然也设置了实用的符合社会职业需要的课程，但其培养的是针对初等职业的初级技术人员。而高中学校中开设职业类课程的比例较小。虽然在 20 世纪 60 年代，英国政府曾设想在综合中学增设职业教育课程，但未能如愿，学术性课程仍占主导。20 世纪 70 年代，在西德、瑞士、丹麦、法国和英国这五个经济发达国家中，英国 18 岁青年接受职业教育的比例最小，仅占 5.7%，而西德则高达 51.8%（见表 3-2）。

表 3-2 20 世纪 70 年代欧洲部分发达国家 18 岁青年接受职业教育的比例

单位：%

国家	年份	占比
西德	1979	51.8
瑞士	1976	48.9
丹麦	1977	30.3
法国	1979	6.7
英国	1976	5.7

资料来源：Policies of Higher Education in the 1980s，OECD，1983：105。

因此，英国青年人口失业的比例也较高。据统计，16～17 岁失业青年占失业总人口的比例由 1972 年的 5.4% 上升至 1997 年的 9.0%。② 面对国内职业教育发展落后难以支撑经济发展的现状，英国政府开始采取各种措施，大力发展各类职业教育。

1979 年，撒切尔夫人执政后，采用哈耶克的自由主义教育观。1986 年，英国政府宣布由政府拨款构建职业教育网络、建立 20 所城市技术学院的计划，一些"需要特殊照顾群体"可直接入学，即少数城市青少年可免费接受职业教育，学业成绩并不是入学选拔标准。因此，该计划被一些学者批评为

---

① 孔凡琴：《多维视阈下的英国高中教育办学模式研究》，东北师范大学博士学位论文，2011，第 68 页。
② 日本世界教育史研究会编《六国技术教育史》，李永连等译，教育科学出版社，1984，第 184 页。

城市小范围内群体搞特殊化免费教育。① 1988 年，撒切尔政府颁布了《1988
年教育改革法案》，其中中等教育部分就涉及职业技术教育，要求在英国各地
设立两种新型的中等教育机构，即城市技术学院（City Technology College）和
城市工艺技术学院（City College for the Technology of the Art）。城市技术学院
和城市工艺技术学院都必须建立于都市区，为全部和主要来自学校所在地 11～
18 岁的不同能力学生提供合适的教育。城市技术学院的课程侧重于科学和技
术，而城市工艺技术学院则把课程重点放在将技术应用于表现和创造性艺术
方面。这类学院的办学经费均由中央直接提供，不受地方政府的管辖；它们
可以得到工商企业的赞助，学生免除学费。② 这一建议，不仅意味着英国教育
体系的改变，还极大地促进了英国中等职业教育的发展，英国出现了普通高
中、职业高中和综合高中并存的教育体系。

1997 年，以布莱尔为首的工党重新执政后，借鉴英国伦敦经济学院院长
安登尼·吉登斯（Anthony Giddens）的"第三条道路"理论，认为国家要在
未来的国际竞争中站稳脚跟，改革创新必须作为政府工作的重中之重。③ 所谓
"第三条道路"，其主要观点包括以下几点。一是在经济体制方面提倡混合经
济模式。混合经济模式主要体现在：在生产资料所有制方面，生产资料私有
制占主导，生产资料公有制为补充，在经济运行机制上政府与市场共同发挥
作用。二是在社会福利方面提倡权利与责任的对等。主张改革英国福利制度，
实行积极福利观，将"人力资本投资"作为投资重点，加大职业教育与培训
的投入，通过高质量的教育缓解失业问题，降低社会福利负担，维护社会公
正。三是主张创建包容的社区或社会，在就业方面给予弱势群体特殊援助，
缓解社会阶级矛盾与社会分层加剧。四是主张优先发展教育。在布莱尔看来，
振兴英国的希望在于教育，"教育是各项事业中急需优先发展的重点。……为
那些薄弱学校制定发展目标并加强干预，从而使未来所有的公民都具备职业
生活所需的基本能力，获得更高水平、更加全面的发展"。④ 因此，工党上台
后即增加教育投入、改革教育体系，提高教育质量，改变原有精英教育，使

① Pring, R. , Walford, G. *Affirming the Comprehensive Ideal*(London: Falmer Press, 1997), p. 5.
② 易红郡：《从冲突到融合：20 世纪英国中等教育政策研究》，湖南教育出版社，2005，第 384～386 页。
③ Blair, T. *The Third Way: New Politics for the New Century* (London: Fibian Society, 1998), p. 6.
④ 杨雪冬、薛晓源主编《"第三条道路"与新的理论》，社会科学文献出版社，2000，第 26 页。

人人成才。工党在《追求卓越的学校教育》（Excellence in Schools）的白皮书中指出了其教育改革的指导思想，即"为所有人提供均等的教育机会并提高教育标准"，创建一个公平公正、责任与义务对等的和谐社会。在此背景下，布莱尔政府宣称，"普通意义上的综合中学在英国结束了"。[①] 努力提升基础教育标准与质量，注重教育机会均等与所有人潜能的挖掘及人力资源投资，以提高在全球经济中的竞争力。[②] 英国政府承诺到 2001 年英国在教育方面的投入达到 100 亿英镑。[③] 到 2001 年，工党再次竞选成功，布莱尔仍然将教育视为首要的宏观经济政策，致力于将英国教育与终身学习达至国际顶尖水平。2002 年，英国教育与技术部发布了《传递结果：2006 年战略》（Delivering Results：A Strategy to 2006）白皮书，对英国基础教育、高等教育和继续教育等教育体系进行了深入的改革。

高等职业教育主要在大学内相关院系及地方学院内进行，本科、硕士和博士课程中都有设置，其中地方院校开展学制为 3 年的专科层次的教育。专门进行高等职业教育的机构通常是继续教育学院。具体而言，这几类学校招生对象、修业年限、方式及课程设置情况如表 3-3 所示。

表 3-3　英国的职业院校类型

职业教育结构	职业院校类型	招生对象	修业年限	修业方式	课程设置
中等职业教育	综合中学	中学生	3~5 年	全日制	前 3 年基础课 后 2 年选修课
	现代中学	中学生	5~7 年	全日制	课程种类多，如航海技术、电子技术、汽车工程等
	技术中学	中学生	5~7 年	全日制	附属技术学院，主要以技术类的课程居多
高等职业教育	继续教育	青年人及成年人	不固定	兼读制、远程、全日制	开设不同的职业技术课程，如工程技术等

资料来源：梁美红，《哥本哈根进程中英国职业教育改革研究》，湖南师范大学硕士学位论文，2014，第 18 页。

---

① Clare, J. Blair: Comprehensives have Failed, http://www.telegraph.co.uk.
② DFEE, *Excellence in Schools* (London: HMSO, 1997), p. 43.
③ 王振华、刘绯、陈志瑞：《重塑英国——布莱尔与第三条道路》，中国科学出版社，2000，第 127 页。

英国长期以来职业教育发展落后于美、德、法等经济大国，职业资格种类繁杂、设置不合理，职业教育培养的毕业生与劳动力市场不匹配，每年1/3左右的学生难以通过高难度的传统考试，有的学生干脆弃考，造成教育资源的浪费。随着经济全球化、区域化趋势的加强，国际劳动力市场的不断扩大，职业教育国际化在推动国家经济、培养适应国家发展需要的国际人才方面作用越来越突出，现代社会的职业变化发展速度之快也要求职业教育进行全新的改革。1973年，英国加入欧盟，与欧盟经贸进入经济一体化发展进程。1999年11月，英国颁布的《提高技能，促进增长：国家技能战略》明确指出，技能能够改变人们生活，提高人们生活质量，获得更多工作机会，可更自由地流动，在工作岗位上发挥更大的作用。也就是说，技能水平与国家的未来发展密切相关。提高国家技能水平，对于巩固与提高英国的国际顶尖地位具有重要作用。2002年，英国作为"哥本哈根进程"首发国，加入其中，在工业领域亟须形成能够适应一体化的教育服务和劳动市场，职业教育作为提高国家竞争力的重要手段，也是衡量国家竞争力的重要指标。在"哥本哈根进程"背景下，为建立欧洲职业教育区，欧盟推出了建立欧洲职业资格框架（EQF）、制定欧洲职业教育学分转换系统（ECVET）、建立欧洲职业教育质量保障框架（EQAVE）、发展核心技能以及推行欧洲通行证等政策，推动欧洲职业教育一体化进程。围绕这些政策，英国也建立并规范了本国职业资格证书制度，形成了基于产业发展需求的严密的、完善的、以人为本的职业教育体系。英国职业教育体系面向16～19岁的青年人，实行弹性学制，承担普通教育和职业教育的双重功能，学生可进行全日制学习，也可进行业余学习，在完成课程后既可升学也可就业，资金来源主要有政府、雇主和个人，其中个人分担的比例最小。[①]

五　高等教育体系

（一）二元制高等教育体系的形成

第二次世界大战之后，知识爆炸时代大学在发展尖端科学技术方面的优势与使命越来越得到各国政府的重视，对高等教育投资可以获取高额收益也

---

① 潘琪、李继刚：《从英、德、俄、澳四国职教改革看我国职教发展》，《无锡职业技术学院学报》2003年第3期。

促使各国政府积极发展高等教育，青年在就业压力之下也认识到进入大学学习的广阔前途。因此，大学发展面临着挑战与机遇。与其他国家一样，英国也强调从人力资源开发的角度对大学提出改革要求，从教育经济学的视角企图用"投资-收益"的方式衡量大学的成败，但英国教育家坚守教育规律，认为满足学生入学愿望、服务于国家人力发展需要都是大学的外部因素，高等教育的发展应该遵循内在教育逻辑。首先，高等教育包含职业性和非职业性，前者注重知识应用，与生产有关，有显著的经济效益；后者强调理论研究，与生产无关。既不能只关注职业性而忽视非职业性，更不能只重视自然科学而忽视人文科学。科学与人文、职业与学术之间的矛盾和失衡最终将会给人类带来灾难。因此，大学必须是建立在全面的、历史的、国际视野下的改革上，才能成为人类永久的福祉。其次，教育的本质是育人，而不是单单培养劳动力。只有培养全面发展的、高质量的、具有可持续发展能力的人，才能更好地适应国民经济发展需要，推动人类社会的长远发展。最后，知识爆炸时代虽然科学技术在国家和社会发展中发挥着直接作用，但大学教育必须回应人类社会未来发展的长远需求，而不能只着眼于当下科技发展。因此，英国学界始终坚持要遵守大学传统逻辑，剑桥大学副校长阿什比曾说："到本世纪末，社会仍将保持大学的内在逻辑，这是毫无疑问的。那时，大学不仅能培养专业人才，还将为我们孙辈满足理性上的需要。所以，十九世纪的高等教育遗产定将保持下来。现在我们乃是考虑保持哪些因素的时期。"[①]

基于悠久的历史传统，英国高等教育享有较高的国际声誉。英国以牛津大学和剑桥大学为代表的古典大学推行精英教育，虽然为国家培养了大批优秀人才，但是"二战"之后，无法满足大量人口接受高等教育与经济社会发展对高等教育的需求。面对高等教育大众化的需求，英国在城市郊区建立了一批新大学和技术学院，如诺丁汉（Nottingham）大学、东安格利亚（East Anglia）大学、约克（York）大学、兰卡斯特（Lancaster）大学等，被称为新大学。这些大学注重实用研究和科技成果的开发转化、主张兴办新兴应用学科、开展职业教育、实行弹性学制、学生来源多样化等。[②] 尽管如此，英国高等教育仍然保持着"精英教育"的模式，"重质量、轻数量"使得英国高等教育在规模上

---

① 滕大春：《从比较教育观点评论费希特在教育史中的贡献》，载滕大春《外国教育史和外国教育》，河北大学出版社，1998，第 262 页。

② 李向荣：《英国高等教育状况、发展趋势与借鉴》，《安徽广播电视大学学报》2005 年第 1 期。

远远落后于西方发达国家。[①] 为此，1963 年，英国颁布的《罗宾斯报告》（Robbins Report）提出了"罗宾斯原则"，即国家应该为所有愿意接受高等教育并且能力与学业均合格的人提供接受高等教育的机会，这代表着英国高等教育大众化的开端。

但由于很多大学在教学方面无法满足经济变革的要求，1965 年，英国教育与科学大臣克罗斯兰德（A. Crosland）提出了"两种高等教育"的原则，建立二元制高等教育体系。1966 年，教育与科学部颁布的《关于多科技术学院与其他学院的计划》（A Plan for Polytechnics and Other Colleges）白皮书，宣布将巴斯大学等 8 所高级技术学院升格为大学，原有 90 多所独立学院合并为 30 所多科技术学院，成为高等教育体系中与大学同等的、"公共控制"的非大学一轨。一轨是 45 所"自治"的大学，另外一轨就是新建立的 4 类"公共控制"的非大学：①30 所多科技术学院；②14 所苏格兰中央学院；③64 所高等教育学院；④300 多所继续教育学院。[②] 这种二元结构是一种彼此独立、平等互补的关系，"由传统大学和'替代'学院这两部分高等教育组成，是一种并行发展的体系"，[③] 使英国高等教育精英体系转变为"精英—大众"（elite-mass）体系，被认为是"二元制的典范"。[④] 到 20 世纪 70 年代，英国高等教育大众化的进程发展越来越快，大学入学率逐年递增：1963 年为 8%，1979 年为 12.5%，1986 年为 14.2%，1991 年为 20%，2000 年则上升到了 30%，大学的数量也从 60 年代的 50 所左右，到 90 年代中期的 90 所左右，英国高等教育进入大众化阶段。[⑤] 但是，英国高等教育"二元制"也被视为不平等的根源，大学与非大学双轨分别承担学术与职业教育相关的使命，在经费与管理权方面，大学由政府拨款，经费充裕，财政自由，而非大学则人、财、物权都受制于地方教育当局。可以说，英国高等教育二元制体系是高等教育社会服务功能与英国坚守"学术金本位"这一传统博弈的结果。现实中，大学与非大学两轨高等教育在入学条件、教师培训、学术实践等方面都有很多相似之处，处于平等地

---

① 杨贤金、索玉华等：《英国高等教育发展史回顾、现状分析与反思》，《天津大学学报》（社会科学版）2006 年第 3 期。

② Scott, P. *The Crisis of the University* (London &Sydney: Croom Helm Ltd, 1984), pp. 155-157.

③ Scott, P. *The Meanings of Mass Higher Education* (Bristol, PA: Open University Press, 1995), p. 37.

④ Huisman, J. *Fixed and Fuzzy Boundaries in Higher Education* (CHEPS: Javastraat 42, 2001), p. 15.

⑤ 王萌萌：《英国高等教育大众化过程中教育结构的演变与政府的职能》，《化工高等教育》2007 年第 2 期。

位，"英国的大学和多科技术学院比它们相互愿意承认的要相似得多"。①

（二）英国高等教育体系从二元制到一元制的变迁

英国政府向来很少干预教育尤其是高等教育，但"二战"之后，政府在20世纪60年代提出并推动了高等教育体系二元制改革，创办了一批多科技术学院。到80年代时，这种二元制在管理体制协调性、与社会对接等方面也出现了一些问题，如何解决传统大学与多科技术学院之间的问题，建立一元制高等教育体系成为80年代末英国高等教育的发展趋势。1987年，英国议会和下议院发布的《高等教育：迎接新的挑战》白皮书在肯定多科技术学院20多年来贡献的基础上，宣布非大学的地方院校与地方政府相脱离。次年颁布的《1988年教育改革法案》设立了"大学基金委员会"和"多科技术学院与其他学院基金委员会"，取代了原来的"大学拨款委员会"，大学与非大学两轨的结构与经费连接在一起。1991年，英国议会和下议院颁布了《高等教育：一个新框架》，提出废除高等教育体系二元制，建立统一的高等教育框架，如首相梅杰所说："将主要结束大学与多科技术学院和其他学院之间日益严重的人为区分。"1992年，英国议会颁布《继续教育和高等教育法案》（Further and Higher Education Act），建议取消高等教育二元制体系，把60多所符合条件的多科技术学院升格为"新大学"，在招生、学位授予、师资聘用以及经费划拨方面与原来的传统大学一致，从而实现了从二元制到一元制的变迁，被称为"英国高等教育史上从未有过的结构改革"。到21世纪时，英国建有100多所大学、123所学院、50余所高等教育学校，为国内外学生提供本科、硕士、博士课程与学位。

英国高等教育机构主要类型如下。一是以诞生于中世纪的牛津大学、剑桥大学为代表的古典大学，实行学院制管理方式和导师制教学形式，主要培养国家统治精英与科学家，进行精英教育。二是以创建于19世纪上半期的伦敦大学和达勒姆大学为代表的近代大学，主要面对当时新兴资产阶级和广大普通民主子弟，提供资本主义经济和民主政治发展所需的语言、数学、物理学、心理学、政治经济学等实用学科和自然学科，神学宗教等完全被排除在外，弥补了当时古典大学的不足。三是城市大学，通常设在一些重要的工业

---

① Trow, M. "Academic Standards and Mass Higher Education, "in Michael Shattock, *The Creation of a University System* (Oxford: Blackwell Publishers, 1996), p. 203.

城市与当地的工业及经济发展密切联系，由富商或公众捐赠而成，现在多发展成为工业研究中心。城市大学下设若干学部，学部下设若干系、所，教学方式主要有课堂讲授、大组和小组讨论，也有少量的导师指导。[①] 四是20世纪60年代《罗宾斯报告》建议由国家大学拨款委员会批准创建的10所新大学，实行跨学科的学院制，其继承了古典大学的住宿制和导师制，强调师生互动及学校环境对学生身心的熏陶。[②] 五是由创建于19世纪末的多科技术学院（polytechnics）升格而成的大学。多科技术学院创办初期，主要集中在伦敦地区、面向本地区服务，招收工人，实行部分时间制，以技术和师资培训为主，不授予学位，收费低廉。1992年，《继续教育和高等教育法》赋予多科技术学院独立的学位授予权，在保留原来多科技术学院特点的基础上将之升格为大学，在课程设置上，侧重工程、技术、设计及工商管理及其他应用学科，也有学校开设人文和社会科学方面的课程。[③] 六是1969年经英国皇家特许令批准筹办，1971年正式成立的开放大学（Open University）。该类大学总部设在伦敦以北的米尔顿凯恩斯市（Milton Keynes），具有完整的大学治理结构和独立的办学自主权，秉持现代远程教育理念，"向所有成人开放、向所有地区开放、向所有方法开放、向所有思想开放"，通过信息技术，在13个地区教育中心和350多个学习中心，开设商学、管理、文学、社会科学、数学与计算科学、科学、技术、教育与语言、心理与健康等9个学院和教育技术、知识传媒等一些研究所，向所有有学习意愿的人提供教育机会。据2008年统计数字，开放大学为英国培养了9%的大学毕业生。

从层次结构看，英国高等教育分学士、硕士和博士三个层级。全日制学士学制通常为3~4年，英格兰、威尔士和北爱尔兰地区为三年，苏格兰地区为四年。学位分文学士（BA）和理学士（B. Sc）两种，按照学生成绩又可分为"荣誉学位"[④]（Honors Degree）和"通过学位"（Pass Degree），学生通过

---

① 吴文侃、杨汉清主编《比较教育学》，人民教育出版社，1999，第316页。
② 贺国庆、王保星、朱文富等：《外国高等教育史》（第2版），人民教育出版社，2003，第542页。
③ 吴文侃、杨汉清主编《比较教育学》，人民教育出版社，1999，第317页。
④ 英国的荣誉学位又分为四个等级。在大学的学习过程中，比较优秀的学生可以获得第一、第二级荣誉学位。根据英国的教育制度，第一、第二级荣誉获得者可以直接攻读博士，也可以在取得工作经验后，再回学校攻读硕士学位，而第三和第四级荣誉只能先攻读硕士，再攻读博士，当然也可以在取得工作经验后，再回学校攻读硕士学位。

学位考试成绩优秀者获得"荣誉学位",次之则获得"通过学位"。一些大学授予那些优秀的本科毕业生一级学位,代替荣誉学位,但学制通常为4年。此外,医学、兽医学、法律以及教育学等特殊专业本科学制通常为5年。如果学生获得其他专业本科学位之后,再学习这些特殊专业,可选修短期的、相当于硕士水平的课程。英国硕士学位学制通常为1~2年,分为课程型和研究型两类,前者只需修完研究生课程并通过考试即可获得硕士学位,而后者则需从事1年左右的专业研究并通过论文答辩后,才可获得硕士学位。通常,更多的人倾向于选择课程型硕士。凡获得硕士学位者,经导师一定时期的工作考核认可,即可注册成为博士研究生。[①] 博士学位学制通常3~4年,除了少数专业规定了少量课程之外,多数学生都是在导师指导下进行创新性研究,完成规定的学术论文并通过答辩之后方可获得博士学位。博士学位是进入学术职业的主要资格。英国设有多种博士学位类型。同时,根据博士毕业生所进行的研究的贡献度,还设有高级博士学位和荣誉博士学位。通常高级博士学位只限于兽医学、医学、法学、民法学、音乐学、文学以及理学等专业,荣誉博士学位只收那些为特定领域做出突出贡献的研究人员。

从科类结构看,英国高等教育学科专业结构与产业结构之间一直存在错位,向来重视文科,轻视理科和工科,存在文、理、工不平衡及专业过窄等问题。从"二战"之后,英国政府开始强行介入高等教育学科与专业调整,直至20世纪70年代中期以后,英国高等教育的学科专业结构才趋于平衡。[②] 各个时期英国文、理、工在校生比例如表3-4所示。

表3-4 英国高等教育的在校生科类结构

比例	1925~ 1929年	1930~ 1934年	1935~ 1938年	1957年	1965年	1975年	1980年	1990年
文:理: 工	1:0.32: 0.17	1:0.34: 0.18	1:0.35: 0.20	1:0.32: 0.51	1:0.25: 0.40	1:0.23: 0.31	1:0.40: 0.57	1:0.36: 0.69

资料来源:褚宏启等《中国现代教育体系研究》,北京师范大学出版社,2014,第312页。

从表3-4中可看出,从20世纪20年代开始,英国理科、工科在校生比

---

① 吴文侃、杨汉清主编《比较教育学》,人民教育出版社,1999,第318页。

② 赵婷婷、张婷婷:《英国高等教育学科专业结构的调整与启示》,《中国大学教学》2002年第7期。

例逐年增加，突出表现在工科生数量。到 20 世纪 60 年代时，理科和工科在校生比例再次下降，这与这一时期创建的以文科为主的新大学有关。到 70 年代时这一比例又恢复到 30 年代中期的比例。经过英国政府的干预，到八九十年代时，随着多科技术学院的创建理工科才得到大发展，学科结构失衡的局面得以缓和，文理工互相渗透，学科专业结构才得以平衡。

六　继续教育体系

英国被誉为"现代继续教育的发祥地"，其颁布的《教育改革法》中关于继续教育的解释是："特指非高等教育的继续学院教育，如成人教育、职业教育、技术教育、青年培训等，都属于继续教育的范畴。"继续教育是促进人才持续发展、提高国家竞争力的重要教育活动。早在 1944 年英国《巴特勒法案》就把英国教育体系划分为初等教育（5~11 岁）、中等教育（11~18 岁）和继续教育（为离校青少年创办）等三个相互衔接的阶段。"二战"之后一直到 20 世纪 70 年代，英国将教育视为促进经济和社会发展的重要途径，政府对继续教育更加重视，在加大控制的同时也使继续教育的规模急剧扩张，出现了继续教育学院，开始了对终身学习理论与实践的探索。1963 年的《罗宾斯报告》、《1988 年教育改革法案》以及 1992 年的《继续教育和高等教育法案》的发布，标志着英国继续教育体系的法律政策日趋完善。1998 年，英国政府颁布了《学习时代》绿皮书，要求建立适合所有人继续学习的学习化社会，通过了"向学习者投资"的继续教育发展原则，创建继续教育的机构与框架，与此同时改革国家证书制度，使得普通教育与职业技术教育资格证书等值，从而进一步明确了继续教育的价值与作用。

英国提供继续教育的机构主要有普通继续教育学院、第六学级学院、提供继续教育的高等教育机构、地方成人教育机构、社区学院、企业及社区网络学习中心等。其中最有特色的是开放大学和产业大学。开放大学创建于 1969 年，以远程教学为基础，招收成人在职攻读高等教育课程，既有学历教育，也有各种证书培训，完善了英国高等教育体系，满足了广大民众继续接受高等教育与培训的多样化、个性化需求，成为英国继续教育发展的重要标志。同样，产业大学也是通过网络通信的方式，"公私合作"，向成人和职业人群提供大量的个性化学习产品与服务，为提高英国民众就业力、企业的竞争力作出了很大的贡献。

英国继续教育发展特色突出，被誉为"继续教育王国"，通过为成年人提供技能训练，满足了经济发展需求，是提升经济竞争力、提高人们技能与就业的重要途径，因此成为英国整个教育体系的重要组成部分。2006年，英国教育与技能部颁布《继续教育——提高技能并改善生活机会》白皮书，指出继续教育所担负的新的经济使命：加强经济、受雇就业能力和社会公正；给学习者新的权利——让更多的年轻人在他们20多岁初期就能接受培训，以获得许多好工作所需要的关键性技术的、副专业性（Associate Professional）的资格证书等。[①] 继续教育成为英国当前实施技能战略、促进就业的重要抓手。

综上所述，英国当前教育体系如图3-1所示。

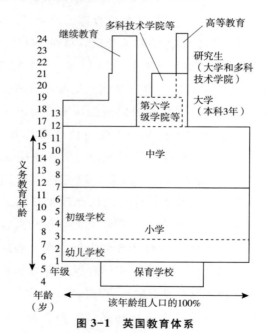

图3-1　英国教育体系

资料来源：T. N. 波斯尔斯韦特主编《教育大百科全书：各国（地区）教育制度（下）》，李家永、马慧、姚朋等译审，西南师范大学出版社，2011，第453页。

第四节　英国教育体系变迁与国家竞争力分析

综上，英国教育体系变迁过程折射了英国政治体制、经济发展的变化。

---

① 胡乐乐：《英国政府公布〈继续教育白皮书〉》，《中国职业技术教育》2006年第20期。

教育体系受到政治体制影响的同时对政治体制有反作用。教育体系内不同层次、类型教育的变革不仅体现了教育自身的发展，还反映了不同阶级、不同利益集团之间的冲突与融合。经济发展与教育体系之间联系最为密切。决定教育体系变迁的重要因素是经济发展性质的变化。美国经济学家西蒙·库兹涅茨在《各国的经济增长》一书中指出，促成国家国民生产总值高增长率的关键是在经济发展过程中劳动投入质量的改进与提高，例如劳动者技能与素质的提高、创新技术的引入等，教育是其中重要因素。

一　英国教育体系变迁的特色分析

从历史发展看，英国教育体系变迁符合英国政治哲学的特色。

1. 渐进性。英国长期以来实行两党制——立足现实宣扬保守主义的保守党与着眼未来支持激进主义的工党。两党之间长期的冲突与融合体现在教育体系变革过程中，展现出很强的渐进式特征，既有对传统的继承与发展，也有对自身不足的改进与创新，这是英国人追求进步的一种行为方式，也是人们头脑中根深蒂固的价值取向。从英国议会制度 1832 年确立之后，第二年政府就通过议会立法方式干预教育，所有教育政策的形成、教育改革、经费划拨等都要经过议会议决，而议会作为全国各方利益的代表，两大执政党之间的争端与妥协必定会影响到教育的各个方面，因此，教育体系的改革一直在不断妥协中渐进式发展。例如，1870 年颁布的教育法只建立了初等教育制度，1880 年才开始实施义务教育，最初规定义务教育年限为 5 年，之后逐渐延长，到 1972 年时延长到 11 年。1900 年才初等教育普及化，公立初等教育从 1918 年开始免费。1902 年建立中等教育制度，1928 年才开始普及中等教育，1944 年才实行公立中等教育免费。当然，这种踏实、稳健的进步可避免失败的冒险。

2. 从贵族化向平民化、大众化。综观英国教育体系的变迁，伴随着英国为适应经济性质的改变、政治文化以及科学技术的进步，在教育机构、教育对象、教育内容方面都由最初局限于贵族阶层，扩大到面向普通民众，建立起符合英国经济、政治发展的教育体系。

3. 从一元化走向多元，不同层次、不同类型的普通类、职业类和技术类教育机构定位不同、职能各异，满足了学生多样化的需求。继续教育的发展很好地解决了高等教育大众化与精英化之间矛盾，有利于促进英国经济发展、人们充分就业。

4. 从教育自治到政府参与"共治"。与德国、法国相比，英国早就在政治上崇尚自由，曾被伏尔泰赞为"理性畅行无阻的国家"，是"酷爱自由之乡"，不喜欢政府的权力过大或机械式整齐划一。英国史学家汤恩比（Arnold Toynbee）指出，发明蒸汽机的瓦特和写就《国富论》的亚当·斯密（A. Smith）使英国掀起翻天覆地的巨变；英国思想巨人约翰·穆勒（J. S. Mill）也指出："国家办理的教育乃是一种工具，它将人人铸成同一的模样，这种铸造是受政府权力支配的。这种教育愈有效和愈成功，就愈成为役服人心的专断主义。"① 这种思想体现了英国自由资本主义时期的特色。体现在教育上，就是整个英国极为畏惧政府插手教育管理。然而，为了避免教育体系自身发展的随意性，实现通过教育体系竞争力提高教育与科技、经济竞争力，政府通过拨款、质量评价等方式介入教育，尤其在推动英国各级工程技术教育方面取得很大成效。

二　英国教育体系变迁的政治、经济、科技贡献考量

从早期阶段看，英国教育体系对于当时英国政治、经济和社会发展而言，是适应的并且作出贡献的。首先，从经济发展看，在 19 世纪之前，英国的农业、工业仍维持在较低技术层面，人们只需继续将原有的一些革新运用到实践中即可，而初等学校进行的大众化的、低层次的平民教育正好满足了这一点。从政治上看，英国公学与文法学校及古典大学为国家培养了很多高素质的统治者和管理者，他们接受了严格的思维训练与思想教育，能够科学高效地制定、执行政治、经济政策。英国在这一阶段继续推行海外殖民地扩张政策，推行重商主义，打败荷兰夺取海上霸权，成为强大的"日不落帝国"，这种强大的国家竞争力的形成得益于其政策决策的正确性与决策者的智慧，其中也包含教育的贡献。可以说，这一阶段英国的教育体系既提高了普通民众的文化素质，为英国经济发展提供了更多合格的劳动力，还培养了更多训练有素的统治者与管理者，为国家正确的战略决策与政策落实奠定了坚实的基础。可见，这一阶段英国初等教育的出现与发展提高了广大民众文化素质，

① 滕大春：《英国的重点中学——公学》，载滕大春《外国教育史和外国教育》，河北大学出版社，1998，第284页。

公学与文法学校等中等教育的兴起培养了大批合格的管理者，肩负着社会稳定的调节器的使命，而大学力量虽然较弱，但培育了引领国家发展的社会精英。以上是这一时期英国教育体系对英国经济发展的重要贡献。正如有学者所说："16世纪后半叶和17世纪英国的教育发展，就这样为社会的进步奠定了基础。一个最为明显的事实是，教育的发展和普通民众读写能力的提高，既成为17世纪英国大众文化分离和清教运动发展的一个因素，同时也为18世纪英国经济的大发展及其率先进行工业革命打下了基础。"[1]

正如钱乘旦在谈到爱丁堡大学经济史家弗林论及《工业革命的起源》时所言："除科技与经济的因素之外，工业革命还有心理和文化的动因。工业革命之所以首先在英国发生，这种心理和文化的因素是不可忽视的。"[2] 工业革命之所以在英国最先发生，与英国自中世纪以来教会学校时所奠定的文化、教育与人才基础有关。但英国教育体系的双轨制、教育内容与社会经济脱节、政府不重视初等教育和中等教育、高等教育发展缓慢、技术教育没有得到发展以及科技精英的缺失等，都为19世纪下半叶英国工业经济的衰退埋下了伏笔。

第一次工业革命为英国初等教育的普及与发展提供了物质基础，同时推动了教育体系的国家化、民主化进程，各级教育开始面向社会、面向经济生产、面向大众，教育的社会功能、经济功能越来越受到重视。初等教育的普及、社会教育体系与城市大学等新大学的出现客观上为第二次工业革命、第三次工业革命的发展奠定了人才基础。教育体系的改革与发展是一个系统工程，教育的普及、教育的社会化都需要调动国家、社会多方因素的参与与支持，只有社会、地方、政府及家庭都支持教育，形成教育合力，才能更好地回应复杂的经济活动所需要的教育，教育体系及其结构质量优劣成为国家未来盛衰的关键。

19世纪中期英国工业生产的辉煌使它在经济生活中感受不到当时科学技术的发展正处于重大转折之中，英国企业家不注重引入新技术，没有及时调整产业结构，经营管理模式仍是传统式的。总之，工业化的深入发展并没有对教育，特别是对科技教育提出迫切的要求，因而在新技术期仍固守旧技术期取得的成功经验，生产技术仍靠师徒相授和个人在生产中的摸索，导致英

---

① 许洁明：《十七世纪的英国社会》，中国社会科学出版社，2004，第185页。
② 孔杰：《16至18世纪中期的英国教育》，《开封教育学院学报》2008年第1期。

国人普遍对技术和科技教育的忽视。教育相对落后的恶果也很难暴露出来。英国经济史学家弗林在《工业革命的起源》一书中提出，有些国家可以得到最先进的技术，却仍然落后，是因为它们不需要这些先进技术。它们不需要这些先进技术，不是因为这些国家不知道这些技术或缺乏有关知识，而是因为这些国家运用先进技术的资本不够，操作和运用的技术条件不够，更重要的是它们不愿意接受先进技术必然会带来的社会改组，不允许企业家精神充分发挥而大规模运用这些技术。虽然弗林分析的是工业革命爆发时的状况，但是也符合 19 世纪末英国工业化的实际。

在 19 世纪，欧美其他发达资本主义国家已经建立了相对完善的教育体系，普法战争与美国内战的结果再次证明，有文化的士兵战斗力更强，军队更具竞争力。考虑到英国面临即将丧失世界工业霸主的地位的状况，英国枢密院教育委员会副主席威廉·福斯特认识到教育的弊端：我们必须承认，"美国和德国制造业工艺的优势和这些国家的先进教育有关"。[1] "全世界的文明社会正聚集起来，每个国家都凭实力竞争。如果我们想在世界民族之林立于不败之地，必须通过增加个人的知识力量来弥补人数的不足。"[2] 正如汤姆森在 1879 年所说："技术教育的缺乏将导致我们的失败，欧洲大陆国家正在靠系统的技术教育体系来培训技工及提高劳动力的技能，这一点，将战胜我们这个只靠资源优势而不注重技术教育的大英帝国。"[3] 英国人普遍意识到本国与德国、美国之间的差距是由教育尤其是技术教育引起的。因此，加强技术教育，进一步推动中等与高等教育的普及成为 20 世纪尤其是第二次世界大战之后英国教育体系改革与完善的重点。在政府强力介入与推动下，社会教育、开放大学的兴起都为技能战略的推广与民众技术教育的普及提供了平台，在完善英国教育体系弊端的同时，弥补了英国在国际竞争中的不足。然而，由于英国长期以来重视古典教育、人文教育及贵族教育的传统，英国虽然教育发达，高等教育科研水平高但转换能力与美国相比较弱，技术创新不足，STEM（科学、技术工程、数学等）领域各级人才不足，这是掣肘英国在知识经济时代领先世界的一个因素，也成为国家教育体系改革中的一个重点。

---

① Evans, K. *The Development and Structure of the English Educational System* (London: University of London Press Ltd, 1975), p. 50.

② 王觉非主编《近代英国史》，南京大学出版社，1997，第 568 页。

③ Argles, M. "South Kensington to Robbins," *Longmans* (1964): 1-2.

第四章　法国教育体系与国家竞争力

从社会经济发展的角度看，一个国家或地区想要发展经济，首先需要接受过最基本的教育的人，而且经济发展层次与水平越高，对人的教育要求也越高。当经济发展到一定水平之后，比如工业社会，就需要更多中级人才。而经济的进一步发展除了需要中级人才之外，还需要一定数量的高级人才。而各级人才的教育与培养，不仅是经济问题和知识问题，还是涉及社会关系再生产的社会问题。与英国、德国和美国等工业发达国家相比，法国教育体系及教育制度的变化相对缓慢。这种教育体系在维系自由、平等与博爱精神的同时，追求一种高质量，这种质量观与社会关系的再生产机制培养了未来社会中卓越的、最有影响的一批人，他们在受益于这种教育体系与教育制度的同时，成为这种体系与制度的维护者，在一定意义上，他们又会成为这一体系与制度变革的阻碍者。

法国每一届政府都非常重视教育，都会提出自己的教育改革主张与期望，都希望通过教育改革提升国家实力。法国人尊崇文化至上，这已经深植于法国历史、民众心理与国家意志中。因此，法国教育制度相对而言缺乏变化和灵活性，并且与法国现实生活有些脱节，这也是各届政府都力争对教育进行改革的原因。学界有种看法，"法国的教育风格中保留着一种演绎和抽象的特点，这一特点并不激发学生的归纳推理能力并且阻碍一种真正的工业和企业文化在法国的发展"。[①]

第一节　建国目标推动与古代教育体系

自从 1789 年法国大革命以来，尤其是 1792 年和 1793 年以来，国家一直

---

① 参见 Top Famille-RFM-Hachatte Education/BVA, 1999, 9。

主导教育，之后又通过一系列的立法和法令进一步加强了这种垄断地位。各级教育的使命是通过为各个种族提供相同的教育以建立并维系国家的统一与稳定。然而，随着法国经济、社会和科技的迅猛发展，国家以及家庭和社会对教育的期望也发生了变化，教育的使命变得越来越多样化，如同其他工业发达国家一样，法国的教育体系也处在不断的变革中，这些变革涉及各级各类教育，涉及教学内容中职业技能教育与社会文化教育之间平衡的论争。

法国公立教育遵循平等入学、不歧视、中性和非宗教性的原则。从第三共和国成立之后，法国就试图通过立法使学校教育与宗教相分离，以建立适合所有家庭、所有儿童的公共教育体系，但当1918年上莱茵省、下莱茵省和摩泽尔省重新并入法国版图时，其发现很难推行这一政策，于是在上述地区仍然存在与天主教和新教性质相关的两种教会学校。公立教育和私立教育特别是天主教在教育部门的共存，成为法国教育体系中一个古老的现象。

一 帝国大学——国民教育体系的基础

拿破仑第一帝国政府执政初期，为稳定政权，政府高度重视学校的政治功能，希望学校"变成一个促使实现同一目的、因而具有统一道德和共同意志的组织机构",[1] 因此建立了帝国大学（L'Université impériale），这是管理全国国民教育的行政机构，也是法国国民教育体系的总称。帝国大学最高长官是教育大臣（le grand maitre），下设大学训导长、财务总长、大学理事会和几名总督学，分别负责不同的事务："教育大臣的主要职责是主持大学理事会、任命帝国大学所属官员、授权开办学校、决定人员晋升、授权颁布学位等；大学训导长负责行政事务；财务总长负责财政事务；大学理事会实施行政、教学、纪律等方面的管理，包括制定帝国大学的规章制度。"[2] 皇帝亲自任命和罢免教育大臣、大学训导长和财务总长，通过这种制度设计，将学校开办、教育管理人员的录用与晋升、学位颁布、财务等重要事宜掌握在国家的严格控制之内，各级各类教育机构也完全成为国家行政机构。全国教育组织分为中央（帝国大学）、学区和行省三级。政府通过中央集权、分级管理的行政方式，对全国教育进行统一管理，法国教育体系因此呈现全国"一致性"的特

---

[1] 邢克超主编《战后法国教育研究》，江西教育出版社，1993，第23页。
[2] 邢克超主编《战后法国教育研究》，江西教育出版社，1993，第25页。

征。这种制度设计，虽然承继了君主专制时代的管理特征，但在当时有利于解决法国各种封建特权、政治分裂、社会不平等等弊端，对于增强民族凝聚力、维护社会公正与平等具有很大的促进作用。同时，这种集权是建立在协商与民主之上的，被认为是法国自由、平等、博爱的保障。尤其在当时经济尚不发达、教育经费匮乏的背景下，这种政府全面管理的制度设计符合法兰西民族的心理需求，成为法国教育体系变迁的总基石。

二　基础教育

法国教育体系的一个特色就是将幼儿教育列入基础教育范畴，母育学校与小学是法国基础教育体系的重要组成部分。

（一）母育学校——独具法国特色的幼儿教育

法国的幼儿教育机构称为母育学校（Ecole Maternelle）。早在 1769 年，法国牧师 Jean Oberlin 就开办了第一个母育班，比 1837 年德国教育学家福禄贝尔创办的幼儿园早了 68 年。基佐出任内政大臣、国民教育大臣期间，曾于1833 年颁布了《初等教育法》（又称为《基佐法案》），该法案规定了向全体公民开放免费的、世俗的初等教育，要求每个市镇都要创办一所公共的初级学校，并且每个省创办一所教师培训学校，这在很大程度上促进了初等教育的普及。1837 年，法国政府颁布了《托儿所管理条例》，明确规定了法国托儿所的机构性质、教育内容与管理等事项，并将托儿所行政管理事务纳入初等教育法的体制之内。1881 年，法国颁布的《费里法案》明确规定，母育学校是初等教育机构的组成部分。[①] 幼儿教育正式成为国家教育体系一部分，其地位得到了政府的承认与认可，并得到了相应法律法规保障。法国因此成为世界上最早将幼儿教育纳入国民教育体系的国家。这些都极大地促进了学前教育的发展。1883 年，Jules Ferry 创办了"自然学校"，开始探索将儿童培养成真正的人。1887 年，教育女总监 Pauline Kergomard 和 Ovide Decroly、Maria Montessori 共同创建了正式的母育学校。学前教育的发展为提高法国整体人口素质奠定了基础。

---

① 冯晓霞主编《幼儿教育》，吉林教育出版社，2000，第 92 页。

（二）小学教育

法国小学通常入学年龄为 6 岁，学制 5 年，共分预备班、基础班和中级班三个阶段，第一年为预备班（CP），第二年为基础班 1（CE1），第三年为基础班 2（CE2），第四年为中级班 1（CM1），第五年为中级班 2（CM2）。每周上课多为 9 个半天，[①] 共计 26 小时，其中上课时间 24 小时，自习课（即指导学习时间）2 个小时。每半天的课间休息时间为 15 分钟。1881~1882 年，在费里推动下，小学教育为非宗教的、免费的义务教育。法国有公立小学和私立小学，公立小学通常由市政府举办、管理，自 1883 年以来，法国小学建设、教学设施建设和维修通常由一个市或多个市政联合负责。

三　高等教育

法国拥有悠久的高等教育历史，欧洲中世纪大学最早的发展典范巴黎大学就诞生于 12 世纪的法国，因此被誉为"欧洲大学之母"。就此而言，法国高等教育在欧洲乃至全世界都具有其他国家难以企及的先发、原生优势，但这也奠定了其高等教育传统的顽固性。1793~1896 年这一百余年间，法国大学（Université）由于与社会脱节，不符合国家军事、经济发展需求而被停办，严重破坏了大学发展的历史连续性与影响力。然而，在政府强力推动下，工程技术大学校的出现弥补了法国大学之不足，构成了独具法国特色的二元制高等教育体系。

（一）大学

巴黎大学最初孕育、成长于巴黎圣母院所开办的教堂学校，[②] 继承了教堂学校的教学内容与使命，承担了继承、保存与传播文明与知识的使命。由于教堂学校主要教学内容是"七艺"和神学知识，随着知识发展与分化，教堂的教学逐渐演变为巴黎大学的文、法、医、神四个学院（Faculté），这种垂直

[①] 通常，法国小学生在星期一、星期二、星期四、星期五、星期六上午上学，也可能在星期一、星期二、星期三上午和星期四、星期五上学，或者星期一、星期二、星期四、星期五上学。最后一种情况白天学习时间相对更长，假期时间则较短。见陈元《法国基础教育》，广东教育出版社，2004，第 35 页。

[②] Haskins, C. H. *The Rise of Universities*（New York: Cornell University Press, 1957），p. 12.

的院系制奠定了法国大学管理体制的基础，并且一直沿用至今。这四大学院中，文学院主要教授"七艺"等基础的预备性知识，所有学生须先通过文学院考试，获得毕业证书之后方可进入法、医、神三个学校继续学习。神学院居于中心地位。随着外界环境的变化，巴黎大学还成立了教师行会（universitasmagistrorum），形成了"教师型大学"，以维护自身利益适应外界需求，对后世影响很大。巴黎大学一方面为世俗社会培养王权统治所需要的律师、医生等专门人才，另一方面培养宗教教派所需要的牧师与神学家。巴黎大学在与皇权、宗教势力的博弈中获得自身发展。

然而，1789 年法国大革命给以巴黎大学为代表的法国大学重大打击。以拿破仑为首的政权为创建近现代新社会，认为大学是保持维护历史文化和封建贵族传统的重要机构，违背了新兴资产阶级追求的自由、平等、博爱的理念，未能促进政治、经济、科技和文化的发展，跟不上法国发展的步伐，因此必须通过行政权力给予关闭，重建新的教育机构。1791 年，政府强行关闭了巴黎大学及其所属的学院与学校。1793 年 9 月 5 日，政府颁布了《公共教育组织法》，强行关闭了法国的 22 所传统大学。其实，自 16 世纪初期之后，整个欧洲大学的统一性都承受了较大压力，虽然绝大多数政权没有激进地关闭或改造中世纪大学，但仍在旧大学之内加入了新机构。

（二）专业学院与工程技术大学校

拿破仑执政后，将教育改革视为其政治、经济与科技改革的重要组成部分。在他建立的帝国大学体制之内，根据 1806 年颁布的《大学组织令》，将高等教育按照专业划分，设立文、理、法、医、神等彼此独立、互不联系的专业学院（Faculté），其中文学院和理学院地位较低、师资缺乏，通常不提供教学，只组织考试与颁发证书，法、医和神学院通常教育资源丰富，属于专门学院。这点继承了中世纪巴黎大学学院制的分工传统，但不同的是，现在的各个学院不隶属任何其他更高层次的综合大学，各个学院与学科之间互不联系，知识之间的融通与内在逻辑被人为地破坏了，政府强制介入也涤荡了中世纪流传下来的大学自治与学术自由，法国大学传统中断了。对于这个时期的专业学院，英国高等教育学家阿什比的描述是："在法国，外省的大学受到拿破仑的镇压，取而代之以一种笨拙的中央集权机器——此时'大学'成为教育系统整体的同义词——作为庞大的教育服务中不可或缺的组成部分，直至 1891 年才进行重组。它们没能继承源自古代以及世界各地称之为大学的机构所需要的东西；新的思想洪流涌向了大学校。"①

以工程技术教育为主的大学校（Grandes écoles）是法国独具特色的高等教育机构，主要培养国家政治、军事、科技、商业等各界精英，属于高度专业化、职业化的研究生阶段的工程教育。

大学校的创办与发展和法国工业革命的发展及社会变革密切相关。爆发于 18 世纪 60 年代至 19 世纪 40 年代的以蒸汽机为代表的第一次工业革命使得法国成为"世界工厂"，崛起于欧洲。工业革命的发生与发展对法国大革命产生了极大的影响，而法国大革命的爆发与拿破仑帝国的确立，对大学校的确立与发展产生了深远的影响，一批具有国家性、应用性和精英性的大学校构成了法国高等教育体系的重要一轨，并且影响至今。18 世纪之后，法国传统大学无法满足法国社会对政治、经济和科技人才的需要，尤其是第一次工业革命使得机器和技术成为国家发展的常态，各个行业对人才与技术都提出了更高的要求。为培养军事与适应资本主义工商业发展的高级应用技术型人才，早在 1720 年，法国就成立了炮兵学校，之后又相继创办了桥梁公路学校（1747 年）、军事工程学校（1749 年）、骑兵学校（1764 年）。大革命之后，资本主义工商业发展更为迅猛，需要更多技术型人才，大学校作为精英教育的主体，得到了极大发展，并且大学校的类型也从军事领域扩展到工程技术与商业领域，如巴黎矿业学校（1783 年）。这些专业化学校通常以某一学科为特色，专门为某一职业服务，课程内容以新兴的实用性科学技术为主，培养国家工业发展所需要的应用型技术人才。比如巴黎综合理工学校（1794年），拿破仑给予其的校训是"为了祖国、科学和荣誉"，被誉为"法国公共教育最壮丽的学府"和"下金蛋的老母鸡"，其办学思想就是培养能够探索未知世界、开创未来的具有创新精神和独立分析问题、解决问题的高级工程技术人才，该校为法国培养了一批批优秀的军事科学技术和工业建设人才。巴黎高等师范学校为法国培养了大批优秀的教师和知识分子，在其成立之后 200 多年间共培养了 12 位诺贝尔奖得主和 8 位素有"数学界诺贝尔奖"之称的菲尔兹奖得主。② 这些学校入学门槛很高，要求学生高中会考后经过两年预科学

---

① Ashby, E. *Universities: British, Indian, African-A Study in the Ecology of Higher Education* (London: The Weidenfeld and Nicolson Press, 1966), p. 5.

② Une Grande École de Recherche Universitaire, http://www. ens. fr/spip. php? rubrique8&lang=fr.

习，最后通过考试者才能录取。

这类工程技术类大学校以培养法国社会政治、经济和科技精英为目标，在维护和巩固政权，促进科技发展、工程建国方面做出了卓越的贡献，从而确立了大学校在法国高等教育体系中的坚实的主体地位，成为法国高等教育体系中的塔尖。

四 师范教育

伴随着法国教育体系的建立与发展，师范教育作为法国教育体系中非常重要的一个类型，向来得到政府与社会各界的重视。1684 年，法国天主教"基督教兄弟会"开办了小学师资讲习所，并有供教师实习的"练习学校"，这奠定了法国师资培养的基本模式，开启了法国师范教育的先河，这也是欧洲最早的师范教育机构。拿破仑在创建帝国大学开展教育体系建设过程中，深刻地论述了教师在维护国家稳定方面的重要作用："在所有的问题中，组建一支教师队伍是首要问题。如果没有一支教师队伍，就没有国家的存在。如果我们从小没有接受有关自我国民身份定位的教育，一个国家将无法拥有民族凝聚力，它将建立在不牢固的政治基础之上，必然要面对动乱与变革。"[1] 教师培养及其质量成为法国帝国大学改革中"政府首先要关心的事"，[2] 拿破仑政府 1806 年 5 月 10 日颁布法令，规定所有教师为国家公务人员。在提高教师社会地位的同时，他还进一步规定了教师资格任命由皇帝或教育总长负责，申请人员必须通过严格的教师资格考试才能获得从教资格。相应地，拿破仑开始大力发展师范教育机构。1794 年，创建了巴黎师范学校。1808 年，巴黎师范学校改建为巴黎高等师范学校，专门培养大学和中学教师。1810 年，法国在斯特拉斯创办了第一所初等师范学校。与此对应，拿破仑第一帝国还颁布了有关小学教师培养的法令。之后法国教师培养体系不断健全，并逐渐形成了自己的特色。拿破仑帝国时期推行的教师公职化改革与各级师范教育机构的设立，不仅提高了教师的专业化水平、稳定了师资队伍，极大地维护并推动了教育体系的发展，还对法国近代科学文化知识传播、资本主义经济建

---

① 王明利、鲍叶宁：《拿破仑与法国的国民教育》，《法国研究》2009 年第 1 期。
② 乔治·勒费弗尔：《拿破仑时代》（下卷），中山大学《拿破仑时代》翻译组译，商务印书馆，1978，第 271 页。

设与民主政治的发展发挥了重要推动作用。

第二节 工业革命与富国目标推动下的近代教育体系

18世纪法国大革命为资本主义经济发展扫清了道路,大大解放了生产力,为促进教育更适应法国社会变革与经济发展,政府加强了对教育的控制,加大了对教育体系改革的力度。从法兰西第三共和国时期开始,法国教育体系呈现双轨制:一轨面向上流社会资产阶级子弟,儿童从6岁入学,11岁进入中学,18岁高中毕业取得业士学位,进入大学学习,即幼儿园或家庭教育——中等学校(国立中学或市立中学)——大学(或专门学校);另一轨面向广大平民大众,包括母育学校——初等小学——高等小学或职业学校,为6岁儿童提供免费的基础性教育。到19世纪末,这种双轨制的教育体系已经基本形成。然而,到20世纪初期,这种双轨制教育体系及其所代表的社会阶级对立、不平等受到了人们的强烈反对,教育民主化呼声越来越高,要求全体儿童都应在教育体系内受到同样免费的教育,必须教育民主、择优录取。欧洲新教育运动对此也产生了影响,建立统一学校的呼声引发了社会的广泛关注,政府进行了一系列相应的改革,直接推动了教育体系的变革。

一 基础教育:统一小学

19世纪中期至20世纪上半叶的百余年是法国提出并逐步落实免费、义务、世俗教育原则的阶段。费里掌管教育之后,1881年,政府颁布了《费里法案》,提出了建立免费、义务、世俗化的国民教育制度,规定包括母育学校和小学在内的初等教育免收学费和书杂费,师范教育免除学费和伙食费。1882年,政府再次颁布法令规定6~13岁为义务教育年龄。1919年,职业教育免收学费。1928~1933年,法国中等教育逐渐实现了免收学费。1936年,法国义务教育年限延长到14岁。[①] 这些义务教育制度的规定与实施,极大地推动了普通大众接受教育的比率,提高了人口素质。

1921年6月15日,法国政府颁布法令,宣布将母育学校列入国民教育部范畴,并规定其目标以教育为主,即要教会儿童初步学会识字、写作和计算。

---

① 吴式颖主编《外国教育史教程》,人民教育出版社,1999,第542页。

1923 年，法国政府规定，所有包括公立小学、中学预备班在内的初等学校都实施统一教学计划与教学方案，到 1925 年初步实现了统一小学。1930 年，法国国立中学和市立中学都实施免费教育，并在 1933 年实施统一中学入学考试制度，所有学生入学机会平等。1936 年，政府又进一步补充规定，小学毕业生统一参加入学考试，合格者升入中学，落选者进入补习班或职业学校学习。[①]

二 中等教育：统一中学

法国中学分古典中学、现代中学和技术中学。1937 年，时任法国教育部长的让·泽（Jean Zay）提出实行统一初级中学（国立中学和市立中学）的方案，主要内容包括：初级中学与初等统一学校衔接，实现初级中学教育的统一，所有初级中学改为独立的公立学校；在 11～12 岁初中第一年设立"方向指导班"，为学生兴趣与能力发展提供指导；根据学生在初等中学的成绩等表现，在第二年对其进行分流指导，分别进入古典中学、现代中学和技术中学学习。"方向指导班"的出现代表了对学生多样化需求的尊重，是现代民主教育的标志。

统一小学与统一初等中学的出现引发了法国教育体系的变革，极大地冲击了双轨制，促进了教育民主化，扩大了普通民众接受中等教育的比例。据统计，1936 年，法国中学生中父亲职业为工人、农民的比例为 5%，到 1943 年时这一比例提高到 23%。[②] 这种人口识字率与文化知识水平的提高有力地促进了法国的工业化进程。

早在 1881 年，法国就有了以国家名义兴办的职业学校，被称为国立初等职业学校；1887 年，政府又通过法律规定成立工商实科学校。但这些学校所培养的青年技术工人的数量微乎其微，大多数青年就业时无相应的职业培训。

19 世纪后半期，法国职业技术教育主要是由企业、社会或私人机构提供的，包括在公立学校体系内进行的手工训练，初等职业教育学校和中等职业学校等。到 20 世纪末，国家着手兴办职业学校。1881 年，法国出现了国立初等职业学校，1887 年又成立了工商实科学校。但这些学校所培养的人数规模

---

① 吴式颖主编《外国教育史教程》，人民教育出版社，1999，第 544 页。
② 吴式颖主编《外国教育史教程》，人民教育出版社，1999，第 545 页。

有限，无法满足经济发展的需要。第一次世界大战后法国工业化的发展需要大量各级技术人员，职业技术教育改革与发展成为法国教育体系变革的一部分。1911年，法国设立了职业能力证书。1919年，法国通过了《阿斯蒂埃法》，规定由国家代替个人来承担职业教育，设立相应部门进行管理。全国每一个市镇设立一所职业学校，国家和雇主分别承担50%的经费。要求18岁以下青年有义务接受免费职业教育，雇主必须保证青年人每周有4小时工作时间接受职业技术教育。职业技术教育内容包括补充初等教育的普通教育、作为职业基础的各门学科、获得劳动技能的劳动实习。[①] 这一法案从制度、经费层面确保了职业技术教育的发展，之后政府又多次补充完善职业技术相关法令，法国职业技术教育体系也得到了发展与完善。

三 高等教育

法兰西第二帝国时期，法国近代政治、经济和文化都获得了较大发展，工业革命的完成加快了法国城市化进程和资本主义经济发展速度，政治民主化呼声也越来越高，人们越来越认识到高等教育尤其是科学技术对国家占据世界资本主义强国地位的重要性。1856年、1867年巴黎两届国际博览会的召开使法国更加意识到发展高等教育尤其是科学技术研究的急迫性。1868年，时任第二帝国公共教育部长的维克多·迪律依（Victor Duruy）是一位热爱科学、追求进步的国家主义者，鉴于当时法国大学现状，他提出，大学必须体现最先进的现代知识与技术，因而必须由国家来承办，这是实现国家统一、民族强大的根本。高等教育必须适应国家经济发展的需要，满足国家发展的最大利益，为经济发展服务。[②] 在他的推动下，法国于1865年创办了四年制"专门教育"，增加了实践类教学内容，兴办了一批职业学校，加强师资培训，改革师范教育课程设置，提高了世俗师范学校毕业生的竞争力，[③] 促进高等教育关注社会需求。同时，迪律依还增设国家"科学预算"经费，强化大学科研创新功能，创办高等教育实践学校（1868年），吸引和鼓励优秀学者专家

---

① 吴式颖主编《外国现代教育史》，人民教育出版社，1997，第127~128页。
② 高迎爽：《法国高等教育质量保障体系研究——基于政府层面的分析》，中国社会科学出版社，2014，第49页。
③ 郑崧：《国家、教会与学校教育：法国教育制度世俗化研究（从旧制度到1905年）》，学林出版社，2008，第153页。

开展实用性较强的理论研究，促进国家军事、经济发展。大学实用主义功能的开发促进了法国高等教育的发展。

法兰西第三共和国时期，法国国内国外政治经济形势发生了巨大变化——美国内战结束，政治经济制度稳定发展；德国、意大利两国均实现了统一，国力强盛；俄国完成农奴制政治改革开启了工业化进程；日本明治维新进展顺利……而法国此时经历了普法战争惨败、割地赔款的劫难，国内党派斗争激烈，再加上1873年的经济危机与重大虫灾，内忧外患，国际竞争力降低，国际地位受到威胁。社会变革需要高等教育提供人才支撑，大学的作用再次被有识之士所重视。这更多是由于在法国大学被中断的百余年间，德国以柏林大学为代表的现代大学倡导教学与科研相结合、学术自由，将哲学研究等基础性、预备性学科提升至中心地位，哲学院成为统领大学的最高知识殿堂。① 这些理念使德国成为世界高等教育中心，德国国际影响力、竞争力提升。因此，法国精英认为普法战争的失利是由于普鲁士大学，是柏林大学报了耶拿失利之仇。② 1896年7月10日，政府颁布了《国立大学组织法》，被中断了百余年的大学重获新生，法国现代大学得以出现。

第二次工业革命的爆发和科技发展为第三共和国重建经济提供了契机，"到1880年，工业产值第一次超过农业产值，水力发电、汽车制造、石油化工等许多新兴工业，以及农村中的大农场和机械化程度均有了新的进展"。③ 1896年，法国经济、文化与自然科学等步入稳定发展时期。"教育机构既是法国社会的变动场地，又是它变动的手段。"④ 第三共和国高度重视教育在维护共和精神、促进经济发展中的重要作用。这一时期，法国实证主义科学研究兴起，法国一批有识之士成立了"高等教育问题研究会"，创办了《国际教育月刊》（*Revue Internationale L'enseignement*），并且理论界"着重从社会发展，特别是巩固国家政体的角度审视教育问题，提出教育的目的、任务、教育教

---

① Lundgreen, P. "The Organization of Science and Technology in France: a German Perspective," in Fox, R., Weisz, G. *The Organization of Science and Technology in France* (1808–1914) (Cambridge: Cambridge University Press, 1980), p. 312.

② Moody, J. N. *France Education Since Napoleon* (New York: Syracuse University Press, 1978), p. 88.

③ 董小燕：《法兰西第三共和国经济发展缓慢的非经济因素分析》，《浙江大学学报》（社会科学版）1996年第1期。

④ 瞿葆奎主编，张人杰选编《法国教育改革》，人民教育出版社，1994，第7页。

学的内容、途径与方法"。① 这一时期，政府对高等教育体系的改革主要包括以下几个方面。

其一，大力发展科学技术与职业教育。其二，根据社会需求，积极与地方及社会进行合作，增加或创建实用性较强的理工学院。其三，健全科学技术管理制度与机构建设，为职业技术教育发展提供经费与政策保障。其四，实行权力下放，让地方参与大学建设，建设外省大学。法国社会学家米歇尔·克罗齐耶（Michel Crozier）对此描述道："在第三共和国的初期，情况就已经发生了意义极为深远的变化，事实上，由拿破仑国家宪政开启的中央集权运动趋势已告终结，在长达50年的时间里，法国被推入了分权运动的进程之中，这一进程虽然缓慢，却从未间断，并取得了实效。"②其成效是"几乎所有的学院都得到了重建，教授的职位增加了一倍，大学生人数也迅速增加。大城市不辞辛劳地参与了振兴高等教育的运动，国家为此拨款总额超过1.1亿法郎。得到重建的有巴黎大学以及波尔多、里尔、里昂、马赛、图卢兹等地的学院"。③ 其五，通过教育立法与改革，调整高等教育结构，强化大学的社会服务功能，创建多样化、富有现代性的高等教育体系。1883年，教育部长费里在一则通告中写道："如果有一天我们的大学能够进行最多样化的研究……管理自己的事务……在法国各个地区具体理念的激励下，具有维持国家统一的多样性，与邻近大学彼此竞争，在竞争中将他们的利益与大城市追求卓越的需求联系在一起，去获得显赫的价值和声望，这样我们将会获得最重要的结果。"④ 这一时期的高等教育改革大大提高了整个体系的效率，法国科学研究再次跃居世界前列。1900~1920年的20年间，法国共培养了11位自然科学诺贝尔奖获得者，这一数字仅次于德国（20人），在当时世界排第二位。⑤

19世纪70年代至20世纪初爆发的以电力的广泛应用为特征的第二次工

① 滕大春主编，吴式颖副主编《外国近代教育史》（第2版），人民教育出版社，2002，第443页。
② 米歇尔·克罗齐耶：《法令不能改变社会》，张月译，格致出版社、上海人民出版社，2007，正文版序第97页。
③ 瞿葆奎主编，张人杰选编《法国教育改革》，人民教育出版社，1994，第18~19页。
④ Ministere de L'instruction Publique, *Enquetes et Documents Relatifs a L'enseignement Supérieur*, 124 *Vols* (Paris: Imprimerie Nationale, 1880–1914), p. 1.
⑤ 高迎爽：《法国高等教育质量保障体系研究——基于政府层面的分析》，中国社会科学出版社，2014，第56页。

业革命,使得工业成为法国国民经济的主体,法国工业化进程加快,金融、交通与商业以及农业现代化的发展需要更多高水平科学技术人才。1890 年前后,法国再次兴建了一批工程技术类教育机构,为工程强国提供了人才保障。

四 师范教育

从 19 世纪上半期一直到 20 世纪 50 年代,与法国双轨制教育体系相对应,师范教育同样实行双轨制的体系。根据政府法令,第一轨教育体系中的上流社会子女在获得业士学位升入大学之后,如果想从事中学教学,按照法国中学教师培训制度,需要通过培训和相应考试并达到一定标准。

19 世纪 70 年代末到 80 年代初是法国教育体系形成的关键期,也是师范教育发展的重要时期。1879 年,法国颁布了有关小学教师培训的法令,极大地促进了 19 世纪后期师范学校尤其是女子师范学校的发展。"1881 年到 1886 年费里颁布的法令规定对 6 岁到 13 岁的儿童进行免费公共小学教育……并且普及教师培训……""19 世纪 80 年代颁布的法令在 20 世纪初期颁布的法律中得到了加强,政府……对于来自右派的威胁过于敏感,右派人士发起了一场旨在建立教会的运动。根据政府关于共和国价值的一贯的外在论调,他们把注意力主要集中到了教育问题上。"① 20 世纪初期法国关于政教分离的法令,确立了公立学校的非宗教性质,即世俗性,在师范教育师资培训中维护共和国价值,促使政教彻底分离,这一政治功能使得师范教育意义更为重要,政府更为重视。

第三节 经济重建与强国目标下的现代教育体系

第二次世界大战后,法国经历了重建资本主义经济的"光辉三十年",这一阶段法国人口出生率提高,青年人口数量迅速增加,政治民主化进程加快,人们接受教育的需求大大增加。科学技术的发展提高了劳动效益,改善了劳动设施。1960~1975 年,法国工业生产平均每年增长率为 5.5%。1960~1970

---

① Jones, C. *Cambridge Illustrated History of France* (Cambridge: Cambridge University Press, 1994), p. 58.

年，农业每年以 2.4% 的递增速度向前发展。[1] 农业生产机械化程度提高，1946~1958 年，拖拉机的总数由 5.6 万台迅速增加到 56 万台。工业机器现代化与自动化的普及大大提高了劳动效率，减少了第一、第二产业的劳动力，产业结构也开始改变，第一产业从业人数占所有从业人数的比例从 1954 年的 26.7% 下降到 1962 年的 20.6%，而第三产业则从 36.5% 上升到 40.8%。经济的发展对劳动者的文化和技术要求越来越高，要求能够适应现代化机械与管理的人。而法国双轨制的教育体系一轨是扫盲教育，一轨是少数与社会脱离的精英，在数量与质量上都无法满足国家经济社会发展的需求。1957 年，法国发展规划专家预测，1956~1961 年，法国需要 5.1 万名工程师与研究人员，而大学只能提供 2.4 万名，原因不是大学数量，而是中等教育体系严重束缚了人才培养，每年只能输出 1 万名中学毕业生升入大学。[2] 尤其是 20 世纪 70 年代下半叶能源危机与金融危机的出现，经济发展、管理方式、科技变革等外部环境的变化，使得法国社会各个阶层普遍认识到科学知识、技术与学历的重要性，高等教育大众化越来越急迫，法国各级教育体系都急需进行新的调整。诚如克罗齐耶所言，100 年来，法国大学教师培训体系和内部知识模式几乎没有任何改变。[3] "各级教育与生活之间缺乏联系或联系不够。大、中、小学的学习往往严重脱离实际。学校似乎成了可以不受外界影响的一个封闭的场所。……这种脱离使教学失去了它的教育性。"[4] 数量与质量、公平与效益成为法国整个教育体系变革的主题。

法国历届政府都秉持教育优先发展的战略，非常重视教育改革的重要地位，认为提高全体青年的文化水平与就业能力是提升法国国际竞争能力的重要途径。"二战"之后戴高乐总统上台后，认为教育改革在重建法国世界大国地位中具有举足轻重的作用，他要求必须改革教育体系，使之适应国际竞争和经济发展的需要。密特朗在 1988 年再次竞选总统时向国人承诺，教育必须置于优先发展地位，因为国力更多依靠智力而不是财力。教育体系民主化、教育机会均等成为经济、社会和政治发展对教育体系改革的要求，政府将教

---

[1] 沈炼之主编《法国通史简编》，人民出版社，1990，第 604 页。

[2] Antoine. Prost. Histoire générale de l'enseignement et de l'éducation en France, Paris, 1981, p.21.

[3] 米歇尔·克罗齐耶：《法令不能改变社会》，张月译，格致出版社、上海人民出版社，2007，正文版序第 16~17 页。

[4] 瞿葆奎主编，张人杰选编《法国教育改革》，人民教育出版社，1994，第 74 页。

育体系民主化改革、提高全民科技文化素质视为提高法国大国地位的重要人才战略。教育结构体系与教学内容改革成为政府改革的着力点。

一 初等教育

(一) 母育学校

1977 年 3 月 18 日,法国政府决定对母育学校的目标进行修订,即培养儿童的身体协调能力、动手能力、感官感觉能力、了解和适应自己成长节奏与自己生命节律之间和谐关系的能力、绘画能力和口头表达能力。[①]

母育学校虽然与小学浑然一体,是整个教育体系的重要组成部分,但却是非义务性的。这类母育学校与小学类似,设有具体的教学计划和时间安排,关于母育学校的教学计划,由国家教学资料中心(CNDP)公布,儿童家长可随时查询获知。母育学校的教学具有独创性,教学手段按照儿童的个性特征,以游戏为主,玩具是必备的教学工具,大部分教学任务由女性教师承担,学校既给予儿童家庭中母亲般的温暖,又"启发儿童的人格,为以后克服学习中的困难,摆脱障碍和实现平等做准备"。[②] 儿童在小学教育开始之前就得到社会生活、个人操行特别是语言方面的训练,发现并矫正儿童在感觉、运动或智力方面的障碍,培养儿童学习的习惯和兴趣,帮助儿童树立自信心,学会与其他儿童和睦相处。法国民众普遍认可学前教育对儿童后期正规学校教育的积极作用,影响到儿童今后学业成败。1989 年 7 月 10 日通过的《教育指导法》(即《若思潘法》)鼓励家长尽早把幼儿送到母育学校,通过母育学校为儿童提供相对一致的学习和成长环境,使 2 岁起所有的儿童能够享有同等的受教育机会。可见,法国政府将母育学校视为消除社会不平等现象的一个重要手段。

在政府的鼓励下,民众对母育学校的需求很大:99%以上的 3 岁儿童都进入母育学校,并且绝大多数是在公立母育学校中接受学前教育。从 1996 年开始,有 35%的 2 岁儿童进入母育学校,尤其是处于"教育优先区"的 2 岁儿童的比例更高。[③] 加上法国公立和私立小学竞争的推动,卢瓦尔河地区 2 岁儿

---

① 陈元:《法国基础教育》,广东教育出版社,2004,第 28 页。
② 参见法国政府 1975 年颁布的教育法。
③ 陈元:《法国基础教育》,广东教育出版社,2004,第 29 页。

童入学率达 52.4%，北加莱地区达 62%，雷恩大学区达 67.6%。[①] 2006 年，法国学前儿童入园率达 100%。[②]

法国母育学校遵循"尊重主体、认识主体、热爱主体"[③] 的原则，要求教师必须十分了解并尊重儿童的生命节律、学习状况、爱好和需求，在此基础上开展一些有组织、有目的的活动，培养儿童的好奇心、动手能力和求知欲，养成自觉的学习习惯、独立分析和解决问题的意识，发现和纠正儿童的"不良"行为，帮助他们成长和进步，使儿童的人格（个性）趋于完美。母育学校这一作用在那些环境较差的社区所发挥的价值更大。这也是法国政府如此强调让 2 岁儿童及早进入母育学校的目的。母育学校的功能由历史上的贫困子女的健康与安全保育发展为现在的社会性、教育性、补偿性一体的功能。保教结合成为学前教育机构的主要功能。

法国母育学校具有完善详细的教学计划，所有的活动都由教学指导小组制定，循序渐进地合理安排教学大纲中所规定的全部内容，确保学习的统一性和渐进性。母育学校按照一些大的活动来组织教学，教学时间相对灵活。鉴于母育学校大班是启蒙教育的最后一年，也是进入基础学习阶段的第一年，这个班的儿童会开始接受基础学习阶段的活动，为顺利适应小学阶段的学习打好基础。实施学前教育的幼儿学校通常单独设立，少数附设在小学内，面向 2~6 岁儿童。"二战"之后，为了更好地促进幼儿教育与初等教育之间的衔接，政府规定，小学入学年龄从 1957 年 10 月 1 日起由原来的 6 岁提前至 5 岁 9 个月。法国学前教育机构情况如表 4-1 所示。

表 4-1　法国学前教育机构情况

机构名称	招收年龄	功能类型	隶属关系
托儿所	2~5 岁	保育/教育	保健部门
幼儿班	2~6 岁	保育/教育	教育部门
母育学校（幼儿学校）	2~6 岁	保育/教育	教育部门

资料来源：冯晓霞主编《幼儿教育》，吉林教育出版社，2000，第 117 页。

① 陈元：《法国基础教育》，广东教育出版社，2004，第 31 页。
② 基础教育研究中心：《学前教育发展报告》，载联合国教科文组织《坚实的基础：幼儿保育与教育——全民教育全球监测报告》，联合国教科文组织，2007，第 3 页。
③ 冯增俊：《教育人类学》，江苏教育出版社，1998，第 69 页。

法国学前教育生均经费占国家 GDP 的 0.68%，其中国家公共经费投入占GDP 的 0.65%，私人经费约占 GDP 的 0.03%。[1]

（二）小学教育

法国初等教育入学年龄一直保持为 6 岁，1989 年颁布的教育法对初等教育体系进行了改革，入学年龄降低到 5 岁。通常，法国初等教育学制 5 年，年龄为 6～11 岁。第一年为预备班，第二、第三年为初级班、中级班，最后两年为高级班。小学毕业直接升入中学学习。对于未升入中学的学生，农村地区开设了高级小学班（11～14 岁）和结业班（14～16 岁），为其就业做准备。学前教育与小学教育之间的全面衔接直接促进了法国初等教育的发展。1990 年，法国政府颁布的《教育指导法》规定，初等教育的儿童划分为三个"学习阶段"：第一个学习阶段是早期学习技能阶段（2～5 岁），第二个学习阶段是基础学习技能阶段（母育学校最后 1 年到小学第二年），第三个学习阶段是学习技能进一步发展阶段（小学第三年到第五年）。划分学习阶段的目的是有效防止重复学习，使母育学校与小学阶段更好地衔接。[2] 2004 年，"经济合作发展组织"（OECD）的调查显示，法国初等教育入学率明显高于 OECD 其他国家，如法国 3～4 岁儿童的入学率为 112.9%，5～14 岁儿童与青少年的入学率为101.3%（入学率高于百分之百的主要原因是部分儿童 3 岁前就已经入学）。与此同时，法国公立学校的比例也远高于欧洲其他国家，堪称世界第一。[3]

法国小学重视学生法语教育，致力于创建一个人人讲法语的地方，这与法国有的地方外来移民的涌入，小学面临文化与语言差异的问题有关。通过法语这一共同语言教育，让这些来自不同文化背景的儿童接受统一的法国文化，化解不同文明之间的冲突，实现民族融合与团结，这是法国小学教育的一个重要的社会功能。因此，法国小学作为"减负"的前哨，如何强调基础课学习的教学质量，同时又减轻学生学习负担，是小学教育阶段的一大挑战。法国小学阶段的教学目标是培养儿童读书、写作、计算的基本知识与能力，

---

[1] 周兢、陈思、郭良菁：《国际学前教育公共经费投入趋势的比较研究》，《全球教育展望》2009 年第 11 期。

[2] 胡春光、陈红：《法国幼小衔接教育制度的内涵与启示》，《学前教育研究》2012 年第 9 期。

[3] OECD Regards sur L'education 2007, les Iindicateurs de L'OECD. Paris: OECD. Récupéré le 25janvier, 2008, 2007: 179–193, 302. http://oberon. sourceoecd. org.

同时接受历史、地理、实验科学等不同学科的启蒙教育。1995 年，法国颁布的新教学大纲规定，小学阶段应该致力于为学生学好法语语言和数学打好基础，强化公民教育与发现世界有关的活动，加强学生的运动技能和感觉能力锻炼。在第三年级（即九年级）开始应学习一门外语，老师应该帮助学生正确认识自己所处周围世界的自然位置与人文环境，掌握一些扎实的知识，并养成科学的学习方法。在深入学习阶段，逐步接触了解一些初中科目的基本概念和方法。

20 世纪 70 年代，法国掀起了教育改革热潮，重点是小学教育现代化问题。这次是政府推动的改革，试图在小学教学中引入新的教学思想，以适应"单一的初中"改革，跟上时代的发展。进入 80 年代，针对法国当时居高不下的学生学业失败率，法国又出现了让小学变得更公平、公正的呼声，法国政府围绕重组学校结构，推出了一系列改革措施——划分教育优先区并建立教育优先网络，让各个学校因地制宜地制定自己的学校计划，打破传统的以年龄班级为基础的教学制度，重建基于学生个人能力的因材施教的教学阶段制度，实现学校开发与家庭和社会建立广泛的教育合作伙伴关系，加强对学生的校内学习指导与校外辅导，调整学校教学节奏以力求更适合学生的生命规律，等等。到 20 世纪 90 年代中期，面对法国社会动荡、经济萧条、失业率居高不下等严峻形势，法国政府试图再次通过教育改革寻找破解危机的出路，这次着力从教学过程入手，考察借鉴了发达工业国家——美国基础教育中的成功经验，并结合本国实际，于 1996 年发起全国性的"hand on"（亲自动手干）运动，推行探究性学习，试图通过教学改革，在法国基础教育中体现理性、民主、现代、开放的面向世界和未来的共和主义传统。

法国基础教育也具有一定的筛选性和选拔性，这突出表现在学生留级比例。在 20 世纪 80 年代之前，将近 50% 的毕业生在 16 岁时就离开了学校。1985 年，10 个小学生中留级的学生仍多达 4 人。到 1995 年，升初中的 10 名小学生中仍有 2 人留级。据估计，100 个 6 岁入学的小学生中，最后能够达到高中毕业的仅有 30 人，而且仅仅有 11 人能够按照"正常年龄毕业"。① 因此，进入 20 世纪 80 年代之后，如何促进学生学业成功成为国家与民众关注的重点。

---

① 陈元：《法国基础教育》，广东教育出版社，2004，第 8 页。

二　中等教育

法国中等教育体系分为初级中等教育（初中）和高级中等教育（高中）两个阶段。初中属于义务教育阶段，面向所有适龄儿童，学制4年，高中学制3年。学校类型与时代背景不同，学制时间也有差异。

（一）初级中等教育——初中

20世纪80年代之前，法国主要致力于建立新的初级中等教育体系，实现教育体系的民主化。而80年代之后，主要是着力于教育内容、教育结构改革，改进升学制度，与高学业失败率做斗争。1959年，时任法国国民教育部长让·贝尔敦根据戴高乐总统关于教育体系改革要为经济发展服务的指导思想，颁布第59-45号法令，将义务教育年龄从14岁延长到16岁，在初等教育之后建立两年方向指导期，根据学生成绩，进行五个方向的分流：（1）直接就业，从事农业、乡村或市镇的手工业；（2）短期技术教育，毕业后成为熟练工人；（3）长期技术教育，培养技术员、高级技师、工程师；（4）短期普通教育，培养中级职员和第三产业的管理人员；（5）长期普通教育，培养将来的精英。此外，将原来的国立职业中学与技术中学合并为技术中学，农村的小学补充班转变为普通中学，职业培训中心变为技术中学。但双轨制的本质并没有改变，义务教育年限延长也未能落到实处。1963年8月3日，克里斯蒂昂·富歇在担任国民教育部长期间进行改革，建立综合性的市立中学，学制4年，设立与普通中学毕业会考证书相等的技术中学毕业会考证书，以确保两者相同的价值与声誉。这次改革是贝尔敦改革的延续，想在统一初中的基础上提高一步，但现实中成效不大，中等教育机构也未能得到统一，仍存在市立普通中学、市立中学、国立中学、国立技术中学4种类型。1968年，只有5%的学生能够从过渡班转到普通班学习。1975年，吉斯卡尔·德斯坦总统的第一任教育部长勒内·阿比提出了"为了教育体系的民主化"的改革主张与措施，并颁布了第75-620号法令，在初等教育方面，加强城市和农村地区学前教育，确保小学生源质量。在中等教育方面，建立统一初中，高中阶段将原来的技术中学改为职业教育高中和技术高中。学校演变的大致情况如下。

建立了完整的初级中等教育结构，改革后的中小学教育结构如图 4-1 所示。

普通高中	结业班 一年级 二年级	技术高中	职业教育高中	年龄（岁） 18 17 16	
初中	三年级 四年级	方向指导阶段		15 14 13	义务教育期
	五年级 六年级	观察阶段		12 11	
小学	七年级 八年级	中级阶段		10 9	
	九年级 十年级	初级阶段		8 7	
	十一年级	预备阶段		6	
学前教育	大班			5	
	中班			4	
	小班			3 2	

图 4-1 法国中小学教育结构体系

资料来源：张丽《二十世纪 50-80 年代法国初中等教育体制改革述论》，《史学月刊》1996 年第 6 期。

从 1969 年开始，法国规定，将义务教育年龄延长至 16 岁，即 11～16 岁的孩子均须接受学制为 4 年的、免费的初中义务教育。从 1975 年，所有的小学毕业生，不管学习程度如何，都必须升入初中接受初级中等教育。从此，初中学生人数比 30 年前增加了将近 100 万人。初中毕业前年满 16 周岁的学生可以终止学业，其中 94% 的毕业生都可达到攻读专业技能合格证书（CAP）和职业学校毕业证书（BEP）的水平或升入高中的水平。[①]

法国初中有公立和私立之分。将近 80% 的学生进入公立初中学习。在权力下放政策的推动下，各省负责初中校舍建设、教学设备及维修、学校运营等，国家负责工作人员的招聘、培训、管理及工资，并提供课本及电脑、试听设施等教学用具。此外，国家还为社会文化环境较为复杂的教育优先区（ZEP）的学校提供额外的贷款。而那些与国家签订了合同的私立中学，国家负责所有教学人员的工资，并与省共同分担该类学校的办学费用。

---

① 陈元：《法国基础教育》，广东教育出版社，2004，第 39 页。

　　法国目前实行统一初中，学制 4 年，按"倒计时"共分为三个阶段：第一年为适应期，称为六年级，目的在于确保从小学到初中的顺利过渡，重点是让学生掌握初中学习方法；第二、第三年为五年级、四年级，这个中间阶段主要是拓宽学生的知识面，掌握一些必要的技能；最后一年为三年级，属于专业定向阶段。法国初中四年，前两年实施完全相同的基础教育，观察学生的个人特质，仅选择将个别年满 14 岁的学生转入职业教育。后两年增加选修课程，同时开始对学生进行未来发展方向的分流指导，让学生学习第二外语以及技术课程，为顺利进入高中学习做准备。

　　长期以来，法国初中的主要目标是作为义务教育的最后阶段。但随着社会的发展，初中作为中等教育的初级阶段，除了为所有学生提供共同的教育之外，还应担负起培养通往未来职业生涯的基础与能力，让学生接受步入社会所必需的基本知识和技能，知晓并遵循社会和民族文化。就此而言，初中成为连接小学和高中的中间环节，与小学不同，法国初中学生开始面临人生的第一次选择。因为法国高中的类型和分科情况很复杂，学生在初中阶段，需要在开设的 10~12 门课程中选择自己感兴趣并且有专长的课程，这将决定并影响其毕业之后上什么类型的高中。初中所担负的如此复杂的使命，导致法国初中的复杂性。因此，1977 年，阿比改革创建"统一初中"，1989 年进一步取消初中第二年级（即五年级）的方向指导，实行统一的课程和教学大纲，打破了水平参差不齐的班级设置。1995 年，国民教育部重新调整初中的教学组织结构。

　　法国初中的教学大纲由国家统一制定，所有课程都制定了总目标和详细的阶段性目标。每个学校要根据国家教育政策，结合本地区以及本校所在地的现实需要以及学生的兴趣和需要，制定自己的教学计划，灵活安排每门课程的教学学时。从法国初中的教育大纲中强调了法语语言教育，同时也注重其他语言能力的培养。法语的课程时数最多，在初中前两年要求学生学习一门现代外语，升到四年级之后，学生还要再选择一门现代外语。从课程设置看，法国初中开设的课程有法语、数学、现代外语、历史-地理、生命与地球科学、造型艺术、音乐、体育与劳动。

　　法国非常注重各级教育之间的衔接。初中第一年为复习和巩固小学教育阶段，而初中第四年则为学生升入高中学习做准备。为了巩固初中在连接小学和高中之间的桥梁作用，使每个学生都能按照自己的实际能力选择最合适的道路，在法国政府推动下，推行了一系列措施。在加强小学与初中之间教学联系方面，法国教育部门提倡，其一，小学最后一阶段的任课教师与初中第一年的任课教师共同开展工作，以便于教师之间的沟通与合作；其二，在初一（即六年级）、初二（即五年级）阶段增加补习时间，在语言和数学方面为学生提供个性化辅导，调动学生学习积极性；其三，每两周开展一次主题为"我的初中报纸"①的 1 小时的班级活动，由负责老师主持，每个学生都要参与；其四，对于个别的有问题的学生，指定专人教师进行一对一的指导与监护，鼓励这些学生重树信心。为使初中毕业生顺利地进入高中阶段，法国教育部门要求，在初三（即四年级）、初四（即三年级）阶段教学中扩大实用技术兴趣小组的规模，用更加具体的方式培养并调动学生的兴趣，初三（即四年级）阶段大力鼓励学生从事交叉学科的课题，进行探究式学习。此外，每个年级都会设置一名协调教师，专门协调学生、教师以及学校其他工作人员之间的关系，调整学校学习节奏，提高学生的学习效率。通过这一系列的举措，使得每个学生的求学之路更加通畅，避免人力资源的浪费。另外，为了加强初中与高中阶段的衔接与连贯性，2002 年，法国初中普遍开设了"发现之路"课程（IDD），在教师指导下，通过项目学习、实验学习、集体学习、团队合作与个性化学习等方式，培养初中生的创新能力和自主学习能力，以便更好地适应高中"框架式个人学习"课程（TPE）。

2005 年，法国政府颁布了未来学校全国讨论委员会提交的《为了全体学生成功》的报告——《学校未来导向与纲领法》，②制定了"为了一个更公正的学校：可信任的学校"、"为了一个更有效率的学校：高质量的学校"和"为了一个更开放的学校：倾听全国的学校"三个方面的具体战略，使得学生在完成义务教育之后具备顺利就业的知识、能力与行为准则，能够为其终身学习奠定基础。

（二）高级中等教育——高中

法国高中分普通高中、技术高中和职业高中三种类型，其学制、课程设置以及考试内容均有不同。学生分流时间推迟，高中第一年（即二年级）为

---

① 陈元：《法国基础教育》，广东教育出版社，2004，第 44 页。
② 王晓辉：《法国新世纪教育改革目标：为了全体学生成功》，《比较教育研究》2006 年第 5 期。

基础学习，其实也是确定兴趣阶段，高中第二年（即一年级）、结业班为专业选择阶段，主要选择有文科（L）、经济与社会（ES）、科学（S）三个专业，还有科学与第三产业技术（STT）、工业科学和技术（STI）、实验科学和技术（STL）、医学-社会科学（SMS）四种技术专业。高中第三年时学生已经完全确定了专业，并在完成学业后参加全国性高中毕业会考，相当于我国全国性统一高考，高中毕业会考证书相当于大学的入学通知书。

普通高中。普通高中学制 3 年，毕业生要参加全国统一的普通高中毕业考试。考试范围有文学（L）、科学（S）、经济与社会（ES）三类，学生毕业时，除了必修课之外，必须选一门专业课，以决定自己的考试类型。文学类考试科目主要有：文学-现代语言，文学-古代语言，文学艺术，文学-数学。科学类考试科目有：科学-数学，科学-物理-化学，科学-生命与地理科学。经济与社会学考试科目有：经济学-语言，经济学-社会科学，经济学-数学。① 从 1994 年开始，法国普通高中新增加了体育、电脑和艺术史三门选修课。此外，学校还积极开设文学和经济课。对于所在学校无法开设的课程，学校鼓励学生通过多媒体，选择其他学校或其他国家的优质课程进行远程学习。

技术高中。技术高中学制 3 年，技术业士学位包括 4 个系列：科学与第三产业技术（STT）、工业科学和技术（STI）、实验科学和技术（STL）、医学-社会科学（SMS）。

职业高中。职业高中又分两种类型，一种学制为 2 年，颁发专业技能合格证书或职业学校毕业证书；一种学制为 4 年，颁发职业业士学位文凭。以前，法国初中学生从初二下学期开始就必须决定是否选择职业高中，而到 20 世纪 80 年代时，这种定向分流的时间被延至初中毕业那一年。2004 年，法国全国职业高中 1850 所，为工业及服务业培养了将近 70 万名学生。从 1985 年设立的职业文凭到 2004 年，这 20 年的时间培养了 10 万名学生。20 世纪 70 年代末、80 年代初出生的初中毕业生，因为法国政府 1989 年颁布的《教育指导法》，希望 80% 的高中毕业生都能够通过业士学位考试而进行了教育结构调整，到 20 世纪 90 年代中后期，大量的初中毕业生涌入高中，职业高中的人数激增。另外，1989 年法令规定，剩下 20% 的高中生，也必须对他们进行一

① 陈元：《法国基础教育》，广东教育出版社，2004，第 45 页。

些培训，使他们达到业士学位水平。政府希望能够在 10 年时间，让所有适龄高中生至少达到专业技能合格证书和职业学校毕业证书要求的水平。因此，法国政府在 20 世纪 80 年代针对职业和技术培训进行了一系列改革，比如，从 1983 年开始改革专业技能合格证书和职业学校毕业证书使其直接与学生实际能力挂钩。1985 年创立职业业士学位（1998~1999 年高等教育在此层次招收了 13% 的学生）。针对法国长期以来职业高中毕业生在数量和质量上难以满足企业需求这一问题，教育部门一方面改革教育体系，让企业参与职业高中教学，采用校企合作的开放式混合模式，让职业高中与企业签订合作协议，并通过对学生培养过程的监测确保学生学习效果。另一方面政府于 1985 年通过文件形式正式承认社会或当地企业发起的辅助培训的合法性。这种校企联合培养模式代表着法国教育体系与企业之间的一种新型关系。1994 年，法国政府颁布了关于劳动、就业和培训的法令，进一步对职业教育提出了一定的要求。到 1995 年时，选择职业高中的学生比例为 31%。

20 世纪 50 年代，法国高中生通过业士学位考试的成功率不足 10%，1980 年将近 30%，1997 年则增至将近 70%，到 1998 年时，职业高中各个专业会考平均成功率为 79%。[1] 不同行业、不同专业的职业高中的课程内容都由国家依据各类职业情况统一编写，以扩大学士知识面的法语、历史和地理课为主的普通文化课和帮助学生理解职业领域内所通用的一些方法和手段的数学、物理类职业技术课各占 50%。这种课程设置，目的是让学生掌握某一类行业的主要概念，从而避免局限于某一行业或某一岗位。职业高中的另一重要环节是企业实习培训。攻读专业技能合格证书的学生至少要进行 12 周的企业培训，攻读职业学校毕业证书的学生则需要 8 周，而读职业业士学位的学生培训期则为 16~24 周。[2] 实习与理论课交替进行，实习由一名教师和企业一名师傅共同指导完成，实习结束后需要企业提交一份关于学生实习的报告。

法国职业高中的文凭覆盖范围很广，专业技能合格证书种类繁多，除了农业职业学习文凭之外，有 45 种职业学校毕业证书和 37 种职业学士学位。[3] 这些职业文凭具有双重功能，一是学生获得职业文凭后可直接进入劳动力市场就业；二是可继续攻读更高一级学历学位，获得职业学校毕业证书后可继

---

① 陈元：《法国基础教育》，广东教育出版社，2004，第 47 页。
② 陈元：《法国基础教育》，广东教育出版社，2004，第 49 页。
③ 陈元：《法国基础教育》，广东教育出版社，2004，第 48 页。

续攻读职业或技术业士学位，"358"学位制度改革之后，获得职业或技术业士学位后仍可继续攻读技术硕士学位。

进入 20 世纪 80 年代，法国经济出现下滑局面，青年人失业率居高不下。政府想通过延长受教育期限，一方面拖延就业时间，同时提高毕业生就业能力，为经济发展注入活力。1984 年，时任法国教育部长让·皮埃尔·舍韦内芒提出一项宏伟的人才战略目标，到 2000 年实现 80% 的青年达到高中毕业的水平，即能够进入大学。1989 年，教育部长利奥内尔·诺斯潘在《教育方针法》中提出了这一人才战略，并进一步强调，这是因为国家经济的发展与国民的文化素质紧密相连。为此，政府始终重视教育投入，1971～1981 年，教育投入占国家总支出的 18%，1991 年，国家经费占 64.1%，地方与企业分别占 19.1%、5.3%。[①]另外，从 20 世纪 80 年代开始，政府大力推进大中小学等各级学校与企业之间的结对合作与联系，学校向企业开放，企业有义务为学校提供职业培训，鼓励企业对学校经费的投入，也促进了教师与学生的生产实践训练，取得了较大成功。1986 年，法国上万家企业和学校签署了合作协议。政府通过教育优先区等政策，减少学生学业失败率，强化教育内容现代化水平，引入更多科学知识替代古典教育，增加技术、经济管理等职业教育内容。1992 年，达到高中毕业水平的青年人口比例已占 51.2%。[②]

高中毕业是中等教育的结束、高等教育的开端，因此，为了更好地与初中、大学相衔接，促进学生学业成功，从 1998 年，法国在进行高中减负、建设学业与文化修养并重的新高中时，采取了一系列的举措。[③] 其一，对学生进行个性化辅导。从高一开始，将通过全国中考而进入高一的学生按照不同水平进行分组，由专人对学生进行每周 2 个小时的法语和数学辅导。其二，从高一到高三，开设"公民、司法和社会教育"课程，培养学生对当代世界现代公民的正确认识。其三，开办开放的艺术创作画室，各个年级的学生都可参加，每个参加的学生都有 72 小时的学习和实践时间。其四，加强现代外语教学，聘用外国人担任教学助理，确保学生所学外语的纯正性。其五，根据高中生的意见，定期组织班级活动，加强学生与学校工作人员之间的对话。其六，根据当前国内外研究的热点，在高中第二、第三年设立跨专业的综合

---

① 阿·罗贝尔：《教育体系与改革》，巴黎，1993，第 115、172 页。
② 阿·罗贝尔：《教育体系与改革》，巴黎，1993，第 168 页。
③ 陈元：《法国基础教育》，广东教育出版社，2004，第 52 页。

性研究项目，以小组为单位，在每一个系列的主科目中为学生推荐一个题目，引导学生进行探究式学习，通常高二学生要完成 2 个项目，高三毕业班学生要完成 1 个项目，还可作为考业士学位的参考成绩。其七，加大信息化建设投入，在高中开展网络教学。

1997 年 7 月 19 日，法国总理在法国政府现行政策的谈话中讲道："当学校的任务很艰巨时，应该给它们提供更多便利；当社会对学校的约束很多时，应该给予更多的支持。人人平等没有错，但应该尊重差异。"① 为此，法国在教育优先区实行 11 年义务教育，比其他地区义务教育（6~16 岁）增加了一年。其主要原因有：法国作为世界上最为发达的工业国家之一，科学技术的快速发展和工业生产的高度自动化，需要高质量的人力资源，也就需要让儿童接受更多、更为优质的教育，通过提高人口素质来促进经济发展。另外，法国的失业率一直居欧洲高位，而年轻人的失业率更高。在法国 10% 的失业人口中，21 岁青年人占 1/3，突出集中在经济较为落后的地区。② 20 世纪 90 年代，法国某些地区或社区的社会环境恶劣，社会问题突出，对此，法国政府重视教育在改进社区环境和社会问题方面的作用，重新审定教育优先区政策，并启动教育优先网络，采取很多优惠政策，从财力、人力和物力方面加大对教育优先区的支持力度，促使每个学生都能够成功，尤其是让那些生活上有困难的学生能够取得成功。可见，教育优先区政策是法国政府通过教育解决社会问题、改进城市建设的重要举措，也是教育与城市互动合作、共同发展的成功案例。

从 20 世纪 50 年代到 80 年代，法国已经由原来的双轨制、多类型教育体系循序渐进地转变为统一。初等、中等教育已经基本实现了所有人机会均等。

（三）中等职业教育

进入 20 世纪 80 年代，社会党执政后，为促进教育民主化与现代化，适应法国经济社会发展需求，促进学生顺利就业与可持续发展，法国先后提出《16~18 岁青年进入社会与职业计划》《公益劳动》《教育方向指导法》，计划在 10 年内使高中合格毕业生占适龄人口的比例由 38%~40% 提高到 80%，使

① 陈元：《法国基础教育》，广东教育出版社，2004，第 55 页。
② 陈元：《法国基础教育》，广东教育出版社，2004，第 60 页。

所有适龄青年都持有职业能力证书，职业技术教育成为改革的一个重点。因此，围绕增强职业教育吸引力、加强中等职业教育与普通高等教育之间衔接，政府进行了一系列改革，中等职业教育得到突飞猛进的发展，到 1996 年时，已经占整个高中阶段人口比例的 54%。1999 年，法国教育部在《面向 21 世纪的高中》的重要文件中提出职业高中的职业教育必须做到与普通教育、职业培训和经济环境的平衡，使毕业生获得所有高中理应掌握的文化知识与就业技能。

法国中等职业教育主要指初中定向教育阶段与高中阶段实施的职业教育和技术教育，其实施机构主要有初中第三年（即四年级）、第四年（即三年级），职业高中，技术高中和学徒培训中心。这是一个培养目标、内容层次各有差异又相互补充、联系的体系。其具体情况如下。

初中第三年、第四年。初中学制 4 年，后两年为方向指导阶段，根据第一年（即六年级）、第二年（即五年级）情况，学生分流进入普通班和技术班，这个技术班属于最基础的中等职业教育，又分为职业预备班和技术班，为学生进一步分别分流到职业高中和技术高中做准备。前者设置的课程包括人文科学、生物与技术科学、跨学科的课程、职业调查以及职业预备训练等，而后者主要包括具有一定技术教育特点的普通教育和技术教育课程，通常专业有饲养管理、种植管理、设备与维修、文秘与商贸、食品加工、环境管理等。学生在校期间会给予三种专业技术教育，毕业生优秀者方可进入技术高中学习。

职业高中。这是全日制教育，分两类，一类是面向初中毕业生的 2 年制，通过普通文化课、技术课、企业实习等教育，学业合格发放"职业学习证书"（BEP），专业类别有 50 种；另一类是面向初中第二年（即五年级）分流过来学生的职业高中，学制 3 年，专业类别有 250 种，通过普通文化课、职业技术课和企业实习，学业合格者授予"职业能力证书"（CAP）。根据法国职业资格证书体系，上述两种证书都属于第 5 级，也是最低的一级，1~3 级属于高等职业资格证书，4~5 级是中等职业资格证书。学生在获得证书后，再学习一年，可获得"职业证书"（BP），再学习 2 年可获得相当于普通高中学历的"职业高中会考文凭"（Bac P），既可作为中级技术员就业，也可继续进入高等院校学习。这是一个相互融通的体系。

技术高中。法国高中第一年为基础学习阶段，第二年进行定向分流，所以技术高中往往从高中二年级开始。技术高中的培养目标是培养具有广博、

99

扎实的普通文化知识，掌握一定专业技能并有很强适应社会与企业迅速变化的能力的人。技术高中设置普通文化类、技术类和专业实习类课程，每周课时为32~38小时，普通类课程约占1/3~1/2，技术类和专业实习类课程通常在企业或实习车间进行。学生根据专业方向可获得"技术员证书"（BT）、"技术高中会考文凭"（Bac T）两种文凭，这两种都属于第4级资格证书，持有前者的毕业生还可进入大学技术学院继续学习。

学徒培训中心。这是1944年由地方政府、工商行会或企业协会主办的一种工读或工学交替性质的职业教育机构，学制1~3年，招收对象为在职人员，1987年改革后通过学徒制学习，可获得第5~1级职业资格证书，主要培养技术工人。培训课程由教育部与职业咨询委员会共同商定，内容分普通文化类、技术理论类与实践类，前两类由培训中心负责，实践类在合同企业或师傅指导下进行。经费主要来自企业支付的学徒税。国家通过立法，规定企业必须履行职业教育义务，对员工提供培训，同时国家也给予参加学徒培训的企业一定的补偿，学徒税的减免额从20%提高到40%。因此，这是一项校企合作的非常好的形式。

法国中等职业教育体系的发展演变进程见图4-2。

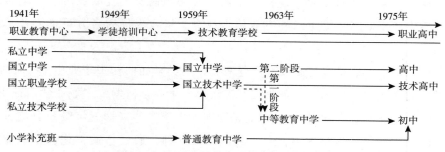

图4-2　法国中等职业教育体系发展演变

资料来源：张丽《二十世纪50-80年代法国初中等教育体制改革述论》，《史学月刊》1996年第6期。

三　高等教育

法国具有世界上独具特色的"双轨制"高等教育体系——综合大学和大学校，综合大学面向所有高中毕业会考合格者，承担着开放性、大众性教育功能。而大学校是高中会考合格者通过2年学习，再次经过严格考试和筛选的精英教育机构，两者功能互补，各有特色。"高等教育和外部历史不能彼此回避。"① 在法国工业化进程中，这两轨高等教育机构都在建国、强国和富国的过程中发挥了巨大作用，如大学校培养了大批行业的领军人才，综合大学也培养了很多专家学者，促使法国在航空航天、高铁、核能、信息、农业、艺术、医药等领域位居世界前列。法国高等教育领域在很大程度上满足了科学技术进步和国家利益驱动对人才需求，但随着国际竞争趋势的加剧，对国家竞争力的重视转变为对人才发展战略的重视，大学校过分注重技术训练、忽视科学研究的弊端致使其培养的人才缺乏可持续发展的后劲，并且其生源局限于上层社会子弟，与教育民主化趋势不符，阻碍了人才尤其是社会弱势群体的向上流动，大学校与综合大学之间彼此分离对抗也造成了一定的资源浪费，而综合大学作为高等教育大众化的主要机构也面临诸多质量问题，这种高等教育体系的弊端导致了法国科学地位、高等教育国际竞争力的下降，英国高等教育专家阿什比对法国高等教育体系的评价为："组织机构对社会的适应性，如同有机体对环境的适应，只能在一个时间段内前进一小步，从已经具有的功能到稍微高级的功能。拿破仑是唯一一个将原有高等教育系统摧毁后重新建立一个新系统的人，然而他的改革并未取得显著成功。"②

　　第二次世界大战严重地破坏了法国高等教育，在法国战后重建过程中，教育被以法国政治家和经济学家莫内（Monnet）为首的国家计划委员会视为一种促进经济增长的"投资"，而不只是简单的消费，法国教育经费投入占国家预算比例从 1950 年的 6.65% 提高到 1957 年的 10.3%。战后物理学教授朗之万和心理学家瓦隆主持的教育改革研究委员会提出，以"公平原则"为宗旨的教育民主化思潮虽然由于政治与经济原因未获得落实，但对法国高等教育大众化产生了深远影响，被称为"教育改革的经典"。学界也认识到科学技术发展以及新兴学科对国家发展的重要作用，开始加大科研投入，同时也认识到必须使各级各类教育都发生相应的转变才能真正落实。首要的就是建立高等教育机构同产业部门的合作，并使之制度化。这当中，大学校和工程类机构与经济界、企业界联系本来就很密切，关键是如何将综合大学的基础研究、教学与社会需求结合起来。因此，在 1968 年"五月风暴"前夕，全国各

---

① 克拉克·克尔：《高等教育不能回避历史——21 世纪的问题》，王承绪译，浙江教育出版社，2001，第 270 页。

② Ashby, E. *Any Person, Any Study*(New York: Mcgraw-Hill Book Company, 1971), p. 2.

界代表人士在法国亚眠召开了有关教育目的的研讨会，会议指出，教育是经济发展的推动力，必须承担经济和社会功能，为社会经济发展培养有能力、效率高、能适应多种职业的可持续发展的人。高等教育体系全面改革已势在必行。1968年，"五月风暴"大学潮的爆发反映了社会及大众对高等教育的诉求，政府被迫加快改革与发展高等教育，从1970年6月1日到1972年7月5日重建了57所大学和8个大学中心。在一定程度上满足了高等教育大众化与经济发展的诉求。

进入20世纪80年代，法国经济发展面临转折，整个西欧经济进入滞胀时期，连续的GDP下降、严峻的通货膨胀、不断上升的失业率迫使各个国家开始严格限制公共支出。法国作为高福利国家，经济压力沉重。社会党执政后，密特朗政府主张"高等教育作为一种公益服务应该为地区发展和国土整治规划的开展作出贡献"，[1] 继续实施政治与公共管理领域的权力下放（Décentralisation）政策，即"有针对性地面向地方（如市镇、省）进行权力下放，也可以针对服务部门进行权力下放（如高中、大学……）"，[2] "将所有可以分散的权力分散下去"，以"自由"、"民主"和"自治管理"为途径，提高所有民众与有关机构的"责任感"，共同完成"历史性的伟业"。国土整治（Amênagement du Territoire）规划就是拟通过全国人口合理分布与地区经济均衡发展，推动落后地区经济发展，高等教育成为一个重要推动力。

这一阶段，法国初等教育和中等教育历经几次改革，已经基本上满足了大众教育民主化的需求，而人口出生率的上升与就业压力以及人力资本理论的影响，人们强烈要求延长受教育年限、普及高等教育，劳动者素质提高也是法国在全球化市场中保持竞争力的关键。在这一时期，在欧洲经济危机背景下，法国青年人口失业现象严重。据1980年统计，青年失业者的人数占同年龄青年总数的14.5%，占法国全国200万失业大军的30.0%。[3] 青年失业问题涉及很多方面，也会引发一系列社会问题。1988年，密特朗在蝉联总统就职时声明："一切从青年开始，这是我们最可靠的资源。我将贡献出我们的主

---

① 雅基·西蒙、热拉尔·勒萨热：《法国国民教育的组织与管理》（第8版），安延译，教育科学出版社，2007，第192页。
② 雅基·西蒙、热拉尔·勒萨热：《法国国民教育的组织与管理》（第8版），安延译，教育科学出版社，2007，第159页。
③ 教育发展与政策研究中心编《发达国家教育改革的动向与趋势——美国、苏联、日本、法国、英国1981-1986年期间教育改革文件和报告选编》，人民出版社，1986，第243页。

要力量，使青年人通过学习、通过精神上和技艺上的培训获得均等的机会。这些培训也将使我们绝大多数的企业在现代的竞争中稳操胜券。"① 因此，法国政府鼓励并推动了高等教育规模的扩张，在20世纪60～70年代和80年代中叶分别进行了两次大规模扩展，② 大量适龄青年人口涌入高等学校。到1980年，法国大学生总数由1960年的31万猛增至120万。③ 考虑到法国将在1985～1990年18～24岁人口比例达到高峰，政府决定在20世纪90年代中期进行第三次扩张，到2000年时，将同年龄组中高中毕业生的比例从40%提高到80%。④ 以此提高普通劳动者的文化水平，发挥法国人口优势。到20世纪80年代末90年代初，中等教育民主化及相应的高等教育大众化使法国大学生人数出现了史无前例的大增长，如表4-2所示。⑤

表4-2　各种类型的高等教育机构的学生规模

单位：人，%

学生人数	1985～1986年	1990～1991年	1985～1991年增长率
类型1：综合大学（包括大学技术学院和大学教师教育学院）	966095	1174498	21.6
类型2：中学后教育、大学校预备班、高级技术员班、公立和私立	165100	266549	61.4
类型3：大学校	226702	257669	13.7
总计	1357897	1698716	25.1

这一阶段，法国大学生学业失败现象也引起广泛关注。1987年的统计显示，法国大学中只有33.0%的学生能够顺利地获得"大学普通教育文凭"并进入第二阶段学习。⑥ 对此，人们认为并非法国大学质量问题所致，"而是在

---

① 邢克超：《战后法国教育研究》，江西教育出版社，1993，第137页。
② Délégation à l'aménagement du territoire et à l'action régionale, *Développement universitaire et développement territorial: l'impact du plan Université 2000: 1990-1995* (Paris: La Documentation française, 1998), p. 15.
③ 王晓辉主编《比较教育政策》，江苏教育出版社，2009，第95页。
④ 瞿葆奎主编，张人杰选编《法国教育改革》，人民教育出版社，1994，第498页。
⑤ Délégation à l'aménagement du territoire et à l'action régionale, *Développement universitaire et développement territorial: l'impact du plan Université 2000: 1990-1995* (Paris: La Documentation française, 1998), p. 15.
⑥ 杨汉清、韩骅编著《比较高等教育概论》，人民教育出版社，1997，第316页。

（高等教育体系）僵化与适应之间做出**抉择**"① 的结果。在市场力量作用下，"在高等教育系统以外，有两种力量对制定高等教育的核心目标发挥了重要的作用（主要通过政府）：（1）入学人数的迅速增长；（2）对劳动力市场的适应"。② 高等教育学生迟早要进入就业市场，当前，"在高等教育内部，人们追求知识主要是作为手段而不是目的"。③ 如何促进学生顺利就业，高等教育需要向社会开放，适应社会产业结构调整需求，培养社会发展所需要的多层次、多样化的人才，加强高等教育的社会适应性和现代化水平，促进青年就业、提高教育质量，成为这一时期法国高等教育体系改革的主题。

密特朗政府非常重视科技发展，希望通过高等教育振兴经济，实现赶超世界一流强国的重要战略。时任教育部长的阿兰·萨瓦里（Alain Savary）以高等教育自治为核心，围绕高等教育现代化、民主化和职业化调整了整个高等教育体系，强调了公立高等教育的科学、文化和职业性质，强调了高等教育的职业培训使命，于 1983 年 12 月 20 日颁布了《高等教育法》，亦称《萨瓦里法案》，1984 年 1 月 26 日由密特朗总统签署执行。但该法对法国高等教育体系改变并不大。随着大量学生涌入高等教育，高等教育双轨制结构并未改变，综合大学实行开放式录取政策，而精英教育的大学校依然只面对少数上层社会子弟，综合大学毕业生淘汰率高、就业无保障等矛盾突出。1995 年，法国在对整个教育体系进行系统调研的基础上，提出了改进学生指导、调整高等教育结构，加强对高中生、大学生的指导（guidance）和辅导制（mentorship）的建议，加强中等教育和高等教育之间、综合大学与大学校之间的衔接，提高高等教育体系的效率，以此提高法国高等教育和法国科技与经济实力在国际上的竞争力，这成为之后法国高等教育体系改革的目标。

为了确保法国在欧洲乃至世界的政治、经济优势，提高与美国等经济大国抗衡实力，20 世纪末，法国将高等教育体系改革与技术创新视为重要抓手。1998 年 5 月 25 日，巴黎大学建校 800 周年时，法国联合英国、德国和意大利等四国教育部长发表联合声明，要求建立欧洲一体化的高等教育体系，实现国际开放、易读、可比的体系，以创建青年的、就业的、流动的欧洲。时任

---

① 瞿葆奎主编，张人杰选编《法国教育改革》，人民教育出版社，1994，第 394 页。

② 弗兰斯·F. 范富格特主编《国际高等教育政策比较研究》，王承绪等译，浙江教育出版社，2001，第 145 页。

③ 约翰·S. 布鲁贝克：《高等教育哲学》，王承绪等译，浙江教育出版社，2001，第 24 页。

法国总理若斯潘认为，当今国际竞争的关键是人才与智力，创建欧洲一体化的高等教育体系是推动欧洲居于世界领先地位、维持国际竞争力的重要方面。法国石油工业研究公司副总裁、全国科研成果鉴定所名誉主任纪尧姆在科学与技术创新会议上指出了法国技术创新方面存在的问题，法国虽然科学技术基础雄厚，位于世界前列，但由于高等教育与科研机构之间、大学与大学校之间的割裂，法国科学研究的应用转化方面落后于美国。欧洲及一些新兴工业国家发展态势很好，极大地威胁着法国的国际地位。世界政治与经济格局的变化，促使法国必须对高等教育体系与科研创新机制进行改革。法国教育部长阿莱格尔肯定了纪尧姆的观点，强调了创新在 21 世纪经济竞争中的关键作用，指出未来是知识的世界、创新的世界，也是教育和培训的世界。在欧洲高等教育一体化背景下，高等教育在促进社会变化、经济与人的可持续发展中发挥着战略性作用。改变法国高等教育双轨体系，促进大学与大学校之间的融通、推动大学的市场开放与国际化、提高大学生就业能力，成为政府改革高等教育的重要目标。曾任法国教育部长的贝鲁在谈到创建领导欧洲、与美国抗衡的高等教育模式时指出，"一个首创大学的国家不需要到别处去寻求大学模式"。为此，法国政府考虑到当前高等教育的首要人才培养目标不再是国家管理者，而是即将处于工业和经济生活中心的大学生，决定在法国原有高等教育体系的基础上，给予所有大学生获得成功、顺利就业的机会。

在此背景下，法国政府首先推动了学位制度改革。其实，法国早在 13 世纪中世纪大学时期就已有业士、学士、博士三种学位，到 19 世纪帝国大学改革时这些学位被确定为国家通过公立大学依次授予的正式的国家学位，业士被视为第一级大学学位，后来其又作为高中毕业会考证书和大学入学资格证书，仍保留国家文凭性质，但到 20 世纪 50 年代之前，法国高等教育阶段只保留学士和博士两级国家学位。20 世纪 50 年代之后，随着法国教育民主化进程的加快与初等教育、中等教育改革的推进，为适应社会与经济发展需求，法国高等教育层次结构经历了多次调整，实行分段式教学并授予相应的学位文凭，形成了相应的复杂、烦琐的学位文凭体系。从不同的高等教育类型看，法国短期高等教育、专门高等教育与长期高等教育三种类型各具不同的学位文凭。短期高等教育包括高级技术员班（STS）和大学技术学院（IUT），这两种是 20 世纪 50 年代为适应法国中等职业技术工程人才缺乏而分别在高中与综合大学内创建的机构，学制为 2 年，实行选拔式录取，学业合格后分别授予高级技术证书（BTS）和大学技术文凭（DUT），学生可直接就业也可继续深造。专门高等教育特设医务、保育、社工、助产士等专业教育机构，以法国高中毕业会考证书（bac）之后学制为基础，分别授予国家卫生或社会文凭、专门学校文凭和相关行业资格证书。所谓"长期高等教育"主要指综合大学与大学校，到20世纪80年代时形成了三个阶段的学位与文凭，学分与证书相结合，学生每完成一个阶段的学习，均可获得相应的学位或文凭。各个阶段既相互独立又相互联系，具体如下。

第一阶段为综合大学第一、第二学年的普通教育阶段，通常第一学年为公共基础课，第二学年需要学生确定专业方向。学生2年学业合格可获得大学普通学习文凭（DEUG）或大学科技学习文凭（DEUST），学生可继续学习深造；获得大学科技学习文凭（DEUST）的学生也可直接就业。因为法国综合大学实行免试入学、宽进严出政策，这一阶段学业失败率很高，这种文凭制度为学业失败、中途退学的学生提供了学习凭证。

第二阶段为综合大学第三、第四学年，主要开展专业基础教育。获得第一阶段大学普通学习文凭（DEUG）的学生经过第三、第四学年专业基础学习，学业合格者可依次获得学士（bac+3）文凭（licence）、硕士（bac+4）文凭（Maitrise）[①]和工程师文凭（bac+4），每种文凭都可直接就业或继续深造。完成第一阶段学业的学生经过竞争性选拔考试，进入大学校或工程师学校的学生继续学习三年，学业合格者可获得相当于硕士文凭的工程师（Ingenieur）文凭。

第三阶段属于硕士、博士研究生教育阶段。学制通常为2年，第一年是六个领域近300种专业的教学，学业合格者可获得学术型的深入学习毕业文凭（DEA）或者以就业为导向的职业型高等专业学习毕业文凭（DESS）。学生获得深入学习毕业文凭后可申请博士学位，再通过3~4年或更长时间进行学术研究，通过撰写论文、通过论文答辩可获得博士学位。获得高等专业学习毕业文凭的学生也可再做2~3年科研工作，获得"工程师博士学位"。对于已经获得博士学位的学生，如果在已有基础上再进行3~5年或更长时间研究工作并在特定领域取得独创性研究成果者，可获得"国家博士学位"。[②]

---

① 实际上为本科文凭。
② 黄建如：《发达国家高等教育体系变革比较研究》，广东高等教育出版社，2011，第125~126页。

　　法国大学校最初很长时间内只能授予工程师之类的证书，不授予学位。到 20 世纪 70 年代之后，大学校在授予工程师等各类证书的基础上，开始授予工程师博士学位。此外，医学类专业有独立的学位文凭体系。设在综合大学内的医学类专业，需要学生完成第一阶段医学或药学学业并通过严格的选拔性竞争考试之后，方可获得医药学科学习资格。在医药学科学习最短 5 年，可获得国家助产士文凭；学习 6 年，可取得国家牙医博士或药学博士学位；学习 9 年，可获得国家普通医师博士学位；学习 11 年，方可获得国家专门医师博士学位。而单独设置的医务学校，学制为 3~4 年，授予国家或校级文凭，毕业生可直接从事医护、理疗等职业。

　　从法国研究生学位类型看，法国的学士、硕士学位因为与欧美等其他国家不同，硕士学位分学术硕士、专业硕士。法国完成本科三年学业授予学士学位；完成四年学业授予硕士学位，其实这个才相当于我国的本科文凭。经济与社会、应用外语、科技、管理科学、信息管理、教育等学科还设有专业硕士学位。法国博士学位类型也很复杂，1820 年，法国设置了级别最高的国家博士学位（Doctorat d/Etat），授予在学术科研领域做出创造性贡献者，是申请大学教授与国家研究中心高级研究员的必备条件。之后政府又允许大学颁布本校的大学博士文凭（Doctorat d/Universite），学制不超过 2 年，学术吸引力相对国家博士而言较低。工程类学校颁发介于上述两种博士水平之间的工程师博士（Doctorat d/Ingenieur）。此外，法国还设有第三阶段博士（Doctorat de Troisieme Cycle），是国家博士学位的过渡。一直到 1984 年开始执行的法国《高等教育法》（也称《萨瓦里法案》）取消了第三阶段博士，将之设为博士学位。同时取消了国家博士，将之设为"指导研究资格"。该法以法令形式设立了一种统一博士学位（Doctoratunique），持有硕士学位者经过 1~2 年学习，获得深入学习文凭，就可注册博士学位。"二战"后法国高等教育阶段划分与文凭类型情况如图 4-3 所示。

　　到 20 世纪 90 年代，随着高等教育国际化、市场化趋势的日益加强，法国学位文凭体系的复杂繁琐的特色使得法国高等教育难以与国际高等教育文凭交流与互认，法国高等教育国际地位明显下降为第四名，位于美国、英国、德国之后。并且由于文凭与学科界限过度划分不利于学生综合能力的培养，再加上法国普通教育类学位职业性缺失，这致使学生就业困难。为了提高法国高等教育国际竞争力，提高法国高等教育国际可视度，促进学生就业，"保

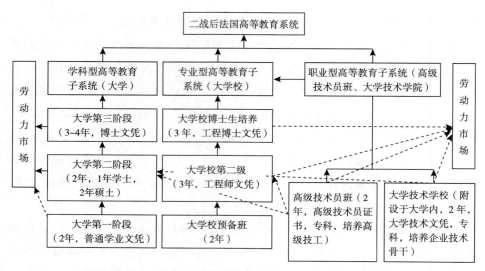

图 4-3 "二战"后法国高等教育阶段划分与文凭类型情况

资料来源：王耀中、陈厚丰《近代以来法国高等教育分化与重组的历史考察》，《黑龙江高教研究》2006 年第 7 期。

证所有大学生在离开高等教育时都有一个具备职业价值的文凭"，法国利用波隆尼亚进程建设欧洲高等教育一体化背景，在原有基础上，建立起与欧洲高等教育相和谐的"358"LMD 学位制度，从 1999 年开始实施。

所谓"358"LMD 学位制度，即在获得高中毕业会考证书的基础上，经过 3 年、5 年和 8 年学习，分别可取得学士、硕士（新）和博士学位。教育部颁发的第 482 号法令指出，这种学制是建立在四级学位之上的，分别是"中学会考合格证"（BAC）、"学士学位"（Licence＝BAC+3，表示在高中会考后 3 年取得的文凭）、"硕士学位"（Master＝ BAC+5，表示在高中会考后 5 年取得的文凭，分为研究型硕士和职业型硕士，其中研究型硕士可以继续攻读博士学位）和"博士学位"（Doctorat＝BAC+8，表示高中会考后 8 年取得的文凭），即"LMD"学制。① 这不同于法国以前的三阶段学位制度。三年一贯制的学士学位成为大学基础学位，取消了原来大学第二学年颁发的普通大学学习文凭（DEUG）和大学科技学习文凭（DEUST）；第二阶段取消了过去颁发的学习一年颁发的硕士（Maitrise）和学习两年颁发的高等深入研究文凭

---

① 高迎爽：《法国高等教育质量保障体系研究——基于政府层面的分析》，中国社会科学出版社，2014，第 138~139 页。

（DEA）或高等专业研究文凭（DESS），统一颁发硕士学位。并在学士、硕士阶段都增设了职业学士、专业硕士，增加了职业培训，持有这一类文凭的学生可直接就业，也可进一步升学，极大地促进了学生就业。另外，大学校预备班的学生如果在大学校竞争性入学考试中失利，也可继续在综合大学学习。大学校预备班的学生在获得学士文凭之后，也可不经考试直接注册硕士或博士课程继续深造。并且，法国一方面批准 10 余所知名大学校授予博士学位的资格，另一方面准许大学校与综合大学联合培养研究生，建立综合大学与大学校之间学分互认、相互融通的渠道，使得学生可相互流动，从而弥补了大学校科学研究弱、综合大学实践性与条件设施差的弊端，调整高等教育结构体系，实现大学与大学校双轨之间的衔接与融通。法国大学从 2002 年开始具体落实学制改革，到 2005 年 9 月，98% 的法国大学已经采用了 LMD 学位制度，[①] 早于欧洲预定的最后改革时间，即 2010 年。同时，"欧洲学分互换体系"也在法国逐渐付诸实践。[②]

2010 年，全法共有大学校 952 所，在校生 12 万～13 万人，占法国高校在校生总数的 5%；综合大学共有 87 所，在校生约为 150 万人，占法国高校在校生的 70% 以上；其余 25% 左右在校大学生的培养任务则由法国第三类高等教育机构，诸如烹饪、艺术、时装、旅游等短期技术学院来承担。[③] 综合大学、大学校与短期高等教育机构大致情况如下。

（一）综合大学（Universities）

法国综合大学多为公立普通高等教育机构，是高等教育主体，也是大众化的主要机构，接纳了将近 70% 的高中毕业生，主要从事理论教学与基础科学研究，培养学者与教师。在学科设置方面，综合大学涵盖了文学、语言、艺术、人文社会科学、法律、经济管理、行政管理、科学与技术、体育及健康医学等多个领域，专业、科系比较齐全。2006 年统计数据显示，法国公立综合大学共 81 所，私立大学仅 13 所。[④] 通常每个学区至少 1 所大学，中等规

① Anon, "la Réntrée 2005 dans L'Enseignement Supéreur," *Revue de Presee* 11 (2005): 1.
② Enseignement supérieur. Schéma des études supérieures en France, http://www.enseignementsuprecherche. gouv. fr/cid20186/schema-des-etudes-superieures-en-france. html, 2010-03-01.
③ 《教育部行业特色型大学发展考察报告》，第四届高水平行业特色型大学发展论坛年会论文集，合肥，2010，第 229～230 页。
④ 申皓、陈蓓：《试析法国的高等教育体制》，《法国研究》2007 年第 3 期。

模学区有 2~3 所，巴黎学区最多，有 13 所。近年来，同一学区的大学或高等教育机构以联合体的形式，协同办学，共同满足学区经济社会发展的需要。

（二）大学校（又称高等专业学院，Grandes Écoles）

这是独立于公立大学之外的精英高等教育机构，从 10% 的通过高中毕业会考并经过 2 年准备的学生中，通过严格的选拔性考试再筛选出 50%，即每年每个大学校录取不到 100 人，生源质量好。大学校通常具有某一学科领域的卓越地位，分文、理、工、商四类，规模小通常只有 1000 人左右，有"小而精"的特征，授予工程师文凭，毕业生也可继续攻读博士学位。按专业划分，法国大学校有高等师范学校（Ecoles Normales Supérieures，ENS）、工程师学校（Ecoles d'ingénieurs）、商业管理学校（Ecolesde Commerce et de Gestion）、兽医学校（Ecoles Vétérinaires）及其他高等专业学校（Autres Grandes écoles），这些大学校特色鲜明，培养目标明确。以巴黎理工学院为代表的工程类大学校主要为国家培养未来高级管理与工程技术人才，以巴黎商业学校为代表的商科类大学校主要为企业培养熟练掌握高水平管理技术、具有良好的人际交往能力与为人处世素质的最高级管理人才，以国立行政学院和巴黎高等师范学校为代表的行政类大学校主要为国家培养高级公务管理人员。

大学校学制 3 年，在之前 2 年预科阶段就注重夯实数理化等基础，锻炼抽象思维与逻辑思维能力，入学后前三个学期仍然以基础知识学习为主，培养学生应用能力与独立工作能力，其次才为专业课程与实习，即法国大学校工程人才培养中 2/3 的时间用于打基础，这有利于培养具有基础科学、工程科学、社会科学与人文科学综合知识和技能的通用人才。[①]

在人才培养过程中，大学校注重着眼于未来，从基础理论、应用技术、实践能力等多方面进行综合培养工程类通用人才（Généraliste），为学生提供有关经济、管理、法律、人文、社会、环境、工业生态等多方面的知识，培养学生扎实的科技知识、敏捷的推理思维和处理问题的能力，能够根据市场需求，全方位地熟练解决本专业问题。例如，法国巴黎综合理工学院开设了"入世教育"和"接触入世的实习"课程，以开阔学生的眼界，接触复杂的

① 熊璋、于黎明、徐平等：《法国工程师学历教育的研究与实践》，《高等工程教育研究》2013年第 1 期。

非技术性问题。① 在人才培养过程中，培养计划、专业设置、教学内容、师资等都与产业界进行全面无缝对接，学生能够直面、解决现实中学习、成长的问题。巴黎高等矿业学校曾自豪地称，该校创办的 200 年，就是与整个采掘工业最密切合作的 200 年。② 此外，大学校为突出高级应用型人才培养特色，设置了大量目的明确、次序合理的实习，教育环境与用工企业环境一致。3 年实习期间，第一学年有为期 2 个月的观察性实习，学生作为普通员工到企业、研究机构等有关部门进行全面了解；第二学年学生以技术员身份进行为期 2～4 个月或 1 年左右的实践性实习；第三学年学生以实习工程师的身份进行为期 6 个月左右的毕业实习。所有实习时间为 28 周，占全部课时的 15%～20%，最高达 30%，学生通常在实习过程中逐渐明确未来就业方向。正因为大学校这种高定位、高标准、多实践，所以学生在理论联系实际、一专多能方面社会认可度非常高。大学校培养了许多卓越的国家领导人、诺贝尔奖获得者和知名科学家、学者，享有很高的声誉，在法国 100 余家国有大型企业中，2/3 的领导人都是大学校的毕业生，法国各级政府中的许多高级行政官员也毕业于大学校。③ 因此，大学校有"大学中的大学"之称，是典型的精英型高等教育机构，在促进社会经济发展方面发挥着重要引领作用。

法国大学校以核物理、空间信息技术与生物科技为代表的第三次工业革命的到来，使得科学与技术、科技与产业、理论与实践出现一体化生产模式。"二战"之后法国政府不断加强高等教育全面统筹规划，调整高等教育体系与结构，强化工程人才培养。1972 年，法国里尔、蒙伯利尔和克莱蒙费朗三个城市的公立综合大学内首创开设工程师教育；1984 年实行的《高等教育法》明确规定，大学校与公立综合大学等高等教育机构均可培养工程师，获得法国工程师职衔委员会（CTI）认可的机构可颁发工程师文凭，高等教育与研究部对此予以认可。由此，法国形成了工程师多元培养体系。20 世纪 90 年代，法国综合大学内部的工程师教育得到飞速发展，颁发了法国 18% 的工程师文凭。

进入 21 世纪后，法国在欧洲教育一体化进程背景下，通过实施与欧洲统一的学位制度改革，推动法国工程教育学位面向欧洲与全世界，2007 年，法

---

① 武在争：《法国大学教育模式对我国工程师教育的启示》，《教育学》2009 年第 7 期。
② 李兴业：《法国高等工程教育培养模式及其启示》，《高等教育研究》1998 年第 2 期。
③ 王作权、张仲谋：《法国大学的办学特色及成因探析——以巴黎理工学校为例》，《煤炭高等教育》2010 年第 1 期。

国工程师职衔委员会作为欧洲高等教育质量保证协会（ENQA）发起机构，荣获欧洲工程师教育认证体系（EUR-ACE）标志，法国工程师学历教育的认证与文凭授予的方法实行欧洲统一标准，相互认可。同年，法国颁布的《综合大学自主与责任法》中明确鼓励综合大学与大学校组建大学区，实行资源共享、协同育人。2009 年，法国颁布的《法国工程师职衔委员会 CTI 认证指南》再次重申法国工程师人才培养应建立在跨学科基础上，强调多学科、多模式、多元化培养，注重学习方法、学习工具、工业企业背景等学习环境，培养具有管理国际项目能力和国际竞争力的创新型现代国际系统工程师，以解决复杂问题。可见，科学技术进步与国家利益驱动直接推动了法国工程类教育的需求与人才培养模式更加标准化、国际化和跨学科化。目前，法国拥有 200 多年历史的高等工程教育体系在经济全球化、欧洲一体化背景下，出现了新的发展趋势。综合大学与大学校之间壁垒逐渐打开，在师资交流、课程设置、资源共享方面取得较大进展。大学校竞争性考试失败的学生可进入综合大学第二阶段学习；综合大学中获得学士或硕士学位的优秀学生符合条件者也可进入大学校二年级学习；大学技术学院等理科类大学优秀毕业生通过严格选拔考试，可进入大学校学习；大学校毕业生也可进入综合大学从事博士研究。综合大学内部设立的大学工程师学院也采取与大学校相同的录取与授予文凭方式。因此，在高等教育双轨制相互融通的过程中，综合大学在实施大众教育的同时，也有了精英教育，大学校系列也出现了相对民主化的趋势，录取渠道多元化。下图反映了法国高等教育体系中工程教育情况（见图4-4）。

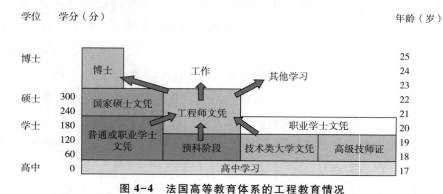

图 4-4　法国高等教育体系的工程教育情况

资料来源：王乐梅、牛薇《从法国的工程师教育体系看中国工程师教育》，《首都师范大学学报》（社会科学版）2014 年第 5 期。

目前，法国高等工程教育培养的国际化、多元化更加突出，更加重视协调科学研究与人文教育，培养科研能力、实践能力强并且富有人文素养、有社会责任感的可持续发展的社会精英。

（三）短期高等教育机构

第二次世界大战之后，法国在战后重建过程中进入经济发展黄金30年，经济迅猛发展，引发产业结构的变化，劳动力与职业结构也急剧变化。经济发展亟须大量具备独立操作能力的熟练技术工人，作为高级工程人才的助手。而面对社会经济发展需求，当时法国整个教育体系也无能为力——普通中等教育重视基础性无法提供足够的职业训练；中等职业学校因难以保证必要的理论基础只能培养初级职业技术人才；大学校作为高等教育的顶级机构，培养高级工程师，但规模很小，在规模与层次上都不能完全回应；综合大学当时面对大众化趋势，仍主要培养教师与科研人员，强调学术研究与理论教学，忽视学生应用技术与智能能力的培养，导致毕业生不能适应当时劳动力市场需求。再加上综合大学实行开放式宽进严出面试招生政策，在大众化背景下，学生人数快速增加而法国投入的高教经费却不断缩减，造成经费紧张，办学效益低，大学第一阶段不同专业学生学业失败率、淘汰率高达60%，大学办学压力很大。再加上法国实行中央集权型管理体制，所有大学实行一致性管理与发展目标，平等分配办学经费与资源，牵一发而动全身，很难对大学进行改革。为了避免大学改革所带来的政治风险，同时保持产业竞争力，提高普通民众的文化素质与技术水平，加快民主化、职业化，促进经济发展和青年就业成为法国高等教育体系改革的重要推动力，法国除了在综合大学各个阶段设置具有明显职业性的文凭之外，还在综合大学内部设立了大学技术学院，在职业高中内部设置了高级技术员班，以满足社会对中级工程技术人员的需求。因为这两种机构学制为2年，所以又被称为短期高等教育。在原有教育体系之外增建新的机构，这也是法国政府的传统做法，大学校的创建就是见证。

高级技术员班是法国最早的短期高等教育机构，创建于1956年，通常设置在条件较好的技术中学和少数职业高中，学制为2年，主要培养各行各业需要的高级技术员，毕业生授予"高级技术员"资格证书（BTS），学生毕业后可直接就业，也可继续学习。高级技术员班根据就业市场需求提供多样化的专业设置，涉及农业、工业和服务业诸多领域 93 种专业。课程内容分专业理论课、工艺和科技课、实践课，每周 30~37 课时，技术课程以及工程课程专业性强，实践比重大，毕业生社会适应性强，在就业市场非常受欢迎。因此，高级技术员班获得较大发展，学生规模呈倍增式扩大，1966 年 2.5 万人，1976 年增加到 5.6 万人，1986 年增至 11.8 万人，1992 年则达到 20 余万人。

大学技术学院（IUT）创建于 1966 年，是设于综合大学内的一种专门培养高级技术员的特殊机构，隶属教育部、国家咨询委员会、国家教学委员会，由教育部直接拨款，学制为 2 年，在综合大学中自成体系，在招生、培养目标、课程设置与教学内容以及学习结构方面与综合大学截然不同，弥补了高级工程师、中级技术员以及科研人员之间的空白。大学技术学院主要培养高级技术员，高中毕业生会考及格者通过选拔性考试，方可进入大学技术学院学习。大学技术学院授课情况为每学年 32 周，每周 32 课时，两年共计约2000 学时，平时教学以技术理论为主，理论课教学占总学时的 20%；专门技术指导课占 35%，让学生掌握一定专业技术；强调实际应用和实习，因此实践课占 45%，实习时间不低于 6 周。学生学业成绩合格，通过实习，2 年后可授予大学技术文凭（DUT）。获得大学技术文凭的学生可直接就业，也可在大学技术学院再学习 1 年获得职业学士文凭（LP），或者通过选拔性考试，优秀者进入工程类大学校学习，也可转入普通大学系列继续学习一年获得学士学位，再分别经过 2 年、3 年依次获得硕士学位和博士学位。大学技术学院因其就业与升学前景好而广受欢迎，发展很快。大学技术学院从 1966 年新创的 13所在校生 1700 人，20 年间已发展到 67 所在校生 62000 人，涉及 36 个专业，其中工业占 2/3，其他属于第三产业。

短期高等教育机构以就业为导向，以培养中等工程技术人才为目标，属于高等职业教育层次，针对性强，教学质量高，学生就业竞争力很强，社会认可度高，招生生源质量仅次于大学校，广受好评。短期高等教育的出现完善了法国职业教育体系，使得法国形成了初级、中级和高级三个层次的职业教育结构体系，缓解了中级技术人才短缺问题，符合社会经济和工业发展需求，也是教育体系适应经济需求和劳动力市场变化的一种成功尝试。大学技术学院和高级技术员班的出现迎合了高等教育大众化人数持续快速增加的趋势，促进了入学人口的分流，在促进高等教育多样化的同时减轻了综合大学的负担，为高等教育体系增加了一个层次、一种机构类型，使得整个教育体系结构和层次更加合理，提高了整个教育体系的效益。另外，这类机构的设立，改变了以往大学重学轻术、内容陈旧的弊端，密切与社会对接，促进了教育体系与社会企业之间的开放与交流。

当然，从规模上看，这两类短期高等教育机构规模偏小、经费不足，虽然广受毕业生和用人单位欢迎，却未得到充分、合理的发展。大学技术学院吸引了很多优秀的普通高中毕业生，导致综合大学的生源质量下降，然而大学技术学院由于同时具有就业和升学的机会，毕业生升学的比例很高，这样就造成了目标错位与资源的浪费。另外，由于短期高等教育直接面向就业市场，需要高度灵活性，而其高等教育的特质又使其受到高等教育规律的影响，再加上法国高等教育管理体制的影响，如何调节学术与市场、职业教育与高等教育的关系，成为短期高等教育必须面对的问题。

1991年，法国出现了一种学制3年的新的高等职业教育机构大学职业学院（IUP），招收已经完成1学年高等教育的学生，主要进行职业性内容的学习，毕业生学业合格可获得"工程师-技师"资格，这是一种介于高级技术员与工程师之间的文凭，是一种在学历层次上相当于当时的旧制硕士的硕士-工程师资质（TIM），是一种相当于新学制硕士的高等技术研究文凭（DRT）。该类机构的专业覆盖工程技术、信息与传播、行政管理、商业、经济管理等领域，教学内容由大学与企业界共同确定，大学与企业合作培养，为学生提供理论与实践教学。通常学生必须在企业进行6个月的实习。然而，由于该类机构在功能上与大学技术学院以及新学制改革后的专业学位有重叠之处，最后在20世纪初被取消了。

综上，"二战"之后，随着经济与社会发展，法国高等教育体系呈现民主化、大众化与精英化并举、普通教育与职业教育并重的局面，通过合并学科专业，发展科学技术学科，加强职业性课程与教学等，提高育人水平，从制度上确保各级各类机构分工明确又相互融通，为学生分流与可持续发展提供了条件，成为人力资源开发的重要途径，为确保法国在欧洲的政治、经济优势奠定了人力与智力基础。

（四）师范教育

法国从拿破仑时代就非常重视师范教育，将师范教育视为整个教育改革的源头。在20世纪之后，法国为不同层次教育机构的教师提供了不同的教育与培训，主要有以下几类。

一是针对小学教师的教育机构，对即将入职的学前教育和小学教师进行岗前或在职培训，这是法国师范教育体系中最基层的机构，通常每个省区设置2所，分别培训男、女教师，申请者须通过竞争性考试方可获得录取资格，培训内容是一些专题知识，培训对象通过培训并经最后考核符合要求者，才可在接受培训的工作岗位所在省份从事教学。

二是针对中等教育阶段的区域教师培训中心，提高职前培训和在职培训。尽管中等教育分面向所有人的初中与担负培养精英任务的高中两个层级的教育，但其教师在同一类机构接受培训，只是培训中心会按不同层次进行培训。受训者持有学士学位并通过竞争性考试，利用一年时间在学区内不同学校接受培训，学习学科教学法，最后考核合格取得任职资格后，可以在法国任何地方任教。

三是职业教师培训学校，全法国共7所，每所学校培训工业、第三产业、建筑业或法语、数学、科学等普通教育不同领域的师范学校的教师，对应某一个特定的职业学校，受训者可在该职业学校或其他职业学校进行课堂观摩、实习或者培训。该类学员招收属于国家行为，培训合格者方可任职。20世纪70~80年代职业中学毕业会考改革之后，教师必须通过培训方可满足教学资格。

法国教师资格获取的要求非常严格，上述接受培训者都经历了竞争性考试、学校实习等筛选过程。通常，不同层级教育机构的教师接受不同水平的竞争性考试，小学教师需通过师范学校入学考试、中学教师须通过中学师资合格证书考试（CAPES）方可进入区域教师培训中心受训，职业学校教师取得技术教育师资合格证书（CAPET）方可接受职业学校教师培训机构的培训，中学和大学教师通过具有国家认证的接近博士水平学科知识的最高水平的大学、中学教师资格会考（Agrégation）方可在各种类型的大学、中学任教。这些不同层级的竞争性考试均分笔试、口试两个阶段，两个阶段的考核都达到一定要求并总分排名较高者，方可被录取。并且，所有接受培训的教师都必须进行教学实习。这些程序从制度层面决定了法国师范教育的质量。

20世纪80年代，法国社会党执政后高度重视"教育优先"发展战略，师范教育成为各级教育改革、创新不可忽视的重要组成部分。1989年，法国政府颁布了《教育方向指导法》（Loi D'orientation），根据社会经济发展需求，对法国教育体系进行了系统调整，其中第十七条规定，解散法国原有师范学校、教育培训中心等中小学教育机构，全面改革教师教育体系，将多元化的教师培训统一整合成大学教师教育学院（Les Instituts Universitaires de Formation des Maîtres，IUFM），从 1991 年开始实施，这标志着法国师范教育体系从双轨制到一元化的历史性发展与重建，为所有层级、类型的教育机构的任课教师培训提供了一个通用的框架。最初，大学教师教育学院致力于教师职前培训，到 20 世纪 90 年代末期，其开始同时为所有教师提供在职培训。该机构的确立，是法国师范教育体系变革的里程碑式的革命，中小学师资学历水平的提高，使得法国师范教育再次成为世界典范。根据 2007 年法国发布的《大学自主与责任法案》，从 2008~2009 学年开始，培养中小学师资的教师培训学院并入大学，这意味着中小学师资的学历水平将进一步提高。

四　继续教育

从第二次世界大战开始，法国在重建经济的"辉煌 30 年"间，社会经济发展需要大量掌握一定知识与技能的人才；企业希望提高工人素质以提高效率与竞争力；普通民众希望进一步补充完善原有的知识结构，提高自己的工作能力与业务水平；政府希望通过提高全民科学文化知识，更好地发挥人口资源优势。因此，继续教育应运而生。最初，法国继续教育对象主要是外来移民，目的是缓解劳动力不足、提升劳动力素质。从 20 世纪 60 年代中期开始，随着法国经济与科学技术的发展，政府开始颁布相关法律，许多在职工作人员开始自发接受继续教育来更新完善自己的知识结构。到 20 世纪 70 年代中期，继续教育得到了较大发展，引起了全民关注，法国开始出现有具体教育内容、多学科渗透的技术培训中心，出现了继续教育的雏形。从 1976 年之后，政府在加强对继续教育规划与宏观调控的基础上，根据经济发展需求，不断完善继续教育内容、教学方法及考核方式。

在此过程中，法国作为世界上首个为继续教育立法、提出终身教育的国家，具有完善的法律保障。比如标志着现代职业培训制度确立的《阿斯蒂埃法》早就规定未满 18 岁青年工人接受免费义务职业教育及雇主的责任，并创建职业能力证书制度，促进了继续教育的科学、规范性。之后《职业继续教育法》及新《职业继续教育法》的出台，明确了国家、企业以及个人对继续教育的责任与义务，从中央到地方成立了专门的继续教育管理机构，[①] 规定企业必须将工资总额的 1.5% 用于员工继续教育或培训，[②] 明确带薪培训制度。最初，法国是通过中小学开展成人继续教育。1984 年实施的《高等教育法》第一条明确规定了大学的继续教育使命。巴黎 13 所大学联合建立了"终身教育巴黎中心"，许多大学与地方合作建立继续教育机构。继续教育实行需求导向，很多培训机构根据企业要求拟订培训合同、方式和方法，与企业协商共同确定、实施继续教育计划。[③]

法国继续教育最初由国民教育部统一管理，1983 年，鉴于成人继续教育的特点，改由国民教育部、青年体育部、职业培训与就业部相互协调、共同负责。继续教育机构丰富多样，主要包括：巴黎国立高等工艺学院，即国立工艺博物馆，这是法国最大的业余高等技术教育和社会培训中心，主要对在职科技人员进行培训；全国成人教育协会，一方面对 18~21 岁未就业人员提供就业培训，另一方面对在职熟练工、中高级技术人员提供在职培训；各地工商业协会培训中心；普通高校和部分中学开设的成人培训班、夜校等；企业培训中心；全国远程函授中心等。[④] 这些培训机构通过合同、公开招标等形式赢得培训任务，所以都非常重视培训教育质量与培训效果，因为这直接关系到自身经济效益乃至存亡。因此，法国所有继续教育机构都非常注重经营策略，根据培训对象，在师资、教学内容与方法方面进行"因材施教"的个性化培训，极其重视计划性、反馈性与竞争性，任课教师与教材建设突出适应性、针对性与实用性特征，培训时间安排、教学方式方法灵活多样，充分体现以学生（培训对象）的需求为主。目前，法国根据培训对象而设置的最为成熟的培训班主要有以下几点：一是"专业转向培训班"，主要面对已经失业或即将面临失业威胁的人员，提供专业资格培训，使其顺利就业或减少专业资格问题导致的不适应经济结构或技术变迁的挑战所造成的失业。二是"适应性培训班"，为已经就业的在职人员尤其是青年提供首次就业或重新再就业的相关培训。三是"专业晋升培训班"，根据委托结构要求，对已有一定

① 赖立等：《中国继续教育发展报告 2012》，教育科学出版社，2012，第 185 页。
② 陆建平：《终身教育理念背景下的澳大利亚职业与技术教育改革》，《高等教育研究》2007 年第 3 期。
③ 张国安主编《继续教育——多变环境中的给力者》，华中科技大学出版社，2011，第 28 页。
④ 陈跃：《法国的继续教育及其借鉴意义》，《云南民族大学学报》（哲学社会科学版）2004 年第 3 期。

工作经历的技术人员进行更高层次的技术资格培训。四是"充实或完善知识培训班",主要是针对个人兴趣爱好而开设的充实完善其职业技能与知识基础的培训。五是"岗前培训班",主要针对 16~18 岁未就业青年提供必要的岗前专业培训。这些培训班都是法国政府大力支持的。①

当前,法国教育体系如图 4-5 所示。

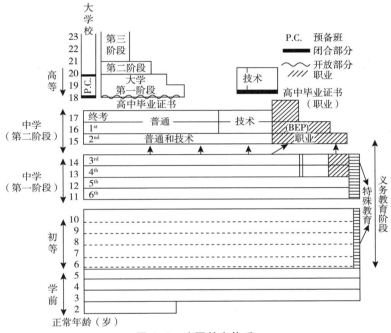

图 4-5　法国教育体系

资料来源：T. N. 波斯尔斯韦特主编《教育大百科全书：各国（地区）教育制度（下）》,李家永、马慧、姚朋等译审,西南师范大学出版社,2011,第 292 页。

第四节　法国教育体系变迁与国家竞争力分析

从法国教育体系变迁历史看,表面上每次变迁都是在政府部门推动下进行的,政府主导着教育体系变迁,通过计划、命令、法令、拨款、质量监控、

---

① 陈跃：《法国的继续教育及其借鉴意义》,《云南民族大学学报》（哲学社会科学版）2004 年第 3 期。

资源配置等手段直接调节。实际上，教育体系变迁的根本推动力来自经济与就业部门。法国教育体系变迁具有明显的法国特色，既与法国高度中央集权的管理体制有关，也体现了追求自由、平等、博爱的法兰西精神。综合不同历史阶段，以政治、经济和科技为基础的国家竞争力始终是法国教育体系变迁的重要目标与驱动力。

法国政府一向重视教育，将国民教育置于国家战略优先发展地位，并从国家发展战略出发，多次调整、推动教育体系的变迁。从大学校的建立与工程建国、富国、强国；从基础教育改革与教育世俗化、民主化；从"358"学位制度改革提高法国高等教育国际可视度与影响力，每一次调整都是出于国家政治、经济发展与竞争力的考虑。如同 2001 年曾担任法国教育部长的雅克·朗格所说："所有人都认识到，学校在国家政策中占有重要地位。教育是我们这个时代的核心问题，它既关涉我们每个人心中最关心的问题——我们自己孩子的前途，也关涉到我们整个社会的未来……"自 20 世纪 50 年代以来，法国教育经费在国家财政预算中的比例不断提高：1950 年为 15 亿法郎，占国家拨款预算的 6.7%；1962 年，国民教育拨款预算为 91 亿法郎，占国家拨款预算的 13.0%；1970 年，国民教育拨款预算为 261 亿法郎，占国家拨款预算的 16.9%；1994 年，国民教育拨款预算为 2916 亿法郎，占国家拨款预算的 20.0%，居各项支出之首；到 2000 年，法国财政预算中学校教育拨款高达 3084.22 亿法郎，2001 年又增加到 3171.27 亿法郎，增加了 2.8%。[①] 其增长速度明显高于一般财政预算增长速度，可见法国对教育的重视。其中，基础教育的费用占法国整个教育经费的 77.0%。[②]

法国一直强调公平、效率与质量并重，尤其重视中等教育。在初等教育与中等教育体系，法国一直致力于创建统一的小学、中学，与此同时，也在不断探索促进学生分流却又不限制其人生可持续发展的教育体系，因此建立起与普通教育并重的职业技术教育体系。在高等教育体系中，法国一轨是面向所有大众、维系平等、博爱的综合大学，灵活处理底层大众接受高等教育的多样化需求。与此同时，根据法国社会、经济发展需求，调整学科结构，加强大学教学的综合化与职业化，在大学内部建立大学技术学院等机构，选

---

① 陈元：《法国基础教育》，广东教育出版社，2004，第 21 页。
② 陈元：《法国基础教育》，广东教育出版社，2004，第 23 页。

择性录取，在确保该机构与其他类型教育有机融通、上下左右衔接的基础上，满足了国家和普通民众对高等教育的需求。以大学校为代表的另一轨高等教育作为精英教育，为国家培养了各行各业的高级应用型精英专家。正是在这种教育理念指引下形成的教育体系，为法国经济发展提供了一个高素质的人力资源基础，尤其是广大普通民众所受到的高质量的初等与中等教育，成为法国日后工业、文化等发展的重要基石。

教育体系从双轨封闭到相互融通既体现了经济发展对人才规格需求变化的影响，也符合个人发展的需要。法国初等教育体系最初是双轨制，随着政治民主化、教育民主化进程的推进，法国逐渐实现了统一小学、统一初中。而高等教育自 18 世纪中期到 19 世纪初期形成大学与大学校（Les Grande Écoles）并存的二元体系，一直到 20 世纪 80 年代都处于两轨封闭并行状态，大学作为大众化的主要机构，也是国家科研的主力军，而大学校在生源、招生、就业等方面都占据优势，是精英教育。两轨之间的对立造成了一定资源的浪费。20 世纪 80 年代之后，鉴于高等教育在国家竞争力与经济科技发展中的地位越来越重要，尤其是法国高等教育在国际竞争力排名的下降使得法国意识到这种二元制高等教育体系所造成的低效与资源浪费，因此开始在构建欧洲高等教育区的背景下，建立"省区大学集团"与"高等教育与研究集群"，重建高等教育网络，调整高等教育结构，建立大学与大学校之间教学与科研资源共享、师资流动、文凭等值等机制，促进两者之间的融通。同时，加强综合大学尤其是第一阶段教育职业性改革。通过学位制度改革，在大学校竞争中失败的学生可进入大学第二阶段学习，综合大学第三年学生也可报考大学校。大学校毕业生也可进入综合大学第三阶段进行博士研究。大学校教学中也逐渐加强研究性，重视培养学生科研能力，国家允许一些符合条件的大学校与综合大学合作，培养研究生。

职业性是法国教育体系推动经济发展的重要体现。在法国教育体系变迁过程中，非常重视各级职业教育和普通教育中职业性、专业性的发展。法国尤其重视中等职业技术教育，政府通过教育立法将职业技术教育列为发展重点，并通过政策、法律给予保障，通过征收企业学徒税（0.6%），鼓励、要求企业履行职业技术培训与教育义务。强调职业高中、技术高中和学徒培训中心等在教育过程中的校企合作。从种类与专业看，法国设初中四年级、三年级，高中，学徒培训中心，短期技术大学等，机构多样，专业与课程设置丰富，学生选择机会多，并且可获得根据工种需求设置的资格证书，易于就业。并且，法国各级职业技术教育都非常强调普通教育与基础文化知识教育，学生尽管很早分流接触职业技术方面的教育，但其发展路径并非只做某一工序的技术工人。学生在教育过程中，动手实践机会非常多，任课教师多由专门机构培养，还有一些外聘的知名民间手工艺人等担任兼职教师，这些都充分地保证了职业技术教育的质量。此外，法国职业技术教育的文凭都是法国教育部根据社会和行业发展需求制定的与行业标准相匹配的文凭，这通常被认为是法国"职业教育成功的根本"。正因为法国教育体系突出的职业性特征，才造就了法国坚实的工业与科技基础。

适应性是法国教育体系变迁的一个显著特征。无论是综合大学的停办与重新启动、大学校的创办还是各级职业技术教育机构的设置与发展、系统连贯的职业资格证书与文凭体系，都是在充分尊重国家、社会与个人需求的基础上进行的，体现出强烈的需求导向，使得法国教育与市场需求之间的适应性很高，这与法国平等、自由、博爱的精神相一致，也与法国培养"高尚的人、生产者与公民"的目标相一致。例如，在法国各级职业技术教育培训中，一直强调适应性模式，[①] 法国政府站在国家长远发展规划的背景下，构建国家整体职业资格框架，根据劳动力市场的"专业化"需求，重点培养学生的"关键能力"与可迁移能力，这也是最基本的职业标准。

系统性与完整性。在法国教育体系变迁过程中，无论是各级各类教育的设置与衔接，还是法律、政策保障与文凭设置，都凸显了系统性与完整性的特征。这与法国自拿破仑执政以来推行的建立在民主协商基础上的国家集权型教育管理体制密切相关。这种制度设计具有的明显优势是，政府干预教育力度较大，能够从全国长远发展规划的视角干预并规划教育，通过政策引领、立法保障、经费支持与标准规范，确保教育体系变迁的系统性与完整性。在20世纪50年代之前，法国教育体系的变迁更多地表现在不同类型和层次的教育机构的增设与撤销上，突出表现在大学校、职业技术教育机构的设置与完善，逐渐建立起符合民众多样化需求的教育，而20世纪50年代之后至80年代，法国更多通过调整教育结构来完善、适应社会需求。20世纪80年代至

---

① Bouder, A., Kirsch, J., "The French Vocational Education and Training System: Like an Unrecognized Prototype?," *European Journal of Education* 42(2007): 503-521.

今，法国通过国际化、现代化、职业化等举措，在继续调整教育结构和学位体系的同时，加强各级、各类教育之间的衔接与融通，使得普通教育与职业技术教育之间、普通教育与工程教育之间、综合大学与大学校之间相互融通，文凭可相互转换，学生在结束不同层级的教育时都可获得相应的文凭证书，并且在任何一个阶段，都有就业和继续升学的机会。这种系统性、连贯性与完整性不是概念上的一致性，而是表现为工具上的一致性，即通过建立国家层面的评价标准框架，实现教育结构与教育途径的多样化与相互渗透。并通过教育培训和文凭证书等级分类的形式，确保各级教育之间的连贯性。这套体系虽然相对复杂，但从整体上而言，这种多样化、复杂性、系统性与完整性符合法国教育面向所有人，让所有人找到适合自己的教育、让所有人成功的目的，是符合人性的、能够充分开发挖掘法国绝大多数人的潜力的教育体系。

透明性与可比性。法国教育体系的变迁变得越来越具有透明性与可比性。透明性主要表现在各级各类教育与劳动力市场之间、各级教育过程的透明性。这与法国文凭资格证书制度的完善、校企合作制度的设置密切相关。法国社会素有"文凭崇拜"的传统，法国在文凭等级、专业性与行业分类之间的联系方面，都有明确规定，这增加了教育体系对社会及所有用户的透明性。这种透明性奠定了各级各类教育之间可比性的基础。尤其是在1998年波隆尼亚进程中构建欧洲高等教育一体化的背景下，法国实行了"358"学位制度改革，法国高等教育体系的透明性、可视性与可比性更加明显。

最后，法国教育体系的变迁更多受到本国政治文化与价值观的影响，也受到市场经济的冲击。从2003年开始的上海交通大学世界大学学术排名以科研为主要衡量标准，使法国高等教育规模小、分散的弊端暴露无遗，法国的排名靠后，引发了各界对高等教育平等一致性的怀疑。尽管近年来，法国政府一再推行美国盛行的"盎格鲁-撒克逊模式"，引入市场竞争机制，但遭到很多大学教授的反对。他们认为，法国教育体系尤其是高等教育体系的一致性是学院化、民主化的产物，维护了人人平等发展以及教师之间的平等，是符合法国国情与历史的。而现在为了适应世界竞争所引入的竞争机制，打破了法国原有高等教育体系适合静下来做科研的优势，违背了法国历史与国情。这种论争也不无道理，但在世界性历史大潮冲击下，到底能否禁得住抵抗，孰是孰非，需要历史来酌定。

不管怎样，法国教育体系将普通教育与职业技术教育、起始教育与继续教育培训有机衔接在一起，体现了"需求导向"，在政府干预主导下，积极引入市场机制，适应社会需求，为国家经济和社会发展输送了大量的不同层次的人才，这个趋势与制度将继续深入下去。

整体来说，法国重视中等教育，并且从中等教育阶段就出现普通教育与职业教育的分流，随着经济的发展一直延伸至高等教育的研究生阶段，两轨之间互相融通，这种体系在促进人才分流、实现教育平等的同时，提高了国家整体人口素质水平。双轨制高等教育体系中，综合大学这一轨满足了广大民众接受高等教育的需求，并且从中筛选出一些精英继续从事研究或进入精英大学校，而精英大学校则培养了最为尖端的工程、商业等专业型人才，带动着国家经济的运转。对比其他国家，法国重视工业生产的过程与设计，重视产品质量，重视文化软实力，并且因此形成国家国际竞争软实力，这些都与其教育体系密切相关。由于法国精英大学校培养的学生科研能力后劲不足，而综合大学培养的毕业生实用性、职业性相对弱，再加上政府主导的高等教育在应对市场方面的灵敏性不足，法国科研转换相对较慢、高等教育绩效较差，法国认为是教育体系方面的不足使之沦为世界二流国家，因此近年来开始效仿美国，改革本国教育体系，加大教育体系国际化、市场化，试图通过教育体系改革，重振法国国际一流强国地位。法国作为政府主导的教育体系改革的典范，其通过教育体系改革提升国家竞争力的做法值得我国关注、借鉴。

第五章 德国教育体系与国家竞争力

在 19 世纪下半叶的 50 年间，德国在基础科学与技术科学领域取得 202 项重大成果，远超英法两国总和。20 世纪初期的 20 年间，德国多达 20 名学者荣获诺贝尔奖，许多新研究、新技术转化到工业中，促使德国建立起完备的现代化工业体系。1890～1900 年，工业生产平均增长率高达 61%，德国成为世界高等教育中心、世界科学技术中心。德国作为世界发达国家，在国际社会享有较高声誉，具有很强的国际竞争力。从资本主义国家现代化发展过程看，早期德国政治上不统一、保守落后，直到 19 世纪之后完成国家统一和工业革命，在此过程中教育改革也取得了较大突破，从政府到普通民众都非常重视教育改革，在推动教育现代化改革进程中促进了政治、经济现代化，为德国政治与经济迅速崛起、赶超英国和法国奠定了基础，很快成为欧洲首位强国。德国现代化的实现与其思想意识、经济体制以及政府行为方式等创新密不可分，即一个全面的综合制度创新的过程，也是通过教育改革拉动人才结构水平整体上升的过程。其中，教育普及化在推动知识科学化的同时，促进了人的思想观念、文化水平、价值取向从传统向现代的转变，即人的现代化，这是整个现代化的根本与基础。可见，国家百年大计，教育先行，尤其是学校教育的组织化、制度化和科学化改革，为经济发展、国家竞争力提高奠定了坚实的基础。这是德国现代化成功的关键。

德国具有本国独特的教育体系，从人才培养方式看有两种路径：一是从小学初等教育、文理中学直接升入大学的升学教育，主要培养科研人才；二是从小学基础教育到普通中学或实科中学，再升入职业学校的直通就业路径，培养过程中注重学校和企业密切合作、理论与实践相结合，即所谓的"双轨制"，主要培养应用性实践型人才。从教育层次看，德国教育体系分为基础教育、中等教育和高等教育三个阶段，基础教育阶段包括幼儿园和小学。中等教育阶段分初中和高中，有四种类型——文理中学、实科中学、职业预校和综合中学，这个阶段是包括继续升学还是直接就业的职业教育的定向选择阶段。第三阶段为高等教育阶段。德国教育体系的形成与发展过程与教育、经济的现代化过程密不可分。

第一节　封建经济发展与古代教育体系

早在公元 7 世纪时德国就出现了最初的教育组织，如专门培养未来修道士的僧院学校，后来其生源扩大到不做修道士的儿童；各教区主教为培养教民而发展的教区学校和教团学校。这些学校通常分为初级、中级和高级三个学习阶段。第一阶段主要为学习者提供最基础的读写训练；第二阶段提供一般性的基础知识，如七艺；第三阶段则提供有关神学附属的世俗学科的教育。由于教会与统治阶级的重视，僧侣教育的水平不断提高。到 12 世纪末期，学校教育开始得到相对广泛的普及。伴随着大量教徒与民众对知识求知欲望的增加，13 世纪时中世纪大学应运而生，这标志着一个新时期的开始，新科学开始诞生并改变着世界。14 世纪中叶之后，德国开始建立大学，如最古老的布拉格大学（1349 年）、维也纳大学（1365 年）、汉堡大学（1385 年）、科伦大学（1388 年）、埃尔福特大学（1392 年）、莱比锡大学（1409 年）、罗斯托克大学（1419 年）等。1456~1506 年，德国境内又出现了第二批 9 所大学，这时德国主要仿效法国巴黎大学。巴黎是当时世界公认的哲学和神学研究中心。[①] 这是德国高等教育体系的第一批高等教育机构。

当时德国大学实行学院制，由神学、法学、医学等三个专业学院和一个实施普通教育的文学院组成，文学院属于基础性学院，各学院颁发硕士学位，后来一些高级学院开始颁发博士学位，代表着学业成就。中世纪时期，德国教育体系是学生首先进入僧院学校、教团学校或城市学校等，学习一些文化基础知识和拉丁文，到 15 岁左右，通过一次烦琐而艰苦的入学考试之后，方可注册进入大学学习。经过几年在一位文学硕士的专任导师指导下的学习，通过考试，可获得文学学士学位。之后，再进行 2 年较为高深科目如心理学、形而上学、伦理学和政治学、数学、宇宙哲学的学习，并以助教身份参加教

---

① 弗·鲍尔生：《德国教育史》，滕大春、滕大生译，人民教育出版社，1987，第 14 页。

学和辩论会，再通过第二次考试，可获得文学硕士学位。此后，学生可负责讲课、主持辩论会，有的要求至少在大学从事 2 年教学工作，然后再升入高级学院继续攻读神学或法学，几年内可获得神学或法学硕士或博士学位。这是他们获得从教资格或者从事高级职务的必要条件。

与此同时，随着城市规模的扩大和工商业的发展，越来越多的市民子弟有了接受教育的需求，教育体系中出现了由市政当局管理、筹建的城市学校。到 15 世纪时，基本上每个城市都有一所学校，甚至一些小镇与乡村也有学校。这类学校靠学生学费维持，通常聘请大学毕业生担任教师或校长，主要传授基础知识和拉丁文入门训练等，与大学差异不大。城市开化与发达程度与教师学养水平的不同，决定了城市学校的教学内容与水平。直到 19 世纪，城市学校与大学的教学之间的差异才开始明显。

为了满足市民日益兴起的对初等教育的诉求，这一阶段在公立学校之外还出现了男女同校、不用拉丁语授课的私立学校"德语读写学校"，在中世纪末这类私立学校在各大市镇普遍存在，数量很多，并设有一些规章制度，受到市政当局的关注，成为德国现代初等学校的雏形。

这一时期德国各级教育体系的发展为民众文化素质提高奠定了基础，到中世纪末期，德国广大城市中除了最底层的群众之外，广大民众都具有一定读书写字能力。印刷业很快成为主要产业，这是群众阅读愿望与阅读能力的最有力的证明。[1] 印刷产业的发展进一步推动了文化知识的传播与普及，促进了新思想在群众中的影响，这都为德国当时及以后的教育文化发展进步奠定了基础，德国初步形成了受过一定教育的阶层。据尤伦保（Fr. Eulenberg）统计，1500 年前后，德国大学在校生有三四千人，如果把在维也纳、布拉格及其他地区的德国在外留学生统计在内，德意志的大学生将超过六千人。[2] 德国教育较早地脱离了教会控制，发展起了世俗教育，这也是宗教改革运动最先在德国兴起的重要原因之一。德国在知识探索方面，尤其是医学和法学领域，世俗兴趣倾向占显著优势。这些都为日后德意志科学技术的发展、思想解放奠定了坚实的基础。

17 世纪初期，受宗教改革运动的影响，德国教育机构都获得了一定程度

① 弗·鲍尔生：《德国教育史》，滕大春、滕大生译，人民教育出版社，1987，第 20 页。
② 弗·鲍尔生：《德国教育史》，滕大春、滕大生译，人民教育出版社，1987，第 21 页。

的发展。首先，随着民族国家的兴起，大学原有的国际性、世界性特质逐渐消失，地区性凸显。很多较大地区和城市都希望通过大学培养教会和政府公务人员。因此，在16~17世纪，德国创建了很多大学，并在大学之外建立了很多文科中学。此时大学的组织形式与中世纪大学相差不大。哲学院占有重要地位，仍处于文法学校和大学高级学院之间，相当于如今的高年级文科中学，课程与文法学校相衔接，为神学院、法学院的专业学习打下必要的普通知识基础。哲学院越来越重视数学和物理学，到18世纪时这些学科开始成为独立学科。这个时期学校教学呈现重视科学的趋势。中等教育自1543年开始，城市学校规模进一步扩大，在水平高的中等学校的高年级设置了各种程度较高的学术性科目，尤其是富裕的、获得独立发展的城市，通常都设立了这种水平较高的学校。与此同时，在城市学校之外还建立了邦立学校（Staats-Schulen），也叫地区学校（Landes-Schulen）或寺院学校（Kloster-Schulen），这是宗教改革的新产物，其由地方行政当局创建、地方政府负责经费与管理，面向地区优秀青年，培养社会服务人才。邦立学校通常是从家境贫困但具有拉丁文基础知识的青年中择优录取，然后在校学习五六年，为升入大学学习专业知识做准备，之后学业合格被公费送入莱比锡大学或威丁堡大学接受高等教育，大学毕业后进入政府或教会工作，为君主效力。这反映了民族国家对教育的关切，对学术研究的重视，以及国家向现代化发展的跃进。邦立学校成为德国中等教育的主要机构，这种教育传统持续至今，在文化与道德方面为德国培养了一批批优秀人才，如同英国公学在英国教育体系中的地位一样，在德国教育体系中扮演着重要角色。

宗教改革运动同样直接或间接地推动了德国初等教育的发展，尤其是16世纪20年代马丁·路德用德文翻译了《圣经》之后，为了引导所有教会成员及广大民众正确地阅读并领会《圣经》，马丁·路德特意分别为一般人、牧师与教师编制了《教义问答》，指导人们阅读和理解《圣经》，这种教育成为德国初等学校发展的基础。17世纪德国教育改革运动之后，早已存在的一些私立德语学校由于满足了国家对德语发展的需要，获得了进一步的发展。

如上所述，德国早在14世纪中期就诞生了高等教育机构，随着历史发展和领土变化，海德堡大学（1385年）成为公认的德国最早的大学。在文艺复兴和宗教改革运动时期，人文主义思想和宗教改革的传播，启迪了德国民众，社会发展需要国家创建一批新兴大学。而当时德国政治上诸侯割据，各诸侯国为巩固自己的政权与地位，培养为君主效力的公民，效法法国和意大利的办学特色，竞相创建大学，虽然发展较意大利、法国、英国晚，但发展速度很快。到 15 世纪末 16 世纪初，德国已经成为欧洲各国大学数量最多、最为密集的国家，为近现代高等教育体系的形成与发展奠定了基础。

第二节　资本主义工业经济竞争与近代教育体系的形成

第一次工业革命拉开了资本主义经济发展的序幕，英国和法国迅速崛起。德国经历了各个封建诸侯四分五裂割据与"三十年战争"，再加上德国与法国之间的长期较量与战争，其在政治、经济等各方面一度落后于英国和法国。但德国尤其是最为强大的普鲁士邦国因为地理通商优势，加上德国统治当局激发了民众对教育的重视，加之欧洲新思想、新科学的引进与传播，德意志经济恢复很快，并且成为欧美各国的表率。这期间，德国近代教育体系的形成与变革的主要特征是教育普及化，在此过程中提高了国民整体素质，高等教育改革使德国成为世界高等教育中心，科学发展和技术转化为科技进步、经济腾飞和现代化发展提供了高素质人才保障，极大地推动了德国资本主义现代化进程。

从德国资本主义国家发展历史看，18 世纪末期法国资产阶级大革命不仅激荡了德国工业、农业和手工业的发展，并且对文化界也造成了极大的冲击。之后德法战争的爆发，面对法国入侵与丧权辱国、割地赔款的境遇，德意志民族崛起的意识与爱国主义精神得到最大限度的激发，国家统治者通过教育改革图强，革新思想观念，进行政治改革，发展商业经济，资本主义经济获得了发展。

外国教育史研究者在总结欧洲各国近代政治、经济和社会发展轨迹时指出，英国的路线是政治革命—工业革命—教育革命，法国是政治革命—教育革命—工业革命，而德国则是教育革命—政治革命—工业革命，即典型的"教育先行"国家。[①] 欧洲也有学者认为，19 世纪之后德国教育发展在欧洲已经处于领先地位。[②] 这两种说法相互印证了教育在德国经济与社会发展中的作

---

① 贺国庆：《近代欧洲对美国教育的影响》，河北大学出版社，2000，第 90 页。
② 博伊德、金合：《西方教育史》，任宝祥、吴元训译，人民教育出版社，1985，第 327 页。

用及其在近代化与现代化过程中的地位与巨大影响。而对这一阶段德国教育体系形成与发展的最大动力来自教育的世俗化、国家化、大众化以及对现代工业化的适应。

一 德国国立初等教育的肇始与发展

德意志各诸侯国出于巩固政权需要，同时受马丁·路德宗教改革思想影响，早在 16 世纪中期就先后颁布有关国家办学和普及义务教育的法令。进入 18 世纪之后，普鲁士国王腓特烈·威廉一世继位后非常关心教育，从 1713 年开始，连续颁布了多项教育法令，明确规定了政府办学、强迫义务教育等具体要求与措施，被称为普鲁士"第一个实行强迫教育的人"①。其继任者威廉二世为振兴国家，继承了教育方面的改革，在 18 世纪中期颁布了多项法令，其中 1763 年颁布的《普通学校规章》规定，义务教育的年限为 5 岁至 13 岁或 14 岁，适龄儿童未入学者的父母将受到惩罚，完成义务教育的儿童将获得相应的证书作为就业资质凭证，等等，德国义务教育制度得到进一步完善。学校教育也第一次归于国家的统一思想之下。② 1794 年，威廉二世再次颁布相关法令，明确了国家兴办大学、中学和小学的具体规定与措施。要求政府监督公立学校的运行与质量，学生不分宗教派别，强迫入学，政府负责教育经费。从此，国家获得了教育的垄断与控制权，开始了教育国家化的进程。普鲁士教育改革与其强大地位为其他各邦树立了表率，各邦也相继效仿，进行教育改革。德国从而成为世界上最早实行世俗性义务教育的国家。

普鲁士将初等教育定为义务教育之后，将儿童接受义务教育与服兵役联系在一起，所有公立小学和私立小学都要严格听从政府法令。并且，为切实提高初等教育质量，德国将发展初等教育与师范教育联系在一起，随着初等教育的发展，师范教育也获得较大发展。早在 1697 年弗兰克就在哈勒成立了师资养成所，1747 年赫克在柏林创设师范学校，收到国王经费补助，之后，德国各地师范教育机构纷纷创建。19 世纪初期，受教育家裴斯泰洛齐影响，德国师范教育获得进一步发展。据统计，到 1831 年时，普鲁士各省都已建立

---

① 弗·鲍尔生：《德国教育史》，滕大春、滕大生译，人民教育出版社，1987，第 94 页。

② Wende, S. *Briefe an Lehrer: Ein Beitrag zur Schulgeschich Tedes 19* (Jahrhunder ts, Frankfurt amMain, 1994), p. 23.

师范学校，1840 年，师范学校数量达到了 38 所。19 世纪中期以后，德国已经出现了多种的教师培训机构，其中主要有研讨班、附属研讨班、乡村教师研讨班等，甚至还出现了所谓的"移动研讨班"。到 19 世纪末，整个德国已经实现了教师的研讨班培训。[①] 1848 年后，普鲁士受政治影响，师范教育与初等教育都暂时遭遇厄运。

当然，这一时期德国普鲁士普及义务教育更主要是为了维护统治和政权，培养顺从的、安于现状能干活的公民。德国著名教育家费希特尤为重视国民教育的作用，强调政府在国民教育中应发挥主体作用。恩格斯也对此进行了深刻的分析，并指出，"教育目的在于教育农民和手工业者的子弟懂得他们一生的使命，以及他们对社会和国家的领导应尽的义务，同时，教导他们愉快地满足于他们的人间的命运，满足于黑面包和土豆，满足于劳役、低微的工资、长辈的鞭笞以及诸如此类的好事，而所有这些都是用当时国内流行的启蒙方式进行的。他们怀着这个目的开导城市和农村的青年：自然界安排得这样巧妙，以致人们必须通过劳动来维持生活和得到享受"。[②] 尽管德国教育世俗化、普及化进程中因经济欠发达等原因，仍有很多底层民众不乐意将子女送到小学学习，只在农闲时才送到学校，政府为此不得不采取包括惩罚在内的强制性措施来推行义务教育政策。到 19 世纪初，只有 50% 的适龄儿童或多或少接受了一些不太正规的教育。但这一政策在实施过程中启发了民智，为广大民众文化素质提高、掌握基本技能奠定了基础，可以说，提高了劳动力的基本素质，这是德国近代工业社会发展的最基础保障。

其实，直到 19 世纪之后，以洪堡为代表的普鲁士统治者推崇"教育服务于国民"[③]的理念，再加上当时资本主义经济发展与第一次工业革命的需要，德国经济与社会发展迫切需要知识与人才，德国才真正进入教育大众化、普及化。政府一方面强制实行义务教育，另一方面大力发展师范教育，重视小学师资的数量的增加与质量的提高，派专家到瑞士学习教育家裴斯泰洛齐的教育思想与教学方法，之后普鲁士等邦国的初等教育得到快速发展。据统计，

---

① 戴本博主编《外国教育史》（中册），人民教育出版社，1990，第 481 页；Wende, S. *Briefe an Lehrer: Ein Beitrag zur Schulgeschich tedes 19*(Jahrhunder ts, Frankfurt amMain, 1994), p. 27.

② 《马克思恩格斯选集》第 3 卷，人民出版社，2012，第 565 页。

③ Wende, S. *Briefe an Lehrer: Ein Beitrag zur Schulgeschichte des 19*(Jahrhunder ts, Fr ankfur t am Main, 1994), p. 23.

1816 年，普鲁士共有 20345 所小学，配备教师 21766 人，220 万适龄儿童中有 116.7 万人入学，入学率约为 53%。到 1846 年，各类小学达 24044 所，教师增至 27770 人，其人数增长远远高于同一时期普鲁士人口的增长。到 1848 年时，普鲁士学龄儿童入学率已经达到 82%，教师学生比例也因入学儿童逐年增多而不断提高：1820 年为 1：68；1830 年为 1：84；1840 年为 1：86；1848 年更达到 1：90。[1] 到 1871 年时，德国人口识字率为 87%，到 1890 年左右时，文盲率已经下降到 1% 以下。[2] 普及小学教育的成就还可以从德国所招新兵文盲率下降的事实间接得出结论。1875 年，德国新兵中文盲占 2.37%，1895 年为 0.15%，1910 年已经下降到 0.02%。[3] 1899 年，德国舰队访问西班牙，令当地人惊讶不已的是，德国水手们竟然个个都能阅读他们收到的邮件。而德国工人与比利时、奥地利等邻国的工人相比，素质也明显要高出一筹。[4] 可见，德国初等教育已经取得实质性进展。

二　中等教育状况

宗教改革时期，德国已有严格意义上的文科中学。在宗教改革运动影响下，新教的发展促进了德国初等学校、中等学校和大学的发展，天主教耶稣会极大地推动了德国教育发展。到 17 世纪时，文科中学成为德国主要的中等教育机构形式，主要培养未来的封建主官吏。此外，还有专门为贵族子弟与宫廷侍臣而设的骑士学校，培养文武官吏。18 世纪之后，德国各邦国政府坚持"教育的最高权力机构是国家而不是教会"的思想，加强了对各级学校的控制，使教育为国家政权服务。

这一阶段德国工商业的发展需要掌握一定职业能力的工商业人才做支撑。以席勒为代表的有识之士认为，在当时情况下，进入大学接受高等教育的人

---

① Hans-Georg Her rlitz, Wulf Hopf, Har tmut Tit ze, *Deutsche Schulg Eschichte v on 1800 bis zur Gegenw art* (Knigstein /Ts, 1981), pp. 50-51; Wehler, H. *Deutsche Gesellschaftsg Eschichte, Band 2, Von der Re-fom Rabis zur Industriellen und politischen "Deutschen Do Ppelrevolution" 1815-1845/49* (Mùnchen, 1987), p. 485.

② Wehler, H. *Deutsche Gesellschaftsg Eschichte, Band 3, Von der "Deutschen Do Ppelrevo Lution" bis zum Beginn des Ersten Weltkrieg es 1849-1914* (Mù nchen, 1995), p. 1193.

③ Hohorst, G., Kocka, J., Ritter, G. A. *So zia lg Eschichtliches Arbeitsbuch, Band 2, Materilien zur Statis-tik des Kaise rreichs 1870-1914* (Mù nchen, 1978), p. 165.

④ Fife Jr, R. H. *The German Empire Between Two Wars: A Study of the Political and Social Development of the Nation between 1871 and 1914* (New York, 1916), p. 323.

毕竟占少数，绝大多数中等教育毕业生要直接进入社会从事劳动，因此有必要让青年中学生在校期间进行工艺和职业训练。职业教育和实科中学应运而生。1747 年，赫克在柏林创办的经济学数学实科学校被认为是德国第一所正式的实科中学。① 此后，德国实科中学一直延续下来，到 19 世纪成为德国教育体系的重要组成部分。

1806 年，普鲁士战败法国之后，德国哲学家费希特面对法兵袭境，发表了《告德意志国民书》，呼吁国人重视教育，挽救国家。统治者听从并任用博学有识之士，如洪堡、施泰因等，实行开明政策，进行教育与政治改革。威廉三世曾说："朕谨誓以最大的热诚，特别注意于我国民公共教育的事务……国家所有从物质力量失去的，我们必须从精神力量补回来。"② 他还说："德国人已经不再具备积极抵抗的物质能力，只有通过教育从精神上'筑起抵抗外族统治的长墙'。"③ 因此，改革陈旧落后的教育与政治体制，成为德意志民族摆脱危机、增强实力的必由之路，拿破仑在德国的统治时期也成为德意志国家"大改革时期"，④教育成为当时普鲁士国家首先要做和能够做到的唯一一件事。⑤ 事实证明，经过洪堡改革之后，德国进一步加强了国家对教育事业的管理与控制，将一些教会学校转为国民学校，⑥ 建立起现代化教育体系，奠定了德国未来教育发展的基础，这些都成为德国崛起的直接推动力。

根据洪堡的教育设想，德国教育体系分初等教育、中等教育和大学教育三级，他计划建立一个三级相互衔接的教育体系。在初等教育方面，他主要侧重于教学方法的改革，采用裴斯泰洛齐的办学思想。在中等教育方面变革最大，洪堡主持编制了教学计划，制定了文科中学考试章程，培养有文化的、善尽国民义务的青年公民。为确保中学教育质量，洪堡 1810 年引入国家考试制度，加强国家对中学师资、学生升大学等方面的控制。⑦ 他还颁布了中等学校教师鉴定规程。从 1810 年开始，中学教师成为一种专业，考察科目以大学

---

① 滕大春主编，吴式颖副主编《外国近代教育史》（第 2 版），人民教育出版社，2002，第 16 页。

② 王克仁：《西洋教育史》，中华书局，1941，第 323 页。

③ Schoeps, H. *Preussen, Geschichte eines Staa tes*(Berlin, 1967), p. 130.

④ Nipper dey, T. *Deutsche Geschichte 1800–1866: Bùrgerweltund Starker Staat*(Mùnchen, 1983), p. 31.

⑤ 克伯雷选编《外国教育史料》，华中师范大学出版社，1991，第 534~535 页。

⑥ Wende, S. *Briefe an Lehrer: Ein Beitrag zur Schulgeschichte des 19*(Jahrhunderts, Frankfurt am Main, 1994), p. 24.

⑦ Herrlitz, H. , Hopf, W. , Titze, H. *Deutsche Schulg Eschich tev on 1800 bis zur Gegenwart*(Knig stein / Ts, 1981), p. 33.

的教学内容为依据，这就说明中学教师必须具备大学水平。1826 年，中学教师申请者必须完成一年实习。1831 年，中学教师申请者必须在通过哲学、教育学、神学以及主要的古文科目考核的基础上，再进行以下三组科目的严格考核：希腊文、拉丁文及德文；数学及自然科学；历史、地理。[①] 这些严格录用标准的举措提高了中等教育师资专业化水平，有利于稳定教师队伍，教育以"服务国家为目的"[②] 的特色也更为明显。1834 年，政府规定，进入国家公务机关的人员必须具备中等教育资格。

洪堡改革还规定了中等教育的学制、学则与考试规程。九年制的中学称为文科中学，六年制的称为前期文科中学，不设古典文而设近代语的称为市民学校，此外还有实科学校。其中，文科中学的地位最高，只有文科中学毕业生才可升入大学。[③] 19 世纪中叶之后，尤其从 30 年代到第一次世界大战之前，随着德国两次工业革命的推进与工商业的发展，社会生产分工越来越专业化，新兴行业对从业人员的素质与生产技术要求提高，要求"对职业的和具有判断能力的男男女女实行教育和培训"，[④]为适应国家工业化新要求，德国大量增设了实科中学，吸纳了很多中产阶级子弟。1859 年政府规定，实科中学分两类：九年制的称为文实中学，与文科中学平行，除了学习拉丁古文之外，还需要学习近代学科；六年制的称为前期文科中学或前期文实中学。[⑤]虽然，这类新型中学对入学对象条件放宽，但很多贫困子弟仍难以入学，而很多富裕阶层子弟更多愿意进入文科中学以期继续升入大学，不屑于进入实科中学。实科中学由地方承担经费，毕业生直接就业，因此在地位上仍比不上文科中学。直到 1870 年，实科中学毕业生才获得升入大学的权利，但只能升入哲学院或者只限于升入大学的数学与自然科学和现代语学科。这种文科中学和实科中学的双轨制从 19 世纪一直持续到 20 世纪。19 世纪德国中等教育获得较大发展，如普鲁士，1835 年有文科中学 112 所，1875 年有 228 所，1895 年发展到 273 所；在 1875 年实科中学 80 所，1895 年发展到 86 所。1860 年，中学在校生为 58292 人，其中文科中学学生占 69%。1900 年，中学在校

---

① 滕大春主编，吴式颖副主编《外国近代教育史》（第 2 版），人民教育出版社，2002，第 189 页。
② 雷国鼎：《西洋近代教育制度史》，教育文物出版社，1984，第 301 页。
③ 滕大春主编，吴式颖副主编《外国近代教育史》（第 2 版），人民教育出版社，2002，第 190 页。
④ Herrlitz, H., Hopf, W., Titze, H. *Deutsche Schulgeschichte von 1800 bis zur Gegenwart* (Knigstein /Ts, 1981), p. 93.
⑤ 滕大春主编，吴式颖副主编《外国近代教育史》（第 2 版），人民教育出版社，2002，第 190 页。

生为 164895 人，文科中学学生占 58.4%。①

　　德国中等教育体系的调整是德国教育现代化转型的一个重要组成部分。按规定，文科中学中古典语言的课时量是数学与自然科学的 3 倍，1882 年降为 2 倍，但仍然无法满足社会经济发展对科技人才的需要。在此背景下，德国出现了面向现实、半古典的实科中学和只学习现代学科的高级实科学校，这两类学校非常贴近现实，实用性强，深受德国中产阶级与新兴资产阶级子弟的欢迎。② 在此意义上，德国中等教育体系呈现为三轨。直到 1900 年，威廉二世颁布法令，承认了上述三类中等教育机构具有同等地位，1901 年，这三类中学的毕业生都具有同等升入大学学习的权利。③ 从此之后，实科中学和高级实科学校由于其时代性和实用性特点，学生人数显著增加，而文科中学人数比重则显著下降。1818 年，普鲁士境内有文科中学 91 所，1830 年为 110 所，直到 1848 年仍只有 118 所，学生人数在 1816～1846 年增加了 73%。④ 1875 年德国共有各类中学生 183248 人，其中文科中学学生 93514 人，约占 51%，到 1911 年时，德国各类中学生 397835 人，其中文科中学学生 154950 人，⑤ 所占比重不到 39%。这些人数的变化，一方面说明了德国中等教育普及化进程。以普鲁士为例，1864 年在校中学生的人数为 78718 人，1900 年时则猛增至 176268 人。⑥ 另一方面也表明了德国中等教育在 19 世纪中期之前双轨制严重，到 19 世纪末 20 世纪初这一特征开始趋向于缓和。中等教育体系的这种调整与趋势反映了当时社会的教育诉求。

三　近代高等教育体系的形成

　　17～18 世纪，整个欧洲高等教育都处于中世纪大学体系崩溃之后的低迷

①　吴式颖主编《外国教育史教程》，人民教育出版社，1999，第 357 页。

②　Weh ler, H. *Deutsche Gesellschaftsg eschichte, Band 3, Von der "Deutschen Do ppelrevolution" bis zum Beginn des Ersten Weltkrieg es 1849-1914*(Mù nchen, 1995), p. 1204.

③　Flora, P. *State, Economy, and Society in Western Europe 1815-1975: A Data Handbook. Volume 1: The Growth of Mass Democracies and Welfar Estates* (London, Chicago, 1983), p. 584.

④　Nipper dey, T. *Deutsche Geschichte 1800-1866: Bùrgerw elt und starker Staat*(Mùnchen, 1983), p. 454; Weh ler, H. *Deutsche Gesellschaftsg eschichte, Band 2, Von der Refom ra bis zur industriellen und politischen "Deutschen Do ppelrevo lution" 1815-1845 /49*(Mùnchen, 1987), p. 492.

⑤　Weh ler, H. *Deutsche Gesellschaftsg eschichte, Band 3, Von der " Deutschen Do Ppelrevolution" bis zum Beginn des Ersten Weltkrieges 1849-1914*(Mù nchen, 1995), p. 1201.

⑥　Jù r gen Kocka, G. , Ritter, G. A. *So zialg Eschichtliches Arbeitsbuch, Band 2, Materialien zur Statistik des Kaiserreichs 1870-1914*(Mù nchen, 1978), pp. 159-161.

衰退期，德国大学也不例外，自然科学与数学等学科仍然徘徊在大学之外。随着国家对教育控制的加强和实科教育的快速发展，尤其是科学与自由民主等新思想的传播，大学教育招致人们的普遍不满。一些大学的生源也出现了问题，德国急需新的高等教育体系。在这种背景下，受人文主义和宗教改革的影响，德国最先出现了世界上具有现代理念的大学，积极吸收最新科学研究成果，崇尚理性，任用具有冒险精神、善于思考、享有教学自由的教师任教。1694 年创建的具有现代性特征的哈勒大学与 1737 年创建的重要学术中心哥廷根大学就是最早建立的新式大学，哈勒大学弘扬理性，遵循大学应该转变为研究和发展知识的场所，这种理念很好地促进了现代大学的发展，标志着德国高等教育进入新阶段，为德国高等教育体系的形成和德国研究型大学的建立奠定了很好的基础。到 18 世纪末，德国高等教育机构多达 42 所，发展速度远远优于意大利、法国和英国等高等教育起步较早的国家，成为欧洲高等教育机构最多的国家。

18 世纪末，英法等国工业革命相继完成，约半个世纪后，德国也完成了工业革命，工业化发展要求高等教育更多关注现实。1860 年，普法战争失利，哈勒大学被割让给法国，德国许多大学被迫停办。面对如此打击，在政府支持与一些有识之士领导下，德国大学进行了全新的改革，以挽救民族与国家。其中，洪堡关于大学的改革与柏林大学的创建标志着德国高等教育进入一个新阶段。

从洪堡的大学理念看，他强调大学本质是"客观的学问与主观的教养相结合"，大学应为学生和教师提供自由学习和教学、不受外界干扰探索纯粹客观学问的环境，"由科学而达至修养"，实行教学与科研的统一，将科学研究作为大学的主要职能，大学教师将自己的研究所得和创造性知识以引导的方式传授给学生。以此理念为指导，1810 年，德国创建了具有历史里程碑意义的柏林大学，哲学系在大学中占重要地位，实行"习明纳"、研讨班等教学方式，遵循学术自由、教学自由、学习自由，追求真理，教学与研究相统一，柏林大学为德国其他大学树立了表率，为德国经济发展、科学进步培养了大批优秀人才，使德国很快成为世界高等教育中心和经济发达国家，发展潜力很大。

洪堡的大学理念与柏林大学的示范一直影响德国乃至其后 200 余年大学的发展。德国出现了一批以柏林大学为样板的大学，如布雷斯劳大学（1811

年)、波恩大学（1818 年）、慕尼黑大学（1826 年）等，大学在校生人数也有了一定增加，1800 年时德国各大学的在校学生约为 6000 人，1819 年为 8277 人，1825 年增加到了 12480 人。在德意志帝国时期，大学在校生人数有所下降，1830～1831 年，德国综合性大学在校学生人数为 15870 人，1840～1841 年降到 11567 人，1860～1861 年为 12444 人。19 世纪后半期，在工业化的发展推动下，德国在校大学生人数迅速增加。19 世纪 70 年代后，综合性大学学生人数才出现较快速度的增长，1875 年达到 16357 人，超过了 1830～1831 年，1914 年时已达 60000 人以上。[①] 随着技术大学等高校的出现，大学生人数增长更快。从 1872 年的 17954 人增加到 1902 年的 52538 人。[②] 19 世纪 60 年代以后，中产阶级子弟在柏林、波恩、哥廷根、莱比锡和蒂宾根大学学生中所占比重已经达到了 1/3。[③] 在 1872～1912 年，德国大学学生总数由 17954 人增加到 71710 人，[④] 增加约 300%，呈现大众化趋势。

这一时期高等教育内部结构的变化即各大学院系及规模的调整也反映了德国工业化进程对高层次人才需求的变化。曾为德国各大学中最大学科的神学在 1830 年达到高峰，1850 年时学生人数已经下降至 1/3 多一点，1870 年神学院学生比例已经降至 16.4%，1914 年仅占 9%。哲学学科由于包括人文和自然科学，社会需求量大，该专业人数从 19 世纪 50 年代末开始跃居各专业之首，到 1914 年时已接近学生总数的 50%。以法兰克福大学（1901 年）为代表的新建综合性大学为适应现实社会需求，突破了传统学科设置，增设了自然科学、经济学等学科。这些充分显示了高等教育主动适应经济发展的变化的特征。表 5-1 为 1870～1914 年综合性大学传统五大类学科学生人数分配。

① Wolfram Fischer, Jo chen Kr eng elund Jut ta Wie tog, *So zialg eschich teliches Ar beitsbuch, Band 1, Materialien zur Statistik des Deutsch en Bundes1815-1870*(Mùnchen, 1982), pp. 229-230; Gerd Hoho rst, Jù r gen Kocka, Gerhard A Ritter, *So zialg eschichtliches Arbeitsbuch, Band 2, Materialien zur Sta tistik des Kaise rr eich s 1870-1914*(Mù nchen, 1978), p. 161; Hans-Ulrich Weh ler, *Deutsche Gesell-schaftsg eschichte, Band 3, Von der "Deutschen Do ppelrevo lution" bis zum Beginn des Ersten Weltkrieg es 1849-1914*(Mù nchen, 1995), p. 1211.

② Gerd Hoho rst, Jù r gen Kocka, Gerhard A Ritter, *So zialg eschichtliches Arbeitsbuch, Band 2, Materialien zur Sta tistik des Kaise rr eich s 1870-1914*(Mù nchen, 1978), pp. 159-161.

③ Hans-Ulrich Weh ler, *Deutsche Gesellschaftsg eschichte, Band 3, Von der " Deutschen Do ppelrevo lution" bis zum Beginn des Ersten Weltkrieg es 1849-1914*(Mù nchen, 1995), p. 1217.

④ Gerd Hoho rst, Jù r gen Kocka, Gerhard A Ritter, *So zialg eschichtliches Arbeitsbuch, Band 2, Materialien zur Sta tistik des Kaise rr eich s 1870-1914*(Mù nchen, 1978), p. 161.

表 5-1　1870~1914 年综合性大学传统五大类学科学生人数分配百分比（每五年平均值）

单位：%

年份	新教神学	天主教神学	法律	医学	哲学学科
1870~1874	11.3	5.1	24.0	24.4	35.7
1880~1884	13.3	3.3	21.6	23.0	38.9
1890~1894	13.3	4.8	24.9	29.1	27.8
1900~1904	6.1	4.5	29.5	17.9	41.9
1910~1914	5.7	3.3	18.4	20.4	49.6

资料来源：Hans-Ulrich Weh ler, *Deutsche Gesellschaftsg eschichte, Band 3, Von der "Deutschen Doppelrevo lution" bis zum Beginn des Ersten Weltkrieges 1849-1914*(Mùnchen, 1995), p. 1212.

　　德国高等教育体系在这一阶段为适应经济社会发展所做的最大调整是新建了各种类型的高等教育机构。19 世纪末 20 世纪初，随着德国经济日益繁荣，各中心城市相继创建高等商业学校。1898 年，莱比锡高等商业学校率先创办，之后科隆（1901 年）、法兰克福（1901 年）、柏林（1906 年）、曼海姆（1907 年）、慕尼黑（1910 年）和柯尼斯堡（1915 年）等高等商业学校也随之建立。另一类是高等技术学校，该类学校综合了综合性技术学校、技术专科学校、工商业研究院或建筑研究院等机构的特点，在专业设置上紧跟经济社会发展，实用性强，设有建筑、机械、化学、冶金等院系，主要培养德国工业经济发展所需要的专门性人才，教学侧重应用性，关注学生的未来职业发展，因此非常受学生欢迎。1870~1914 年，综合性大学学生人数增长 300%以上，而同期技术类高校学生人数增长了 400%以上。[1] 1856 年，汉诺威综合科技学校校长卡尔·卡马施提出将技术学校升格为"技术大学"，到 1879 年时，德国 9 所综合科技学校中已有 6 所获得了高等学校资格。

　　此外，德国 18 世纪时就已经存在的各种专门学院和高等工业学校在这一阶段也获得较大发展，到 19 世纪 20 年代时，德国所有地区的所有城市都拥有一所多科研究和多科技术学校。一些专门学院升格为工科大学，既传授技术与自然科学相关的课程，还设置许多研究所开展研究，为德国经济发展培养了大批技术人才，使德国在 18 世纪 70 年代"一夜间从谷物出口国变成了机械出口国"，赢得了"机械之国"的美誉，为德国后来赶超英法等国家奠定

---

① Hans-Ulrich Weh ler, *Deutsche Gesellschaftsg eschichte, Band 3, Von der "Deutschen Do ppelrevo lution" bis zum Beginn des Ersten Weltkrieg es 1849-1914*(Mù nchen, 1995), p. 1211.

了人才与技术基础。到 19 世纪 60 年代，德国形成了以传统的综合性大学、工科大学和专门学院为主体的近代高等教育体系。

四　高等职业技术教育体系

德国的高等职业技术教育是随着工业化进程的推进而诞生并逐步发展的。德国职业教育的兴起源自工业职业的产生及对下层民众进行培训的需求。据查贝克《职业教育历史及其理论》中记载，到 18 世纪后半叶，德国的城市居民已占人口总数的 20%~25%，并且呈上升趋势。但在城市居民中处于没有能力、没有可能成为中产阶级的下层民众的比例也高达 20%~25%，比如年老的手工业学徒、临时工、工场工人及家庭帮佣等。[1] 另外，德国农村也存在大量下层民众，如帮佣、丫鬟、拿日工资的临时工以及在家工作的计件的人等。[2] 与此同时，德国资本主义经济的发展需要下层民众融入。虽然 18 世纪时，德国某些领域仍然存在封建社会的劳作方式，但在一些工厂劳动力已经能够像商品一样进入资本主义分工体系中进行交易。德国资本主义经济的进一步发展亟须将下层民众转化为具有一定技能的生产能力，一方面缓解经济发展对劳动力的需求，另一方面也避免了这部分人群在经济发展的浪潮中进一步沦陷而产生的大量社会问题。因此，很多地区尝试着将这部分人融入经济体系中，尤其是融入"分发加工包销行业"中。在 19 世纪初期，工厂尚未大规模发展，但"分发加工包销行业"的发展相对较为迅猛，几乎占到第二产业的7%~43%。[3] 这些行业主要集中于纺织业和服装业，通常以那些地处偏僻的、单靠种植粮食无法生存的农村地带为据点，主要雇佣那些妇女、老人和孩子。"分发加工包销行业"经营弹性很大，时间灵活，从业者同时还可以从事家庭劳作。因此在促进经济发展的同时，也是下层民众参与经济发展的重要机会。

"分发加工包销行业"的发展推动了工业领域职业的产生，而从业人员的

---

① Zorn, W. , "Sozialgeschichte 1648-1800"in Aubin, Hermann & Zorn, Wolfgang(Hrsg.), *Handbuch der deutschen Wirtschafts-und Sozialgeschichte*(Bd. 1. Stuttgart, 1971), pp. 574-607.

② Zorn, W. , " Sozialgeschichte 1648-1800" in Aubin, Hermann & Zorn, Wolfgang (Hrsg.), *Handbuch der deutschen Wirtschafts-und Sozialgeschichte* (Bd. 1. Stuttgart, 1971), pp. 574-607.

③ Kulischer, J. *Allgemeine Wirtschaftsgeschichte des Milltelstandes und der Neuzeit* (Auflag. Munchen und Wien, 1971), pp. 99-125.

现状又形成了建立工业职业学校的需求，其目标主要是培养效率观念和进行职业伦理教育。因此，在 18 世纪末的 20 年，为解决下层民众的职业教育问题，德国成立了一系列的工业学校。① 在德国，工业学校的前身是贫苦学校和孤儿院。其实，早在 14 世纪，德语中就有"学徒"这个词。当时，"学徒"指的是在社会分工体系下，为从事一个具有一定复杂性的工种，在工作过程中进行资质培训的人。② 建筑工人、铁匠、木匠和磨坊主等职业，都是在工作过程中学习职业技能的。这可视为最初的职业教育。

在工业学校的课程设置中，一半是宗教课，另一半是阅读、写作与计算。从当时传授的技能看，有面向纺织业的，有面向综合技术技能的，其突出特点是强调实践，在实践中不断强化上述教育内容。总之，德国通过职业教育为下层民众传授工业劳作技能，灌输并养成职业伦理，从而将下层民众改造成符合工业生产发展需要的新型劳动力，同时也避免了很多社会问题。可见，职业教育是德国工业化进程的必然结果，其教育对象是下层民众，其教育内容是劳作技能与职业伦理，其功能有二：一是解决了下层民众生计问题，这既是经济问题，更是政治问题；二是培养职业伦理，培育资本主义工业发展所需要的职业精神，使从业人员及其工作专业化。

18~19 世纪，德国逐渐从农业社会向工业社会转型，大工业迅速发展起来，与此相关的诸多经济活动如运输、农业、商业等部门科技工艺发展进步很快，对这些部门的工作人员工艺科学知识水平的要求也越来越高。针对当时德国传统大学主要功能是学术研究、培养学者的状况，德国重新创办了实用性较强的技术学校和专科学校，紧跟经济发展需求，培养国家发展需要的大批技术人才。由于当时经济发展水平的限制，这类学校只针对当地经济，专业设置局限于采矿业、林业、农牧业，开设学生就业及实际生活所需要的相关知识与技能。即便如此，这类学校的创建与发展在推动德国工业化的起步和独立发展方面也发挥了巨大作用。

19 世纪初，为减少教育机会不平等，洪堡曾对德国教育体系进行全面改革，形成了学术性教育系统和职业技术培训教育系统双轨制，学术性一轨主

---

① Zabeck, J. *Geschichte der Berufserziehung und ihrer Theorie* (Paderborn: Eusl-Verlagsgesellschaft mbH, 2009), p. 163.

② Zabeck, J. *Geschichte der Berufserziehung und ihrer Theorie* (Paderborn: Eusl-Verlagsgesellschaft mbH, 2009), pp. 41-42.

要培养高端学术科研人才，职业技术培训一轨主要培养工业发展所需要的应用型技能人才，通过这种人才分流的形式，使原本被排除在正规教育体系之外的劳动人民子女有机会接受高等教育。到19世纪中叶，德国一些发达地区为培养经济发展急需的大量高素质高技能人才，提高实科学校地位，创办技术学校，之后，又将部分地区教学水平、师资力量接近学术性大学的技术学校升格为技术学院或技术大学，提供理论水平高、应用能力强的科学教育。这类学校因为与区域经济密切相关，承担着高等教育大众化的责任，因此逐渐形成了以区域为特征的高等职业技术学院雏形。

德国在工业化进程初期积极引进英国的机械化生产设备，推动了生产技术的巨大飞跃，同时学习法国职业技术教育经验，政府根据社会发展对职业技术教育的需求，加大对职业教育管理力度。德国政府在19世纪前德国中等职业教育体系（实科中学和工业学校）的基础上，先是在19世纪20年代形成了以全日制职业学校为主体的地方工业学校群。同时，德国还创建了高等职业教育主要机构——多科技术学院，如维也纳多科技术学院（1815年）和卡尔斯鲁厄多科技术学院（1825年）。到19世纪下半叶，针对德国工业发展对技术要求的提高，德国的地方工业学校开始升格为工业大学，如尔斯鲁厄工业大学（1865年）、慕尼黑工业大学（1868年）、亚琛工业大学（1870年）、柏林工业大学（1879年）等，从而提高了工业人才培养的规格。

1853年，面对德国从农业社会向工业社会转型所导致的农业劳动力过剩、社会政治经济不稳定的现状，德国政府创办了皇家工业教育委员会，改革星期日学校的课程，使之转型为工业进修学校，分徒工科和工匠科，为不同的手工业者提供星期日课程和夜间课程。1869年，北德意志联邦营业条例规定，年龄不足18岁的员工、帮工和学徒，拥有进入进修学校接受职业补习教育的义务和责任。这种规定为德国工业革命提供了合格劳动力，解决了员工再就业问题，有利于对国民的价值引导与秩序稳定，也标志着德国探索双元制职业教育模式的开始，职业教育在国家的直接领导与管理下，工会、雇主代表与国家共同治理，职业学校与企业合作培养，从而形成了德国独具特色的双轨制职业教育体系。

德国职业教育注重对学生的公民教育的政治功能。在实科中学和工业学校等职业学校的课程设置中注重知识与技术的系统性、理论性，既安排了技术课程，还设有相关的历史、地理、公民理论、专业理论与商业理论等课程，注重对学生价值观的教育和职业文化、职业伦理道德的养成，由此德国人务本求实、严谨学技、注重技能的职业文化精神得以传递，对学生个人、对民族和国家都有着重要作用。

到 19 世纪末，德国已经形成实科学校、地方工业学校、各种专门学校、工业补习学校及工科大学等种类多样、层次完整的职业教育体系，双元制职业教育模式已初步形成，不同职业教育层次与类型因不同个性、不同水平的学生群体而存在，并通过定向指导教育对学生进行分流，从而为个人提供了多种学习发展的机会与可能性，既有利于个人生存与就业，也有利于国家人力资源的充分开发与利用。这种横向沟通、纵向衔接的双元制职业教育与培训体系，解决了个人生存与个性可持续发展问题，同时也极大地促进了德国经济与社会的发展。德国第一次工业革命起步较晚，但通过政府经济立法、铁路国有化、高等教育与职业教育改革等措施，科学技术和经济因后发优势获得快速发展。1866 年，德国发明了世界上首台大功率发电机，开启了以"电力时代"为标志的第二次工业革命。1876 年，德国人奥托首创了第一台以煤气为燃料的内燃机；1885 年，德国工程师卡尔·本茨制造了首部汽车，开启了现代汽车工业。德国引领了第二次工业革命，并不断发明创造新技术新装备，由第一次工业革命引进英国机器到出口机器，德国一跃进入世界工业发达资本主义国家。1860 年，德国排在世界主要国家第四位，英国为第一位；40 年后，德国跃居到第二位，美国为第一位，英国为第三位。职业教育体系的发展与完善对于德国经济与综合实力的增加发挥了重要作用。

五　继续教育体系

早在 18 世纪，随着城市化和工业化进程，德国普通市民出于对文化和社会现实问题的浓厚兴趣，自发地组织报告会、读书会等，共同讨论学习文化知识，这种追求思想的自由解放运动通常被视为继续教育的萌芽。到 19 世纪初，在经济与社会的共同推动下，德国相继创建了手工业和工人教育协会。之后，随着工业化大生产所带来的工作环境恶化、劳资对立等现象的严峻，产业工人在追求政治民主、社会地位平等之外，还要求提高工人受教育水平以满足工作需要，再加上这一阶段"国民教育"思想的影响，1871 年，德国成立了国民教育协会（Volksbildungsvereine），为成人平民提供教育。在马克思主义思想传播和工人运动推动下，1891 年，社会民主党在柏林创办了第一所面向所有成员的"工人学校"，提供政治课程、职业技术课程以及德语和算术等初等教育的相关课程。此外，一直担任文化教育功能的教会也在国民继续教育发展中发挥着一定作用。随着国民继续教育需求的增加，原来的国民教育协会演变为继续教育学院（Volkshochschule，又译为社区学院）规模逐渐扩大，办学也更加规范，在魏玛共和国时期获得进一步发展，逐渐成为德国主要的继续教育机构。

自普鲁士战败法国、洪堡改革创建了面向全体国民的义务教育制度之后，德国在进行教育体系现代化进程中创建了分轨的教育体系。一轨是直升综合性大学的文科中学，另一轨是面向平民子弟的职业技术类学校。之后魏玛共和国改革，德国建立起面向全民的分轨制体系，基础教育为 4 年，这使德国成为文盲率最低的国家，为其制造业发展作出了巨大贡献。凯恩斯曾在 1919 年谈到德国经济奇迹产生的原因时指出，"欧洲的经济体系是以德国为中心支柱建立起来的，德国以外的欧洲的繁荣主要依赖德国的繁荣与德国的企业……德国不仅通过贸易为这些国家提供基本必需品，还为其中一些国家提供了自身发展所需要的大部分资金……而且向这些国家提供它们同样急需的组织管理。这样一来，莱茵河以东的所有欧洲国家都并入了德国的工业轨道……（法国）当然希望用本国的工业来替代德国依赖这些矿产所建立起来的工业。但是，法国建立工厂以及培训熟练劳动力需要很长的时间"。[①] 德国本国人也认为，享誉极高的德国产品质量就是以职业教育为背景创造出来的。所以，近人称职业教育是德国经济发展的"秘密武器"。[②]

第三节　工业现代化竞争背景下的现代教育体系

从第一次世界大战开始，德国教育现代化的进程经历了两次世界大战的冲击与洗礼，经历了魏玛共和国以及"二战"后德国的再次分裂，这种特殊的政治历程在很大程度上影响了其教育体系的发展。德国政府一直秉

---

① J. M. 凯恩斯：《语言与劝说》，赵波、包晓闻译，江苏人民出版社，1998，第 13~14、71 页。
② 巴伐利亚州文教部、杭州大学中德翻译中心编《德国巴伐利亚州教育制度》，杭州大学出版社，1998，第 9 页。

承重视教育优先发展的传统，从"二战"后至今，一直保持从小学到大学教育免费的政策，建立起了州、市或县三级管理制度，教育类型和教育层次等日趋合理和完备。

一 初等教育

（一）学前教育

德国早在19世纪40年代就拥有世界上第一所幼儿园，但德国政府却长期忽视学前教育，因此德国学前教育落后于其他发达国家。第二次世界大战使德国分为西德和东德，西德继承魏玛共和国的政策，学前教育以半日制私立幼儿园为主。20世纪60年代末70年代初，学前教育被纳入基础教育体系，一直由青少年和家庭福利部门负责；而东德受苏联影响，学前教育属于基础教育的一部分，3~6岁幼儿主要是全日制公办幼儿园照管，母亲通常产后在家休息1年，之后将1周的幼儿送到托幼机构，母亲则重回就业市场。德国政府对原东德地区的学前教育的发展策略是支持混龄的半日制幼儿园以及其他灵活多样的托管形式。[①] 1990年，随着东德、西德政治上统一，学前教育虽然在管理上隶属儿童和青少年福利部，但两个地区的学前教育仍保留原初的特色，东德地区学前教育主要倾向于社会托管，而西德地方则倾向于家庭中母亲专职照管。由于德国鼓励母亲参与社会工作，并且政府近年来越来越意识到学前教育的重要性，其开始重新调整学前教育政策，加大对学前教育的经费投入、政策倾斜与社会责任，德国学前教育生均经费占国家GDP的0.54%，其中来自国家的公共经费投入占GDP的0.4%，私人经费约占GDP的0.14%。[②] 因此，德国学前教育获得很大发展。

20世纪70年代，东德3~6岁儿童入园率就超过80%，80年代时为90%，1990年与西德统一后，入学率一直稳定在100%左右。西德地区在1990年3~6岁儿童的入园率为69%，1995年超过75%。因为原西德地区学前儿童入园年龄偏大，3岁儿童的入园率远低于4岁和5岁儿童，政府对其发展定位是提

---

① Early Childhood Education and Care Polity in the Federal Republic of Germany, OECD, http://www.oecd.org/dataoecd/42/1/33978768.pdf, 2004-11-26.

② 周娆、陈思、郭良菁：《国际学前教育公共经费投入趋势的比较研究》，《全球教育展望》2009年第11期。

高入园率，1996 年出台了有关政策，规定所有 3~6 岁儿童都有享受至少半日学前保育与教育的权利。这一政策推动了学前教育的普及，1998 年入园率达到 88%，1998 年之后保持平稳，每年的入园率都保持在 90%左右。从整个联邦德国看，1990 年德国统一时，3~6 岁学前儿童的入园率为 74%，到 2002 年增长为 93%，之后又有小幅度增长。2005 年，德国 3 岁儿童入园率为 82%，4~5 岁儿童入园率增长为 93%，6 岁儿童入园率为 96%。2011 年，德国 3 岁儿童入园率为 89%，4 岁和 5 岁儿童入园率分别达到 96%和 97%，6 岁儿童入园率为 98%。

（二）初等教育

魏玛共和国是德国历史上第一个共和国，这一时期推进了教育法制化建设，实行了一系列教育改革，奠定了当今德国教育体系的基础，赋予教育现代化更多的新内涵。1918 年 8 月 11 日颁布的《魏玛宪法》明确规定了国家的教育责任，其规定"国家实行普通义务教育。义务教育的实施机构原则上为至少 8 年制的国民学校，以及与之相连的直至满 18 岁教育的进修学校。国民学校和进修学校免学费和书本费"（第 145 条第 1 款）、"废止私立学前学校。私立学校作为公立学校的替代性学校，需要国家的批准，并服从于各邦的法律规定"（第 147 条第 3 款和第 1 款）。[1] 1920 年 4 月 28 日颁布并实施的《有关基础学校和废止学前学校的法案》（简称《基础学校法》）的主要内容是落实废止私立学前机构的规定，并规定所有人都要接受 4 年制基础学校。[2] 围绕学制问题以及基础学校问题不同党派之间出于社会和政治利益考虑展开了激烈的争论，保守党不愿意将自己的子女送到新型的基础学校，希望能够继续维护自己的教育特权。国民议会为此妥协，允许在某些地区的特定时间内继续保留私立或教会学前学校，并提议 4 年学制模式，规定所有儿童都必须进入基础性教育机构就读，这是升入高一级教育的唯一基础教育机构，优秀学生学制最低为 3 年。可见，在妥协的基础上，该法令废除了入学机会不平

---

[1]　Verfassung des Deutschen Reiches (11. 08. 1919), documentArchiv. de [Hrsg.], http://www. documentArchiv. de/wr/wrv. html.

[2]　Gesetz, betreffend die Grundschulen und Aufhebung der Vorschulen vom 28. 4. 1920, Reichs-Gesetzblatt 1920, S. 851-852. in: DocumentArchiv. de [Hrsg.], http://www. documentArchiv. de/wr/1920/grundschulgesetz. html.

等的特权，面向普通大众，推动了教育民主化进程。到 20 世纪 30 年代初期，德国初等教育领域统一实行 4 年制，废除了原来帝国时期的双轨制，另外，还实施 8 年义务教育后的教育，使完成义务教育的人可到补习学校接受职业继续教育，为提高德国整体人口素质提供了保障。此外，在师资方面，将原来小学师资由中等师范学校培养改为高等师范学校培养，严格控制师范生源和师资培训规格。虽然这些规定在纳粹时期都有了一定退步，但这个整体框架保留了下来。

"二战"之后一直到 20 世纪 80 年代，东德和西德教育体系差异很大。东德"实施的普通教育是以十年制普通教育综合技术中学为单一模式，该类学校基本特征是，学生从七至十年级接受综合技术教育课程学习，并在三门技术教育科目中，如社会主义生产导论、技术制图和生产劳动，进行训练和培养。该类学校设 16 门必修课和 2 门选修课"。① 而西德教育体系则为学前教育领域（幼儿园）、初等教育领域（小学）、中等教育领域（第一阶段和第二阶段）、第三级教育领域（大学、高等院校、高等专科学校）和第四级教育领域（成人教育、继续教育）。20 世纪 80~90 年代，德国东德、西德统一之后，初等教育入学年龄仍然保持为 6 岁，1985 年有的地区改为 5 岁，除了个别州如勃兰登堡州与柏林小学学制为 6 年，其他州基本学制为 4 年。小学阶段主要培养学生基本的读、写、算能力，毕业后将根据自己的情况进入主要中学、实科中学和完全中学学习。

二　中等教育体系

德国中等教育包括初中和高中两个阶段，从初中阶段开始分轨，高中阶段是普通教育和职业教育培训交替进行的双元制体系，一类是完全中学高级阶段，另一类是职业教育学校。德国有着复杂多样的教育体系，各州之间也有差异。就中等教育而言，巴伐利亚文理中学学制为 9 年，而萨克森州则为 8 年。以巴伐利亚州为例，该州小学为 4 年制，学生每个学期都要进行为期 2 周、每次 4 个工种的职业体验，毕业后可根据自己的兴趣爱好分流到不同类型的中学——普通中学、实科中学、文理中学及特殊教育（面向残障学生），普通中学和实科中学毕业生通常会升入应用技术大学，而文理中学毕业生通

---

① 马庆发：《德国五个新联邦州的教育转轨》，《外国教育资料》1993 年第 6 期。

常会升入综合性大学。当然，在符合一定条件情况下，这三类中学毕业生升入高等教育的轨道也可互相融通。

第二次世界大战结束后，在德国的美国、英国和法国占领者均对德国教育体系改革提出了要求，其中美国和法国要求德国进一步推进教育民主，废除分轨或至少推迟分轨的时间，与此相反，英国支持分轨制。德国却坚守本国教育体系。时任巴伐利亚州文教部长洪德哈默对此提交的报告中指出："民主化作为教育改革的最高目的，按我们的信念，并不要废除和表面上统一各种类型的学校，这些学校类型的确定在教育理论上证明是站得住脚的……高级中学的入学年龄不能推迟到心理学上确证的年龄（10 岁左右）的后面去。"[1] 巴伐利亚州的报告得到认可，其他州也认同并追随巴伐利亚州的做法，继续实行分轨制。

"二战"之后，德国教育领域出现了"文化联邦主义"的国家教育理念。德国"二战"之后经济恢复过程中就业岗位增多，对劳动力的文凭与技术也都有了较大的需求，并且需要不同州之间的教育水平与文凭能够相互认可与转换，为此，1955 年，德国出台了统一各州教育事务的《杜塞尔多夫协定》（Duesseldorfer Abkommen），统一了其现有的教育体系与学校制度，满足了社会需求。但该协定违背了"统一学校"类型，使中等教育体系中各州学校类型之间缺乏有效衔接。为加强德国教育体系的集中与统一，1953 年，德国委派教育委员会（Deutscher Ausschuss）专门考察其教育体系，1959 年，该委员会提交了《关于改组和统一公立普通学校的总体框架计划》（Rahmenplan，简称"总体框架计划"），该计划规定，在小学 4 年的基础上增设长达 2 年的促进阶段，在此基础上学生分流到不同类型的中学——普通中学（5 年制，也称主要学校）、实科中学（6 年制，也称不完全中学）和文科中学（9 年制）。特别优秀的学生可以小学毕业后直接进入文科中学学习。该计划继续保留了德国中等教育体系的差异性与多样性，后被纳入《汉堡协定》和《教育结构计划》。"二战"之后，西德各党派之间以及教派与非教派之间关于学校的论争加剧，其本质是关于中等教育分轨与合并。尽管西德社会民主党执政，但迫于强大的政治压力，仍不得不执行分轨的教育体系。当然，柏林作为新思想与新教育改革基地，实行 8 年制统一学校和 12 年免费的普及义务教育。到

---

① 李其龙、孙祖复：《战后德国教育研究》，江西教育出版社，1995，第 14 页。

20 世纪 50 年代，德国教育体系尤其是中等教育体系分化日益加剧，导致学生面临选择的困境与异向发展，教育不平等问题加剧，这主要是因为与社会阶层相关联的教育类型及其水平。因此，促进教育公平成为德国教育现代化进程中重要议题。

"二战"之后，德国学生在 10 岁就需要分流确定未来发展职业的制度越来越受到质疑。1959 年提出、1964 年通过的《汉堡协议》将学生分流时间推迟了两年，即到五六年级时再确定。1973 年，联邦政府提出要建立独立于学校类型的定向阶段，但保守党极力反对，认为挤压了文科中学的完整教育时间。联邦政府继续提出两种实施方案——独立于三类学校之外的学校与隶属三类学校其中的一种，大多数学生选择了后者，即仍然在 10 岁进行分流，但分流后两年为适应与调整期。① 具体来说，学校在四年级第一学期会召开由家长、班主任、主要任课教师、校长以及三种类型中学的校长共同参与的全体会议，初步互相介绍、了解情况。等第二学期学校根据学生成绩推荐中学，家长最后做决定，或者家长、学校共同协商解决。② " 一个文科中学六年级学生学习成绩越来越不好，根据班会的决议，征得家长同意之后，可在学期结束时转入实科中学，插入六年级。在学年结束时（在这种情况下是在定向时期结束时），由学校会议决定这个学生是否能进入实科中学七年级或者是进入高级国民学校（即主体中学）七年级。"③ 1990 年，巴伐利亚州取消了定向期，"有小部分学生在国民中学读完五年级后才凭相应证明转入完全中学（即文科中学）学习"。④

20 世纪 70 年代初，联邦德国认为，"要实现'实质上的'教育机会均等，必须取消中等教育第二阶段上普通教育与职业教育的划分，达到两条教育途径一体化的尝试"⑤ "中等教育第二阶段上普通教育的概念本身是错误的，借以把完全中学高级阶段的教育与职业教育划分开来也是缺乏根据

① 克里斯托弗·福尔：《1945 年以来的德国教育：概览与问题》，肖辉英等译，人民教育出版社，2002，第 122~124 页。
② 张可创、李其龙：《德国基础教育》，广东教育出版社，2005，第 164~169 页。
③ 约阿希姆·H. 克诺尔：《西德的教育》，王德峰译，人民教育出版社，1980，第 50 页。
④ 巴伐利亚州文教部、杭州大学中德翻译中心编《德国巴伐利亚州教育制度》，杭州大学出版社，1998，第 38、47 页。
⑤ 孙祖复：《普通教育与职业教育一体化的尝试》，《外国教育资料》1990 年第 2 期。

的"，① 而当时及未来的科技发展将带来职业结构的改变，劳动过程技术化、科学化加强，需要工作人员具备高度灵活应变、知识迁移与转换的能力，这就要求职业教育中加强普通教育的基础，普通教育中加强与现实生活的联系，增加应用能力培养，即"普通教育与职业教育一体化是科学技术发展的客观需要"，② 职业教育与普通教育相互融合成为大势所趋。因此，政府提出要建立将三种类型中学合为一体的综合高中。1977 年，杜塞尔多夫创建了第一所独立的综合高中。综合中学兼具其他三类学校的功能与特点，具有不同于其他三类中学的培养目标与要求，学制 9 年，面向所有不同阶层，机会平等，避免了过早的教育分流与职业选择，不同阶层的子弟在接受共同的教育过程中，相互理解与尊重，使学生获得更多全面发展与选择的机会，不仅具有教育意义，并且消除了阶层对立与社会隔阂，有利于社会政治稳定。

进入 20 世纪 80 年代，随着经济社会变革和科技的迅猛发展，世界各国都认识到教育在培养未来国际竞争中主宰国家命运的人才的重要意义。"上至国家元首，下至平民百姓，都对教育改革提出各种不同的意见和建议"，它"不仅涉及中等教育和高等教育，也涉及社会教育和家庭教育；不仅限于教育的结构、内容和方法，而且深入教育观念的思考"，③ 展开了持久而深入的教育改革，综合高中实验就是其中一项重要内容。到 1988 年，联邦德国北莱茵—威斯特法伦州地区就新建了 24 所综合高中。具体来说，综合高中"综合"路径有两种：一种是"合作式"，即"在一所学校中保留了中等教育的三类中学……使学生根据自己的学业情况比较容易地在不同学校类型之间得到转换"；④ 另一种是"一体化"，即完全打破三轨制之间的割裂，通过按不同科目成绩分班、定期调换班级的形式进行因材施教，从教学层面微观处理，尊重所有学生各科学习兴趣。学生毕业时，仍按照每个学生的成绩，分别让他们拿到主体中学毕业证、实科中学毕业证和获得向文科高中阶段过渡的资格。⑤ 就此而言，综合高中在促进教育民主化的同时，在教学内容与课程设置

---

① 孙祖复：《普通教育与职业教育一体化的尝试》，《外国教育资料》1990 年第 2 期。
② 孙祖复：《普通教育与职业教育一体化的尝试》，《外国教育资料》1990 年第 2 期。
③ 顾明远：《世纪之交的思考——评八十年代以来世界教育的改革》，《比较教育研究》1992 年第 5 期。
④ 张可创、李其龙：《德国基础教育》，广东教育出版社，2005，第 201 页。
⑤ 李其龙、孙祖复：《战后德国教育研究》，江西教育出版社，1995，第 103 页。

上实现了既为大学学术课程做准备，在科学教育方面又与未来职业训练相衔接，从而兼具实用主义和学术性的优点，普通教育与职业教育实现了融合与统一。然而，也有反对党派认为综合高中搞平均主义、良莠不齐，混淆了天才与庸才之间的界限。① 普通民众也持观望态度。这些问题导致综合高中在吸引优秀生源方面起步艰难，因为如果吸收优秀学生的数量太少，就很难在校内开展对他们的因材施教。② 因此，综合中学学生在所有类型中学的学生中只占不到10%，只是在原来三种类型中又加入一种，并没有取代三轨制，这使得德国中等教育体系更加丰富。

1990年，东德和西德统一后，新联邦德国通过的新教育法规定取消10年制普通中学，"柏林东区及东德各州学制均按联邦德国模式全盘调整，建立6年制独立小学；中等教育由传统的三个板块即普通中学（初中）、完全中学及实科中学（不完全中学），以及合三为一的综合中学组成。除勃兰登堡外，东德各州都在高中阶段用二年制代替联邦德国标准模式的三年制，实行普教十二年制。其拥护者认为这种选择是向欧共体众多国家看齐，而联邦德国普教为十三学年"。③ 德国中等教育体系具体构成情况如下。

文理中学。学制为8年，注重培养学生学术能力与研究性学习能力，以学术导向为主，课程主要包括德语、数学、科学、伦理学、宗教等文化课与外语，毕业生通常直接升入综合大学。该类中学学生占德国学生总数40%左右。

主体中学。其前身可追溯到19世纪初专门为社会中下层子弟实施普及教育而设立的国民学校，直到魏玛共和国时期，小学毕业生的88%进入这类中学。④ 1952年，主体中学的学生已占同龄德国中学生的80%。⑤ 因此，1964年颁布的《汉堡协议》将其改名为"主体学校"或"主体中学"。但进入20世纪60年代之后，主体中学学生在同龄德国学生的比例逐年下降，1960年为66%，1975年为50%，1994年仅占26%。⑥ 主体中学学制为5年，以就业为

---

① 约阿希姆·H.克诺尔：《西德的教育》，王德峰译，人民教育出版社，1980，第83页。
② 克里斯托弗·福尔：《1945年以来的德国教育：概览与问题》，肖辉英等译，人民教育出版社，2002，第153页。
③ 朱希璐：《德国教育的调整与展望》，《外国中小学教育》1994年第6期。
④ 李其龙、孙祖复：《战后德国教育研究》，江西教育出版社，1995，第16页。
⑤ 李其龙、孙祖复：《战后德国教育研究》，江西教育出版社，1995，第82页。
⑥ 克里斯托弗·福尔：《1945年以来的德国教育：概览与问题》，肖辉英等译，人民教育出版社，2002，第133页。

导向，注重培养学生应用、动手能力，课程设置以德语、数学、英语、理科综合、文科综合等文化课为主，还设置了劳动、经济、技术、手工制作（技术制图）、交流技术、家政（护理）等直接与职业相关的必选课程，教学过程注重与企业的合作。主体中学会在最后一年为学生创造实习机会，学生只有学业合格才能获得毕业证书，毕业后才能找到职业培训的机会，才会顺利就业，可以说："全部学徒工中的大部分人来自主体中学。"①

　　文科中学（亦称"完全中学"）。学制为 9 年，其中前 6 年为初中，属于义务教育阶段，后 3 年为高中，属于非义务教育阶段。根据巴伐利亚州的规定，"文科中学生读完 10 年级后进行考试，合格者才有资格进入文科中学高年级就读，10 年级考试合格获得的这一资格相当于中等教育毕业资格，不合格者转入其他类型学校学习"。② 文科中学属于普通教育，注重理论知识和抽象思维训练，培养学生科学研究能力。早在 1882 年，德国颁布的《文科中学毕业考试章程》规定，学生学业合格毕业后可直接升入大学学习，这种规定一直持续了 150 年。③ 这个规定为德国大学输送了大批生源。然而，文科中学的扩张速度远远高于大学，到 20 世纪 60 年代，大学无力容纳如此巨大的生源，德国开始进行改革。1987 年，45% 的名额根据毕业考试的成绩加上大学测试的成绩来分配，10% 的名额根据大学测试的成绩来分配，其余 45% 的名额按照不同标准来分配。④ 这就意味着文科中学毕业生大学升学率在下降，1972 年升学率为 73%，1987 年为 61%，1991 年为 53%。1994年，大学新生人数为 174300 人，数量远低于获得入学资格的人数，即大学入学比例为 81%，而文科中学毕业生直接升入大学的比例再次增加到 60%以上。⑤

　　实科中学。学制为 6 年，介于主体中学和文科中学之间，因此在《汉堡

① 克里斯托弗·福尔：《1945 年以来的德国教育：概览与问题》，肖辉英等译，人民教育出版社，2002，第 133 页。
② 巴伐利亚州文教部、杭州大学中德翻译中心编《德国巴伐利亚州教育制度》，杭州大学出版社，1998，第 48 页。
③ 李其龙、孙祖复：《战后德国教育研究》，江西教育出版社，1995，第 4 页。
④ 克里斯托弗·福尔：《1945 年以来的德国教育：概览与问题》，肖辉英等译，人民教育出版社，2002，第 208 页。
⑤ 克里斯托弗·福尔：《1945 年以来的德国教育：概览与问题》，肖辉英等译，人民教育出版社，2002，第 300 页。

协议》统一名称之前也被称为中间学校，其功能也介于两类中学之间，学生具有双重发展路径—— 一方面毕业后可以接受职业教育，进入比主体中学毕业生出路更好的专业学校和专业学院；另一方面成绩很好可以转入文科中学，谋求上大学。[①] 但实科中学与文科中学的不同在于，"实科中学的课程安排让那些对实用自然科学感兴趣并有这方面才能的学生觉得更合口味"，[②] 与主体中学相比，实科中学学制长 1 年，可吸引主体中学有能力的同学在适当时候转入，获取实科中学的毕业文凭。[③] 实科中学主要培养企业高级技术人员及一线管理者，课程设置包括宗教、德语、数学、科学、历史、音乐、英语、体育和手工等，主要注重实用科学知识，学生毕业后通常直接进入全日制职业专业学习或"双元制"职业学校学习。因此，实科中学吸引了德国约 1/3 的小学毕业生。

上述几类中学之间是可以相互融通的，并不是相互封闭的，即学生在分流之后，还有机会再次转向。"实科中学特殊的十年级尤得人心。它能使主体中学中有能力的学生，在主体中学毕业后不失时机地"转入文科中学十一年级。[④]"主体中学也允许设立十年级……经特别推荐，也可以升入文科中学十一年级。"[⑤] 巴伐利亚州 1994/95 学年实科中学毕业生共 27470 人，其中 1.4% 转入文科中学。[⑥] 20 世纪下半叶是德国普及中等教育体系大发展阶段，表 5-2 反映了德国各类中学学生比重的变迁。

到 20 世纪 90 年代，德国各级教育都有了很大发展，各类中学都有可能进入综合性普通大学，表 5-3 是 1994 年各类中学获得大学入学资格的数量及占比。

---

① 克里斯托弗·福尔：《1945 年以来的德国教育：概览与问题》，肖辉英等译，人民教育出版社，2002，第 136 页。
② 约阿希姆·H. 克诺尔：《西德的教育》，王德峰译，人民教育出版社，1980，第 69 页。
③ 克里斯托弗·福尔：《1945 年以来的德国教育：概览与问题》，肖辉英等译，人民教育出版社，2002，第 139 页。
④ 克里斯托弗·福尔：《1945 年以来的德国教育：概览与问题》，肖辉英等译，人民教育出版社，2002，第 139 页。
⑤ 克里斯托弗·福尔：《1945 年以来的德国教育：概览与问题》，肖辉英等译，人民教育出版社，2002，第 127~128 页。
⑥ 巴伐利亚州文教部、杭州大学中德翻译中心编《德国巴伐利亚州教育制度》，杭州大学出版社，1998，第 46 页。

表 5-2　20 世纪下半叶德国各类中学的学生比重

单位：%

年份	主体中学	实科中学	文科中学	综合中学	主体与实科一体化班
1960	66.4	13.5	20.1		
1965	61.3	16.6	22.1		
1970	55.2	20.1	24.7		
1975	49.7	22.7	27.6		
1980	41.7	25.3	28.9	4.1	
1986	38.0	29.2	27.6	5.2	
1994	25.6	26.5	31.5	9.0	7.4

注：1994 年的数字为八年级学生，其余都是三种学校全部年级的学生。

资料来源：郑也夫《德国教育与早分流之利弊》，《清华大学教育研究》2012 年第 6 期。

表 5-3　1994 年德国获得大学入学资格的各类学生数量及占比

单位：人，%

学生类型	人数	占获普通大学入学资格者比例
文科中学毕业生	175311	81.0
综合中学毕业生	6653	3.1
专业文科中学毕业生	20300	9.4
职业高中和技术高中毕业生	2149	1.0
职业专科学校毕业生	1533	0.7
晚间文科中学毕业生	3350	1.5
大学预科毕业生	4018	1.9
其他	2998	1.4
获普通大学入学资格者总数	216312	100.0

资料来源：克里斯托弗·福尔《1945 年以来的德国教育：概览与问题》，肖辉英等译，人民教育出版社，2002，第 206~207 页。

三　双元制职业教育体系

德国早在 19 世纪就形成了学校教育与非学校教育并重的双元制职业教育体系。早期手工艺时代就形成的完善的学徒制既是德国重要的制度安排，也是德国职业教育体系形成与发展的基础，1908 年颁布的《工商管理条例》规定，"企业主必须具备通过了师传考试的证明"。[①] 后来日益发展的工业制度进一步强调了学徒制与职业培训，"工会与雇主约定，不得雇用未经职业训练并获得职

---

① 李其龙、孙祖复：《战后德国教育研究》，江西教育出版社，1995，第 120 页。

业资格的人承担技术性工作。因此，凡未获得'职业资格证书'者，在就业市场均处于明显劣势，失业率较高。而且即使被雇用，也仅从事极简单的工作"。[①] 正是长期以来政府与社会各界对学徒制与职业教育的重视，才造就了被凯恩斯所称赞的德国工业。

通常主体中学和实科中学毕业生90%以上都要接受来自校内外的职业培训，"学生同时在两个不同的教学地点学习，一个教学点为企业，一个教学点为学校，它是联邦德国教育制度的重要组成部分"。[②] 德国职业教育机构主要有职业学校、职业补习学校、专科高中、高级专科学校、职业专科学校以及各种形式的职业培训一体化的学校。校外职业教育通常指企业、行业、社会团体及社区职业教育机构等。20世纪初，凯兴斯泰纳关于将"职业培训作为公民教育"的提议得到了普遍认同，一些继续教育机构逐渐转变为正规职业学校。德国还出台了相应的产业工人法，规定学徒必须接受普通基础知识教育。魏玛共和国延续了这一政策，并通过有关法令，进一步规定了职业教育的义务。据统计，到魏玛共和国晚期，将近2/3本应接受义务职业教育的青年都接受了相应的教育。在这一时期，魏玛共和国高度重视职业教育与青年就业问题，强调所有接受职业教育的人应具有自我管理的权利，工会也高度支持，联邦德国的双元制职业教育体系初步形成并获得一定发展。

德国基础教育与职业教育相衔接，并与国民经济密切联系，种类丰富，数量较多，企业是主导力量，学校能够及时针对职业结构与市场需求进行调整，及时更新教学内容，德国3/4以上的初中生毕业后直接进入企业培训机构进行职业技术培训，与此同时也在相应的职业学校接受基础理论知识教育，因此，双元制职业教育培养出德国经济社会发展过程中所需要的科技及工艺类专业技术和管理人员。这种双元制职业教育体系因其灵活性很好地促进了德国经济社会的发展，被称为德国经济腾飞的秘密武器或"第二支柱"。概言之，双元制职业教育体系受到德国各界的认可，在世界上也形成了德国特色的品牌，再加上政府重视与完善的法律保障体系与科学的管理体制、多元化的经费来源、企业的全方位支持与合作、严格的质量标准等，一直能够健康有序地持续发展。

双元制是德国职业教育的特色与灵魂，通过学校、企业及企业协会合作

① 沙威特、穆勒：《中等职业教育、分流与社会分层》，载莫琳·T. 哈里楠《教育社会学手册》，华东师大出版社，2004，第582页。
② 于忠正、王仲伦：《德国教育体制的结构》，《甘肃教育》1991年第3期。

培养、共同确定具体职业的技能质量标准，学生大部分时间以普通劳动力的身份在企业的"训练车间"或"训练角"内工作，并且接受相应的严格考试，"毕业考试分实践和理论两个部分。企业、雇员联合会，以及职业学校教师的代表都参与考试"，① 并且考核及最后的文凭、评语都与学生劳动习惯、态度以及技能密切相关，这"导致了德国劳动力在就业资格上的高度标准化……标准化程度越高，教育资格与职业获得的连接就愈紧密"，② "雇主可以充分相信职业资格证书"。③ 在这个系统作用下，德国最大限度地解决了职业教育与社会实际需求脱节、毕业生不适应就业市场的弊端，职业教育文凭证书成为学生顺利就业的通行证与保护牌。德国法律也规定，所有青年都必须参加一定的职业教育培训才能就业。因此，德国职业教育远比高等教育更有吸引力，在就业之路上保障性更强。所以，德国企业员工接受培训的比率也相当高。据1994年一份德国教育文献统计，德国化工企业未受过职业教育的从业人员仅为3%，法国为19%，英国为42%。④ 这种行业人员培训状况在很大程度上可直接影响国家的行业竞争力。到20世纪90年代中叶，"每年有三分之二以上的普通教育学校毕业生接受双元制培训"。⑤ "1993年总计有21.6万名文科中学毕业生接受职业培训，大部分在培训结业后进入高等院校学习。"⑥

德国职业教育体系完整，教育机构种类很多，各类之间相互补充，性质与功能也各不相同。各级教育层次都设有职业教育，学生在完成基础教育之后的每个阶段都可以进入职业教育机构学习。职业教育既有全日制的，也有在职的，还有夜校等函授性质的，学制为1~4年不等。从层次上看，有职业学校、高级职业学校、职业专科学校和专科学校等，那些职业学校毕业后可继续升入专科高中或专科文科中学，学生完成"双元制"职业培训后经过文

① 克里斯托弗·福尔：《1945年以来的德国教育：概览与问题》，肖辉英等译，人民教育出版社，2002，第177页。
② 沙威特、穆勒：《中等职业教育、分流与社会分层》，载莫琳·T.哈里楠《教育社会学手册》，华东师大出版社，2004，第582、584页。
③ 沙威特、穆勒：《中等职业教育、分流与社会分层》，载莫琳·T.哈里楠《教育社会学手册》，华东师大出版社，2004，第585页。
④ 张可创、李其龙：《德国基础教育》，广东教育出版社，2005，第224页。
⑤ 克里斯托弗·福尔：《1945年以来的德国教育：概览与问题》，肖辉英等译，人民教育出版社，2002，第171页。
⑥ 克里斯托弗·福尔：《1945年以来的德国教育：概览与问题》，肖辉英等译，人民教育出版社，2002，第174页。

化课学习，可再次升入高等院校学习。当然，一些已经被综合大学录取的普通教育毕业生也可在大学毕业之前接受"双元制"职业培训。具体而言，学生在完成9年义务教育之后，可进入双元制职业学校接受双元制教育，进入职业专业学校进行全日制职业教育或者进入职业进修学校进行函授教育。通常对动手应用能力要求较高的生产岗位，要求学生接受双元制教育，萨克森州参加双元制教育学生的比例约为47%；如果学生想进入对逻辑思维能力要求较高的服务行业，则需要参加全日制职业专业学校培训，萨克森州参加这一形式培训的比例约占53%。实科中学与主体中学毕业生可升入职业文理中学，这是一种大学预科性质的教育，包括技术、工程、生物技术、航空航天等领域，学生毕业后可升入综合大学、应用型大学、职业学院等进一步接受高等教育。专业高等学校也是为期1年的预科性质的学校，免试接收已经毕业1年的、有一定工作经验的职业学校的毕业生，学生学业合格毕业后可免试进入应用型大学及职业学院学习。技术工人进行职业培训的机构有专业学校，员工接受完培训回到企业，待遇高于刚毕业的大学生。此外，由于职业教育属于德国义务教育范畴，德国法律规定所有人必须接受至少10个月的职业教育，对于那些从未接受过职业教育的人，其中也包括文理中学肄业的学生，都可通过"职业教育基础年"进行为期1年的职业教育，学业合格可获得职业培训资格，相当于初中文凭，从而具有进入正规职业学校学习或直接就业的能力，完成了法律规定的义务。此外，还有专门针对未就业或失业的基础较差的人员创办的职业预备学校。

德国职业学校的专业设置、培养方向很多，"国家认可的培训职业分为13大类［经济与管理，冶金机械技术，电子工业技术，建筑施工技术，木材加工技术，纺织服装技术，化学、物理和生物技术，排版制版印刷技术，粉刷与室内装潢技术，保健技术，个人卫生，营养与家政（餐饮旅馆服务员，厨师及家务），农业经营管理］共约380多种职业"。[1] 另有450种和498种培训职业的说法，[2] 如此细致、众多的分类也在一定程度上增加了学生选择的难

---

[1] 巴伐利亚州文教部、杭州大学中德翻译中心编《德国巴伐利亚州教育制度》，杭州大学出版社，1998，第63页。

[2] 阿兰·C. 柯克霍夫《从比较角度看学校到工作的过渡》，载莫琳·T. 哈里楠《教育社会学手册》，华东师大出版社，2004，第604页；莫蒂默·克鲁格：《德国与美国从学校到工厂的多条途径》，载莫琳·T. 哈里楠《教育社会学手册》，华东师大出版社，2004，第633页。

度。为此，政府设置专门机构和程序帮助学生进行选择定位，"德国有一间国家就业机构，专门评估学生的资质，并同时指明适合该青年的学徒方向"。[①]通常，"在接受学徒职位之前，学生必须接受两次为期六周的自选职业实习，第一次在毕业前两年进行，第二次在普通教育的最后一年。学生对于首次实习的评价可以从课堂讨论略见一斑，大多数学生坚信自己不会再从事这一行业（太难啦、收入太低啦、工作条件太差啦，太单调啦等，不一而足）。第一次实习以后，学生们还可以选择另一行业为期六周的实习"。[②]通过这两次实习，促使学生"在如此幼小年纪就必须学会研究官方的就业信息、向教师和辅导员进行咨询、在 498 个职业领域中选择自己中意的学徒项目并最终获得学徒工的职位"。[③]因此，学界对德国职业教育的评价是"不应将其理解为教育历史的'残余物'，而应更多地理解为是灵活回应了经济与社会的不断变化的需要，回应了技术发展的新重点"。[④]

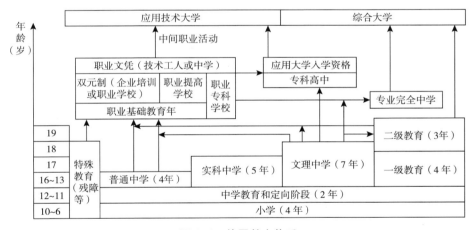

图 5-1　德国教育体系

资料来源：郭谆钦《德国教育体系探索与启发》，《新课程研究》2015 年第 6 期。

---

①　罗森鲍姆·琼斯：《中学教育与劳动力市场的互动》，载莫琳·T. 哈里楠《教育社会学手册》，华东师大出版社，2004，第 543 页。

②　莫蒂默·克鲁格：《德国与美国从学校到工厂的多条途径》，载莫琳·T. 哈里楠《教育社会学手册》，华东师大出版社，2004，第 643、649 页。

③　莫蒂默·克鲁格：《德国与美国从学校到工厂的多条途径》，载莫琳·T. 哈里楠《教育社会学手册》，华东师大出版社，2004，第 649 页。

④　克里斯托弗·福尔：《1945 年以来的德国教育：概览与问题》，肖辉英等译，人民教育出版社，2002，第 171 页。

四 高等教育体系

两次世界大战给德国带来巨大冲击，导致德国经济衰退。为恢复经济，发挥德国工业优势，德国政府继续关注教育尤其是高等教育在促进国家经济发展、竞争力提高中的重要作用与责任。面对联邦德国高等教育体系如何发展的问题，英国、法国和美国虽有诸多提议，但联邦德国仍坚信本国"高等院校具有历史悠久、其核心是健康的传统"，应当"让传统的健康核心服务于我们时代的必要性"。[①]

20世纪50年代，联邦德国的经济再次崛起，创造了令世人瞩目的"经济奇迹"。1958年，联邦德国的国民生产总值占欧共体市场的36.2%，出口贸易占39.3%，黄金外汇储备占48.4%，钢产量占45.3%，电力占41.3%，居欧共体成员国第一，成为欧洲乃至世界的经济大国。[②] 经济的增长速度与方式都要求进一步完善高等教育体系。1964年，皮特希教授发表了《德国教育的灾难》系列文章，指出德国当时的教育规模与结构无法满足未来社会对人才的需求，必须大力发展中等与高等教育。因此，东德和西德统一之后，联邦德国在高等教育体系方面进行了一系列改革。

政府在原来高等教育双轨制的基础上，围绕教育扩张与民主化，在继续保持综合大学学术性的同时，重点扶持实践性较强的高等专科学校和职业学院，为德国参与国际分工输送最高端的人力资本。1965~1975年为联邦德国教育体系改革的10年，德国通过政府干预，围绕民主化进行了两方面改革，一是扩建新建高等教育机构，以容纳更多生源。1960~1975年，德国总共新建了24所综合性大学和综合大学（Gesam Thochschle），[③] 加上20世纪60年代末70年代初蓬勃发展的高等专科学校，这10年成为德国高等教育史上高等学校扩张的重要时期。与此同时，学生人数持续增加。大学生在同龄人口中所占比例由1960年的7.0%上升到1970年的13.4%，1980年的25.6%。[④]

---

① 克里斯托弗·福尔：《1945年以来的德国教育：概览与问题》，肖辉英等译，人民教育出版社，2002，第216页。

② 丁建弘：《德国通史》，上海社会科学院出版社，2002，第416页。

③ 克里斯托弗·福尔：《1945年以来的德国教育：概览与问题》，肖辉英等译，人民教育出版社，2002，第221页。

④ 国家教育发展研究中心：《中国教育绿皮书》，教育科学出版社，2001，第90页。

可以说，这一阶段德国高等教育通过扩张与民主化，在很大程度上缓和了德国"教育紧急状态""文科中学毕业生赤字"问题，为个人成功创造了机会。

20 世纪 90 年代，德国经济平均年增长率一直保持在 1%～2%，财政短缺，联邦政府对高等教育的支持力度下降，再加上国际上高等教育治理理念的提出，使得以政府资助为主的德国高等教育陷入经费困境。德国政府在对高等教育"去国家化""去控制"改革的同时，借鉴美国做法，强调市场作用，增强高等教育社会适应能力，即高校对社会的责任感与竞争能力。1998 年的《高等教育总法》（Hochschulrahmengesetz）修订版第五条规定："国家高等学校财政以其研究、教学以及促进科学后备人才方面所取得的业绩为导向。同时也考虑高等学校在实现平等任务方面所取得的进步。"这种绩效导向可看出政府的改革意图——追求效益，提倡竞争。在高等教育体系方面，德国大力发展应用技术大学（Fachhochschule）和职业学院（Berufakademie），为国家经济发展输送更多实用型专业技能人才。1993 年，科学审议会颁布的《关于高等教育政策的十点意见》指出，高等教育培养了 30% 以上的适龄人口，应当针对学生人群提供相应的培养制度，改革高等教育培养结构，重点发展高等专科教育，在发展科学的同时，承担起多样化的社会责任。1994 年，巴登-符腾堡州创建了第一所职业学院，之后柏林、下萨克森、萨克森、石勒苏益格-荷尔斯泰因、图林根、不来梅、汉堡以及萨尔等地也纷纷效仿，建立起职业学院。这是一种类似"双元制"中等职业教育模式的高等职业教育模式，学生在职业学院和企业之间进行交替分别接受学术性和实践性的训练。职业学院综合了大学教育与职业教育，与高等专科学校类似，主要培养高级工程师，是双元制中等职业教育的升级，通过与企业的合作，将学校本位的教育转向企业参与主导的职业培训。职业学院招生与培养都与行业发展规划与需求密切相关，学制为 3 年，前 2 年为基础专业理论与实践技能的基础学习阶段，后 1 年为针对专业方向的深入学习阶段，虽然招生规模小，但专业针对性强，实践训练多，更结合企业的生产与管理实际，因此就业率高达 100%。在此基础上，德国双元制的高等教育体系进一步完善。

二是优化健全学位体系，进行课程与学习制度改革，为国家经济社会发展培养具有较高专业知识、实践经验丰富、素质水平高、具有国际视野和国际流动能力的人才。1998 年，德国通过的《高等教育总法》第十九条规定，允许德国大学在保留传统学位的基础上，颁发与国际接轨的学士与硕士学位。

同年，德国还加入了博洛尼亚进程，签署了《博洛尼亚宣言》，参与建立欧洲高等教育与研究区，共同创建便于国际比较和认可的学位制度。并且从 2003 年开始，实行欧洲学分转换体系（ECTS）和包括本科、硕士和博士在内的三级学位制度，以增加德国高等教育的国际影响力，促进学生的国际流动和人才的全面发展。① 2003 年 6 月 12 日，德国文教部长联席会议决议，学士学位成为德国高等教育的常规学位，个别传统学位如理工、经济或社科类硕士学位如果要保留则属于例外情况。2003 年 10 月 10 日，德国文教部长联席会议通过的决议《根据高等学校总纲法第 9 条第 2 款规定对学士专业和硕士专业进行认证的各州通用的结构规定》中，决定全面引入学士专业和硕士专业，并计划以学士和硕士所构成的两级学制取代德国传统的学制（采用国家考试和教会考试的一些专业除外）。在一定时期内，德国将实行新旧学位制度并存、从旧学位制度向新学位制度转型，仍有约一半的学生在传统专业中学习。德国高等教育国际化战略吸引了大量国外优秀人才，尤其是留住了一些高水平理工科的技术型人才，从而促使德国 20 世纪下半叶经济恢复，再次返回世界科技、机械、设计及制造业前列，成为欧洲经济中的领头羊。②

目前，德国高等教育体系包括三种类型的高等教育机构：综合性大学（Universitäten）及科技大学、综合大学、师范学院、神学院等与其同级的高等院校；高等专业学院，也称应用科学大学；高等艺术与音乐学院。

第一类是综合性大学（Universitäten）及科技大学、综合大学、师范学院、神学院等与其同级的高等院校，这些都是德国高等教育主体，既提供本科教育，也提供研究生教育，并且都具有博士学位及"大学授课资格"的授予权。据统计，2009/10 学年冬季学期，德国共有 105 所综合性大学（含科技大学）、6 所师范学院、16 所神学院。这些高等教育机构共容纳了在校大学生 1423338 名，占全部在校大学生人数的 66.9%。③ 在 1998 年德国学位制度改革之前，德国实行两级学位制度，第一等级为硕士学位及与其同等级毕业证书，没有学士层次。传统的硕士学位属于第一级高等教育毕业证书，分人文科学

---

① Bonn, Statistische Daten zu Bachelorund Masterstudiengängen Wintersemester 2011/2012 Statistiken zur Hochschulpolitik. Hochschulrektorenkonferenz(HRK), 2011. p. 12.

② 骆四铭：《洪堡理念与德国高等教育发展》，《高等工程教育研究》2010 年第 5 期。

③ Statistisches Bundesamt, Bildung und Kultur. Schnellmel Dungsergebnisse der Hochschulstatistik zu Studierenden und Studienanf anger/-innen(Vorl aufige Ergebnisse, Wintersemester 2009/2010), Wiesbaden: Statistisches Bundesamt, 2009.

类（Magister Artium，M. A.）和理工科、经济学及社会科学类 Diplom。博士学位属于第二等级。法律、医学和师范类专业实行两级国家考试（Staatsexamen）制度，学生以此获得毕业文凭，第二级相当于硕士学位，是进一步攻读博士的凭证。具体如图 5-2 所示。

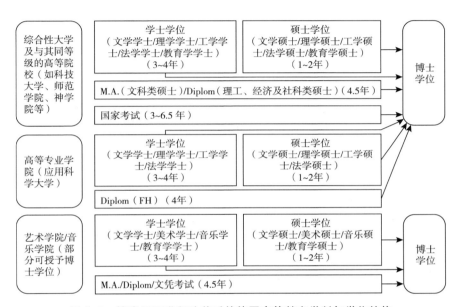

图 5-2 博洛尼亚进程改革后的德国高等教育学制与学位结构

资料来源：Diploma Supplement，http：//www. hrk－bologna. de/bologna/de/download/dateien/DS_Deutsche_Version_final_2008m_QR. pdf。

1998 年学制改革之后，引进了学士学位，新设立的硕士学位分三种类型：第一种是在原来学士专业基础上继续学习本专业的连续性硕士专业（Konsekutive Master-Studiengange）；第二种是本科毕业后硕士阶段选择另外的专业的非连续性硕士专业（Nicht-Konsekutive Master-Studiengange）；第三种是硕士专业并不是本科所学专业，并且还要求学生至少要有 1 年的与其教学内容相关的实践工作经验的继续教育性硕士专业（Weiterbildende Master-Studiengange）。另外，硕士分为研究型和应用型两种，硕士专业可在二者之间进行选择。因此，目前新学位制度下，德国学士学位和硕士学位类型主要包括：文学学士（Bachelorof Arts，B. A.）/文学硕士（Master of Arts，M. A.）；理学学士（Bachelor of Science，B. Sc.）/理学硕士（Master of Science，M. Sc.）；工学学士（Bachelor of Engineering，B. Eng.）/工学硕士（Master of Engineering，

M. Eng.)；法学学士（Bachelor of Laws，LL. B. ）/法学硕士（Master ofLaws，LL. M. ）；教育学学士（Bachelor of Education，B. Ed. ）/教育学硕士（Master of Education，M. Ed. ）。

从传统学制看，通常 Diplom 专业和 Magister 专业学制为 4~5 年，Staatsexamen 学制为 3~6.5 年，教会考试的标准学习年限为 5 年。在新学位制度下，学士学制为 3~4 年，硕士学制为 1~2 年，从学士到硕士的连续学习时间不超过 5 年。学生获得传统硕士或与国际接轨的新硕士学位之后，或者在通过第二次国家考试之后，即可攻读博士学位。个别学士毕业生通过特定的资格考试，也可直接攻读博士学位。德国博士学位的学制由不同学校的《博士规章》（Promotionsordnung）确定，有一些结构化的博士项目期限为 3~4 年，其他大多数博士项目没有规定明确年限，通常以完成博士论文和通过答辩为准。

德国高等教育体系的运行建立在政府宏观调控与大学自身利益、市场需求的基础上。政府干预手段主要包括指导、咨询、协调和预警等。德国设有高校学科专业设置社会评价机制，政府规定所有高校的学科专业都要接受社会中介组织的动态评估认证，每 5 年进行 1 次，从而确保高校能够适应经济社会发展的需要。这一政策已得到高校的响应，并成为专业设置的通常性做法，因此德国打造了很多世界知名专业，如汽车制造、机械工程、生物学、环境科学等理工科领域以及新闻、法学和经济学等文科领域。①

第二类是高等专业学院（Fachhochschulen），1998 年之后也叫应用科学大学（University of AppliedSciences），成立于 1970~1971 年，主要是为了培养高层次应用型人才，满足当时越来越多的中学毕业生接受高等教育的诉求与愿望，以及经济建设需要大量既有理论基础、动手能力又强、科技含量高的技术人才的诉求。1968 年 10 月 31 日，联邦政府颁布的《联邦共和国各州统一专科学校的协定》提出，成立高等应用专业学院，学制为 3 年。因此，1970 年前后西德各州纷纷在原来的工程师学校、技术中专、示范学校等中等专业学校的基础上创建高等应用专业学院，成为德国高等教育体系中第二大类主要机构，肩负起德国高等教育大众化的使命。应用科学大学具有双轨制特征，紧跟市场职业需求，注重学生实践动手能力的培养，理论教学与实习实践的比例约为 3：2，学生的毕业设计通常都是在公司企业内完成的，所以非常接

---

① 孙崇文：《德国高等教育改革新走向》,《中国高等教育评估》2006 年第 2 期。

地气，广受德国工商业认可。应用科学大学的双轨制还体现在师资的"双师型"，即任课教师同时具有学术性和实践性，除了具有博士学位之外，还必须至少具有 5 年的与所教专业相关的业界经验。教师必须为本科生开设大量的课程，并且教授最新的业界动态，开展应用性研究。同时，应用科学大学还聘请企业界具有丰富经验的工程师、专家来承担教学任务。在政府的政策引导与鼓励以及法律约束下，企业积极、自主、全面、深入地参与并主导应用科学大学的实践教学，企业与学校双方实现了共赢。这种实践教学导向与企业的积极参与，再加上德国引进了 ISO 质量管理体系，实行严格的质量认证与监管机制和广泛的国际合作战略，所以教学质量特别高，学生就业率很高，据说德国工商界 50% 的经济师、2/3 的工程师都毕业于应用科学大学。2013年在世界经济低迷的时候，德国失业率仅为 2.4%，应用科技大学为德国经济健康、可持续发展提供了高质量的人才与技术保障。表 5-4 为德国高等专业学院与综合大学的比较。

表 5-4　德国高等专业学院（FH）与综合大学的比较

学校项目	学制	授予学位	科研活动	教授级别	培养目标
综合大学	5 年以上	硕士、博士	注重	最高 C4 级	科研人员
高等专业学院	4 年以上	硕士	不注重	最高 C3 级	应用人才

资料来源：马静、刘辉《德国高等职业教育多层次化发展——探究与启示》，《职教论坛》2011年第 12 期。

1990 年，东德和西德统一后，原东德地区也按照西德的模式与标准建立起一批高等应用专业学院。1989 年，东德一共有 70 所高等教育机构，其中 9 所综合大学，12 所理工大学，29 所工程学院、师范学院、技术建筑等专科学院，3 所医科大学和 17 所诸如政治学院、警察学院和军事学院之类的政治专业院校。进行改革后，在原东德地区的 5 个州建立了 16 所大学、11 所艺术院校、1 所师范学院和 31 所高等应用专业学院（其中包括 9 所同档次的公共管理学院），还有 11 所神学和私立院校。[①]

到了 20 世纪 90 年代，德国经济社会发展对应用技术人才的理论水平和实践能力的要求都提高了，广大民众在社会民主化进程中逐渐认识到教育是

---

① Kehm, B. M., "Higher Education in Germany Developments, Problems, and Perspectives," *Monographs on Higher Education* (1999).

他们应有的权利，各政党为了巩固政权解决青年就业问题，也主张教育民主化改革，建设学习型社会，进行终身教育。与此同时，技术自身的更新与德国经济转型导致的信息产业和高级服务业专业人才短缺，迫使德国原有仅适用工业时代的高等教育体系进行调整。而此时，德国高等职业教育体系内部也存在诸多问题，在国际交流中，原来的高等专科学校往往被误读为专科，与综合性大学相比，高等专科学校的教师之间在待遇上存在差异，明显低于大学教授，招致他们的不满。高等专科学校的毕业生虽然与大学毕业生在经济界的工资待遇上没有什么差异，但在国家公务员机构中地位与待遇明显低于大学毕业生的级别，再加上德国高等专科学校在升学路径方面受阻，高等专科学校没有独立的博士授予权，这些都促使高等专科学校的改革升级，以破解内外部所面临的困境。因此，德国高等专科学校一方面积极跟进市场需求和学生就业情况，调整专业设置，鼓励教师进行科研活动，争取博士学位授予资格，积极拓展学生就业与升学渠道，同时向国内外提出将学校名称去掉"专科"，改为高等学校，采用"应用科学大学"的称谓。到2009/10学年冬季学期，德国共有232所应用科学大学（含29所行政高等专业学院），共吸纳在校学生673546（其中27485人在行政高等专业学院学习）人，占全部在校大学生人数的31.6%。[①]

应用科学大学学制为3年，在1998年新学制改革之前，该类大学只具有Diplom（FH）的学位授予权，在水平上低于综合性大学及与其同等级高等学院所颁发的Diplom学位，为了区分，所以在其所颁发的Diplom证书之后必须加上高等专业学院的名称简写"FH"。应用科学大学也培养一些实践型研究生，但不能培养德国传统的Diploma工程师。1998年，学位制度改革后，应用科学大学获得了开设本科专业和硕士专业（包括连续性硕士专业，非连续性硕士专业和继续教育性硕士专业三种形式）的资格，包括：文学学士（Bachelor of Arts，B. A.）/文学硕士（Master of Arts，M. A.）；理学学士（Bachelor of Science，B. Sc.）/理学硕士（Master of Science，M. Sc.）；工学学士（Bachelor of Engineering，B. Eng.）/工学硕士（Master of Engineering，M. Eng.）；法学学士（Bachelor of Laws，LL. B.）/法学硕士（Master of Laws，LL. M.）。唯一缺少教育学学士/教育学硕士。这个资格与综合性大学所颁发

① Statistisches Bundesamt. Bildung und Kultur. Schnellmel dungsergebnisse der Hochschulstatistik zu Studierenden und Studienanf a · · nger/-innen(Vorl a · · ufige Ergebnisse, Wintersemester 2009/ 2010), Wiesbaden: Statistisches Bundesamt, 2009.

的学士、硕士学位等值，并且可以与综合大学联合培养博士，应用科学大学毕业生获得学士、硕士学位，也同样具备攻读博士学位的资格，这意味着应用科学大学的地位提高了。

第三类是高等艺术与音乐学院（Kunst-undMusikhochschulen），主要培养艺术和音乐专业教师，开设的专业包括塑造性艺术、展示性艺术以及教育性艺术，此外还涉及艺术与音乐相关的学科，有的仅涉及某个特定的艺术领域，毕业生毕业后主要从事艺术及艺术教育类职业。在 1998 年学制改革之前，高等艺术和音乐学院颁发传统的 Diplom 学位和 Magister 学位，部分机构还具有授予博士学位或相当于博士水平的证书的资质。1998 年学制改革之后，这类高等教育机构也引进了本科专业，颁发的学士学位和硕士学位包括：文学学士（Bachelor of Arts，B. A.）／文学硕士（Master of Arts，M. A.）；美术学士（Bachelor of Fine Arts，B. F. A.）／美术硕士（Master of Fine Arts，M. F. A.）；音乐学士（Bachelor of Music，B. Mus.）／音乐硕士（Master of Music，M. Mus.）；教育学学士（Bachelor of Education，B. Ed.）／教育学硕士（Master of Education，M. Ed.）。该类高等教育机构的毕业生也可继续攻读博士学位，其具体的学制与综合性大学相同。据统计，2009/10 学年冬季学期，德国共有 51 所艺术学院和音乐学院，在校生 32092 名，占德国全部在校大学生的比例为 1.5%。①

综上，德国自 20 世纪 60 年代以来逐渐形成了具有现代性特征的高等教育体系。据统计，2007 年，德国共有 383 所高等教育机构，其中包括 103 所大学和综合大学，6 所教育学院，15 所神学院，53 所艺术学院，176 所高等应用专业学院，30 所公共管理应用学院。根据德意志联邦的统计数据，2006~2007 年共 1974000 在册学生，其中女生占 47.8％，所有学生中的 68.0%在大学中注册，在高等应用专业学院注册的学生数占 27.4%。②

五　继续教育体系

从国际上看，德国是较早开展继续教育的国家，历经魏玛共和国和第二

---

①　Statistisches Bundesamt. Bildung und Kultur. Schnellmel dungsergebnisse der Hochschulstatistik zu Studierenden und Studienanf anger/-innen(Vorl aufige Ergebnisse, Wintersemester 2009/2010), Wiesbaden: Statistisches Bundesamt, 2009.

②　Federal Ministry of Education and Research, http://www. bmbf. de/en/655. php2008-3-10.

次世界大战后教育民主化的推进，以及 20 世纪 90 年代以来政府的鼎力支持，德国逐渐形成了居于世界前列的继续教育体系。

从词源分析，德国最初"成人教育"（Erwachsenenbildung）和"继续教育"（Weiterbildung）词义相近，尤其在 20 世纪 60 年代之前这两个词经常混合使用，并且，成人教育与职业培训（Fortbildung）是分离的。1953 年，联邦德国成立了由各州 900 多所业余大学联合组成的成人教育协会，旨在确保各州成人教育机构的利益与正常发展。在成人教育协会的领导下，德国各个协会行业等非政府组织、企事业单位、经济界各企业商业联合会、各政党基金会以及各种宗教组织都积极开展各种各样的成人教育。入学者不论年龄、学历、工作背景，均可入学接受教育。这些多元化的成人教育机构还针对不同受教育者的需求，设置了形式类型多样的课程，开展远程教学，深受各界人士的欢迎。联邦德国自 20 世纪 60 年代开始，将成人教育视为整个教育体系的组成部分，政府通过立法的形式，颁布了《职业教育法》《远距离教育保护法》《劳工促进法》《教育假期法》《继续教育法》等，[①] 保障了成人接受继续教育的权利与义务、经费来源等，奠定了成人教育的发展基础。另外，德国政府从国家层面确立了成人继续教育的框架，虽然不直接管理各州的成人教育具体事宜，但从宏观上整合资源，提高成人教育的多元、开放与公平、公正，促进了各地成人教育办学的积极性。直到 20 世纪 70 年代，随着终身教育理论越来越被社会认可，德国成人教育与职业教育培训才逐渐融合，职业教育与普通教育也相互融合，成人教育和职业培训逐渐形成一个整体——继续教育，成为国家教育体系的重要组成部分。20 世纪 70 年代，联邦德国教育咨询委员会（Bildungsrat）首次提出"继续教育"的概念，并将其与学前基础教育、中等教育、高等教育并列为国家的四大教育支柱之一。

德国官方所界定的"继续教育"是指人们在结束工作或家务之后，为提升自我继续进行有组织有计划的学习活动，其任务是继续发展成人个体解决问题的知识与技能，是个体原有知识与技能的进一步提高与发展。因此，德国通过现场、远程或两者结合的形式，提供普通知识、职业知识、政治知识、文化和科学技术知识的继续教育，其中普通教育、政治教育和职业技术教育是继续教育的主要类型。德国的继续教育具有与其他类型教育平等的地位，

---

① 李胜春：《德国成人教育研究》，《成人教育》2006 年第 2 期。

与德国经济发展的实际需求相适应。

1990 年，德国联邦议会发布《未来的教育政策：教育 2000》报告，将继续教育与终身学习联系在一起。同年，原西德第 11 届联邦议会和议院提交了《作为终身教育的继续教育》报告，将继续教育界定为终身教育范畴，认为德国继续教育包括职业继续教育、普通继续教育和政治继续教育三种类型。从类型性质上看，德国继续教育包括普及性的继续教育和提升性的继续教育。前者在双轨制职业教育体系的职业学校内进行，后者主要指专业技术工人在职进行的教育，包括适应型继续教育、提高型继续教育、转岗型继续教育。2000 年，联邦议会再次发布通过《全民终身学习：扩展与强化继续教育》的报告，进一步提出全民终身学习对于国家发展的重要意义，这是德国社会与教育发展的主要目标，而扩展与强化继续教育则是推动终身学习的重要途径。2005 年，德国在新颁布实施的《联邦职业教育法》中全面界定了职业继续教育的内涵。近些年来，联邦政府不断加大对继续教育经费投入，从政策、立法和经费等方面给予继续教育大力支持。

德国公立的继续教育主要为国民高等教育机构，以普通教育为主，对所有人开放，内容广泛；私立继续教育机构更加关注市场需求，课程设置以市场为导向，通常有 1/3 的外语课程、1/4 的社会文化类课程、1/5 的职业类培训。此外，还包括各种娱乐、休闲、健康教育等。德国教育主管部门与继续教育机构还设置了"继续教育质量评价模型"，以确保继续教育质量。

德国继续教育也提供相应的证书，因此被称为"第二教育通道"（Zweiter Bildungweg），那些未接受过高等教育的成年人，可通过继续教育的方式实现他们的教育梦想。1923 年，柏林创建了第一所继续教育机构，之后各地纷纷效仿。德国职业教育的主要实施机构包括：国民高等教育机构；德国工会联合会（DGB）和德国职员工会（DAG）；企业；宗教继续教育机构；工商界继续教育机构；高校；远程教育；各个政党政治继续教育；公立或私立图书馆之类的社会教育机构。[①] 2000 年，这些继续教育机构作为主要承办者在继续教育中的占比情况如表 5-5 所示。[②]

---

① 陈福祥：《德国成人教育发展概况及其特征解析》，《高等函授学报》（哲学社会科学版）2007 年第 3 期。

② 张新科：《德国国家教育体系中的继续教育》，《中国成人教育》2005 年第 6 期。

表 5-5　2000 年德国继续教育的部分主要承办者在继续教育中的占比情况

单位：%

承办者	承担继续教育的占比	其中：普通继续教育类	其中：职业技术进修培训类
企业自身	33	9	53
继续教育学院	13	27	2
私人培训机构	10	11	9
商贸协会	6	—	9
高等学校	4	6	3
职业协会	4	3	5
非职业协会	4	9	—
高职学院	3	3	3
教会机构	3	5	2
福利机构	2	4	2

资料来源：BMBW，Berichtssystem Weiterbildung VIII. 2003. S. 227-242。

近年来，企业作为主要继续教育机构所承担的经费占比逐渐减少，而联邦劳动局和个人所承担的比例略有增加（见表 5-6）。

表 5-6　1986~1999 年德国继续教育经费承担者的投入比例

单位：%

年份	企业	联邦劳动局	个人	公共事业费
1986	66	11	16	7
1991	60	18	16	6
1996	52	24	17	7
1999	54	21	18	7

资料来源：BMBW，Berichtssystem Weiterbildung VIII. 2003. S. 293。

从 20 世纪 70 年代至今，联邦德国参加继续教育学习与培训的人口比例逐年增加，尤其表现在 20 世纪 90 年代之后，具体如表 5-7 所示。

表 5-7　1979~2000 年德国 19~64 岁公民参加继续教育规模统计

单位：%

类别	1979	1985	1991	1997	2000
普通和政治类继续教育	16	18	22	31	26
职业技术培训	10	12	21	30	29

续表

类别	1979	1985	1991	1997	2000
恢复高等教育学习	2	3	4	4	5
参加者的总体比例	23	37	27	48	43

资料来源：Grund – und Strukturdaten 1999/2000. S. 274. BMBF, Berichtssystem Weiterbildung VIII. 2003. S. 19–26。

从上述可以看出德国继续教育体系完备与发展之迅速，对德国人口素质与社会文化提高发挥了重要作用。一百多年来，德国根据社会与经济以及个体终身学习的需求，从成人教育逐渐演变到继续教育，从无到有、从小到大到逐渐系统完善，德国建成了多层次、多方参与的继续教育体系，成为德国四大教育支柱之一。

第四节　德国教育体系变迁与国家竞争力分析

德国教育体系一个最为明显的特征是以学生为本，因材施教、分流培养（见图 5-3）。市场对于人才的需求是多层次、多样性的，充分考虑到每个人的兴趣、素质、学习能力与文化知识水平都是有差异性的。德国学生结束统

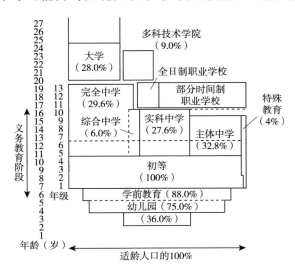

图 5-3　德国教育体系

资料来源：T. N. 波斯尔斯韦特主编《教育大百科全书：各国（地区）教育制度（下）》，李家永、马慧、姚朋等译审，西南师范大学出版社，2011，第 299 页。

一的初等教育之后，再经过 2 年的观察与定向指导，40% 左右的学生进入文理中学，之后这类中学学业合格的毕业生将进入大学接受普通文化教育；有约30% 的学生进入实科中学，如果学业合格他们毕业后大部分将进入职业学院、应用科学大学、高等职业技术学院等机构接受高等教育，成为工商业和企业急需的高级技术人员或管理人员；30% 左右的学生进入主体学校，毕业后通过职业培训成为各行业的熟练工人。这种不同的成长路径有利于充分挖掘不同类型学生的潜能，让所有学生都得到适合自己的教育，有利于每个人的成功，并且不同类型的学校社会地位相同，因而学生、教师及家长的心理和心态都会趋于平和稳定，也有利于社会稳定。

双元制是德国整个教育体系的明显特征，职业教育贯穿始终并且一直得到民众的普遍认可。从初等教育一直到高等教育，在每一层次教育中都有职业教育和普通教育供学生选择。并且，职业教育具有与普通教育同等的社会地位、优良的教育设施和教学质量保障，职业教育体系的社会开放性很高，企业、社会与政府积极参与治理在其中扮演不同的角色，人才培养体系健全。在一定程度上，德国教育体系的双元性与职业性提高了整个教育体系的效能，这也是德国教育体系国际竞争力所在。

融通互换是德国教育体系的又一特色。德国双元制教育体系各自定位不同，培养方式也有差异，但是职业教育与普通教育之间可互相融通、转换，尤其在高等教育层次职业教育与普通学术高等教育有相互连通的"立交桥"，学生可在不同类型教育之间转换，整个教育体系是一个开放的、终身性的系统，具有高度灵活性，有利于人力资源的充分挖掘与利用。德国双元制职业教育是德国经济竞争力的重要推动力，因此，在德国教育体系变迁历史中，政府一直致力于不断提高职业教育层次，加大企业和各种用人单位在人才培养中的作用，培养复合型人才，满足终身教育、继续教育等多样化需求。这种职业教育的存在使得德国教育与就业之间的相互作用处于大致平衡，学生就业率高、失业率相对较低，高等教育普及化效果明显，从而实现了教育体系与社会工商企业界的良性互动。从德国专业人才结构看，2010 年，德国高水平人才占比为 17% ~ 18%，低水平人才的占比明显降低，中等级别人才的比例有所增加，具体如图 5-4 所示。

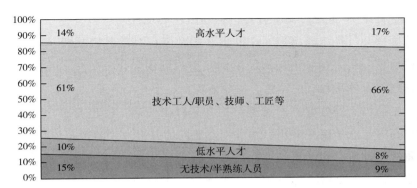

图 5-4　德国专业人才结构变化情况

资料来源：联邦劳动局劳动力市场和职业研究所（LAB）——预测，论文 221，57；Schüssler 等 1999 以及联邦统计局 2010。

　　当然，在德国教育体系变迁的过程中，有关教育民主化与教育公平的声音不绝于耳，主要针对的是德国三轨制的中等教育体系，民众取消主体中学的呼声越来越高。联邦政府越来越重视从国家经济和整体创新竞争力的视角，加强对整个教育体系的改革与经费投入，重视和鼓励科技创新，发展科学研究，以提高国家整体实力。并且，德国联邦政府从全球人才竞争出发，建立了欧洲认同的高等教育体系，以提高德国在欧洲的软实力竞争力。德国作为一个现代工业国家，制造业产值占全国总产值的将近 80%，制造业从业人员占经济界工作人员的将近 60%。[①] 德国教育体系围绕工业及其相关服务业的需求而变迁，通过双元制职业教育为企业竞争力提供人才与技术保障，培养能组织、设计并直接创造新价值的高水平专业人才。

　　从德国教育体系变迁过程看，联邦政府一直发挥着主导作用，政府高度重视教育在振兴国家、发展经济中的支柱性作用，不断加大教育经费投入和政策引导，从宏观上调控教育体系与国民经济发展之间的有效衔接，从而确保各项改革的顺利实施。政府还通过一定的制度设计，鼓励激发社会力量参与教育改革，从而推动了教育体系改革的深入。在德国教育体系变迁过程中，高等教育发挥着先导作用，其在知识与技术创新和传承、服务社会、推动国家现代化建设方面发挥着引领作用，为民族振兴、工业化快速发展与综合国力的增强奠定了坚实的基础。

---

　　① 菲利克斯·劳耐尔：《双元制职业教育——德国经济竞争力的提升动力》，《职业技术教育》 2011 年第 12 期。

从中世纪 14 世纪时高等教育机构的出现到现代高等教育体系的建立与发展，德国社会与经济已历经了 700 多年的演变，高等教育规模从小到大、类型模式从单一到齐全、结构从简单到复杂再到国际化，发生了巨大变迁，形成了德国教育体系独有的特色。主要体现在以下几个方面。

一是德国高等教育不同类型结构之间分工明确，特色突出，突出表现在大学与高等专业学院（应用科学大学）之间的差异上，两者定位与使命不同，前者重视基础研究和学术性，而后者更强调应用实践以及与企业的联系，这种制度设计是基础教育的延续，高等教育与中等教育实现有机衔接。统一小学教育结束之后，经过 2 年定向阶段，学生分流到普通中学、实科中学和文理中学，成长发展路径分别为技术工人、中级技术人员和管理人员、进入高等教育综合性大学。当然，不同类型学校之间存在融通转换的机会。

二是德国具有独特的学位制度，没有学士学位，不同学科的学位又不相同，不同地区的高等教育也有差异。为了确保不同地区、不同高校教学质量及学分互认，德国从 20 世纪 90 年代开始，一方面进行学制改革，另一方面大力发展专门评估认证机构，评估各高等教育机构的课程设置、教学内容、学生培养以及学生能力是否符合未来科学发展和劳动力市场的需求，进行质量认证。

三是尊重学生意愿，按照学生兴趣和志愿进行学额及专业分配，注重各级毕业考试成绩。大学免缴学费，还有一定补助政策，学生在校期间福利型生活，经济压力很小，因此延期毕业的很多，这虽然在一定程度上有些资源浪费，但从长远看，学生大学期间安逸的学习和生活有助于他们进行思考和创新。

四是德国高等教育体系中逐渐引入绩效拨款、竞争、与国际接轨、质量保障等概念，高等专业学院（应用科学大学）的毕业生可攻读博士学位，可在欧洲范围内转学等。高等教育体系的合理性、规范性、国际化程度日益提高。

五是以应用科学大学为主体的另一轨高等职业教育加强国际化进程，在延续双元制理念的基础上，适应高等教育国际化与经济全球化需求，改革学位制度，开展应用型研究，更多关注社会问题与市场需求，开发国际课程，加大与其他国家高校的师生互访、资源共享，围绕世界经济一体化的新兴产业进行改革，实现了自身体系的完善，使德国在世界上高等教育职业教育特色更突出。

从德国高等教育体系整体来看，层次清晰、类型鲜明，分类分层分工都非常明确，从而不同高等教育机构各司其职，努力发挥自己的作用与使命。并且，德国高等教育体系内部各层次与类型的高等教育机构定位明确，办学理念稳定，很少追求形式上的升格或合并。高等教育机构与科研组织的联合实现了强强合作，提高了德国高等教育国际竞争力，不同层次和类型的高等教育机构都注重教学与科研的统一，注重科研在教学及社会服务中的重要作用，当然侧重点不一样。公立高校是德国高等教育体系中的主体，私立高校是重要的补充。总之，在德国高等教育体系的变迁过程中，高等教育类型越来越多样化，尤其表现为高等职业教育体系越来越完备、越有特色，成为德国科技创新、经济发展的秘密武器，被誉为"国民经济的第二支柱"。在此过程中，经济发展与国际化是高等教育体系形成与变迁的重要推动力量，高等教育体系的发展也在有力地支撑着德国经济与国际竞争力。

与英国、美国和法国等其他国家相比，德国经济发展中工业科技发达，注重科研开发与转化在工业发展中的重要作用，在工业发展过程中注重过程管理，因此其工业产品、工业设计在世界上具有强大的竞争力，这与其发达的职业技术教育体系密切相关。德国各级职业技术教育为德国工业经济发展提供了充足的合格劳动力，德国工业等各个产业和产品的整体质量得到有力保障，再加上德国研究型大学在科技研发方面的引领作用，打造了德国工业的品牌与竞争力。可以说，德国教育体系是德国民族强盛、工业振兴和产业发展的重要支撑。

第六章　美国教育体系与国家竞争力

从第二次世界大战至今，美国一跃成为世界超级强国，在经济、教育等各领域都居世界首位。美国作为后发的移民国家，在其工业现代化、资本主义现代化发展进程中，教育在培养民族认同感和公民建设能力方面发挥着重要作用。综观美国强国之路，公共教育运动与初等教育的普及，社区学院的发展与高等教育大众化的形成、美国研究型大学的崛起与世界一流大学的发展等一系列教育体系的变迁，在造就美国人力资源强国、维系社会稳定、形成新的富有活力的价值观方面，起着奠基性作用。如同美国公共教育之父霍拉斯·曼所说："教育超出人类所有发明，是人类状况的伟大平衡器，是社会机器的平衡轮。"美国的崛起正是很好地利用了教育这一伟大"平衡器"的作用。

学界主流学者认为美国教育史及文化思想的遗产起源于新英格兰。美国艾勒伍德·克伯雷认为"清教思想"与新英格兰的实践是美国公立教育的基础，这个"源于英格兰"的起点说基本上被学界认同。但是他只将教育局限于学校教育和所谓的"正式教育"，忽视了家庭、教堂及社区等教育载体，因此遭到很多质疑与批判。美国修正主义史学家认为，研究教育应该有更为宽阔的视野，应该研究某个历史阶段所出现的所有教育机构和制度，即构成"教育结构"的所有元素。本书所谓的"教育体系"，主要论述正规教育，同时对社会教育也有所论及。从英美文化核心看，每个人都在追求自由，都渴望自由安全地追求自己的个人幸福，并且对成功和美好生活有着憧憬与希望。这一文化内核直接影响着美国教育体系的形成与发展。

第一节 殖民地时期孕育美国强国公民基础的教育体系

一 历史基础

美国作为英国的殖民地，最初的殖民者试图将英国教育传统移植到这里，实行殖民地的教育政策、开展相似的教育实践。其中，大部分南部的殖民者都"紧跟英格兰的步伐，每个人都根据自己的能力来教育自己的孩子"，① 即认为教育是个人及家庭的事。因此，17～18世纪，有的家庭将子女送回英国接受教育，另外一些人则将英国学校及教育传统移植到殖民地，雇用在英国或英格兰接受过教育的人来教育或管理他们的孩子。18世纪，随着美国代表高等教育的学院数量的缓慢增加，其学生或毕业生充当并扩充了"驻家"辅导教师队伍。但在当时，能够担负起家庭教师费用的毕竟是少数，父母是大学毕业生的家庭也很少，因此，很多儿童在家只是接受简单的阅读和拼写教育。在这种情况下，南部殖民地地区采用英格兰的形式，政府管理的基层教区成为提供识字和宗教培训的基本单元，牧师成为教学老师，在本地教堂或者专门的学校里讲授课程。有的牧师成为驻家教师；有的牧师自己创办寄宿学校；有的传教团体建立了"慈善学校"，免费招收那些家境贫寒而又刻苦用功的孩子；一些异教派的社团也开设自己的"宗教学校"，在教授自己教派子女的同时，也教授那些尚未信教的孩子，教学内容有宗教教义、书本知识等。从1640年开始，耶稣会也开始在马里兰为天主教儿童建立学校，在土著人和非裔美洲人中传播教育。这些学校的目的是保存、传播各自所代表的教派的文化和传统。

教育的力量与意义是有目共睹的。但也有人抱着狭隘的目的来执行教育政策，如弗吉尼亚的管理者伯克利认为"父母负有教育孩子的责任"这一做法很好。1671年，他告诉贸易和种植园专员说："感谢上帝，（在弗吉尼亚）既没有免费的学校也没有什么印刷物。我希望在未来100年里，这些东西最好也不要出现。因为知识和印刷物总是带来不服从、异端还有分裂，即使是

---

① Berkeley, S. W., "Report to the Commissioners of Trade and Plantations, 1671," in Hening, W. W. ed., *Statutes at Large: Being a Collection of All the Laws of Virginia, from the First Session of the Legislature, in the Year* 1619 (Samuel Plaeasants, Jr., Richnomd, 1809–1823), pp. 511–517.

最好的政府，也会由于这些而容易受到诽谤。上帝啊，让我们远离这两样东西吧。"①

殖民者将英国的捐赠传统带到美国，建立免费学校。1642 年，一位名为本杰明·希姆斯的弗吉尼亚种植园主捐了 200 英亩土地、8 头母牛，在伊丽莎白城以他的名义建立了一所免费的学校，教育这一教区的孩子们。1659 年，托马斯·伊顿将自己的 500 英亩土地、2 个奴隶、20 头猪、12 头母牛、2 头公牛还有一些杂物等遗产，捐赠给学校，在伊丽莎白城建立了伊顿学校，为当地地区和邻近地区的儿童提供免费的教育。在一定程度上可以说，希姆斯和伊顿开启了美国教育系统中免费教育的先河。他们将英国学校捐赠传统带到美国，为殖民地社区的儿童提供了受教育的机会。除了弗吉尼亚之外，在新伯尔尼、乔治敦等地区也建立起几所捐赠的免费学校。

在独立战争之前，收费学校也有了一定的发展，尤其是在人口密度较大的农村地区，在闲置土地上建立了一些学校，因为需要支付教师一定的费用，所以被称为"收费学校""报酬学校"，开展基础性教学，这类学校后来演化为"学区学校"。

另外，起源于中世纪行会的学徒培训也是当时殖民地实施教育的主要方式。最初，学徒制是一些手工业者为了保护自身收入与本行业生产质量，向一部分有一定基础的人传授手工艺的制度。到了 16～17 世纪，学徒制又被赋予新的功能，成为实现社区社会控制和发放福利的重要载体，是减轻贫困人口对社会压力的重要渠道，还担负着处罚、改造社会上无所事事、债务缠身者脱困致富的使命。英国议会曾宣布"不劳动者不得食"的原则，美洲殖民地移植了这一传统。1646 年，弗吉尼亚照搬了英国的法律规定，立法授权地方政府：假如有些孩子"还没有遵从法律规定进入贫民习艺所"，那么政府就可以将这些被父母忽视或者根本没有父母的孩子抓起来并送往公共的贫民习艺所做学徒。② 这一关于学徒的法令具有重要的社会和教育意义，主要体现在，其一，解决当时的社会问题，在一定程度上有助于解决殖民地管理中存在的流浪的难以管教的儿童和没有能力或对孩子漠不关心的家长问题，鼓励

① 韦恩·厄本、杰宁斯·瓦格纳：《美国教育——一部历史档案》（第 3 版），周晟、谢爱磊译，中国人民大学出版社，2009，第 37 页。
② 韦恩·厄本、杰宁斯·瓦格纳：《美国教育——一部历史档案》（第 3 版），周晟、谢爱磊译，中国人民大学出版社，2009，第 40 页。

并限制家长和师傅对他们所监护的孩子给予适度的关注与教育，这对孩子、家长以及社区发展都有利；其二，该项法令关注的是贫困儿童和问题儿童，虽然没有提及读写等教学问题，不是为了提升人们的文化水平，但其为职业教育的发展奠定了基础。弗吉尼亚是当时殖民地中唯一一个通过立法要求为贫困儿童建立贫民习艺所的州，但落实之路却异常漫长。一个世纪之后，弗吉尼亚才有六个教区建立起贫民习艺所和救济院。且只有里奇蒙德县的上教区在捐赠人的直接要求下为穷人子女提供基本的读写训练。直到1705年，才在真正的法律条文中列入儿童必须识字的规定。

二 平民教育运动与公立学校体系的构建

杰斐逊作为平民政治领袖，他在任期间，对推动平民教育的发展作出了很大贡献。他作为平民的代言人，在任期间锐意改革，将美国原来由政治精英主宰的自上而下的管理模式改变为关心和尊重普通民众的治理模式。在他的影响下，后来的辉格党在内部提升中的一项重要内容就是推动平民学校建设，主张由州一级政府来建设和管理平民学校，从而将教育的益处扩及整个社会。因此，平民学校成为一个改革运动的标语。他们所主张的平民学校的特征有三个，一是只局限于低龄儿童，即初级学校；二是免费，尤其是穷人孩子不收取任何费用；三是普及性，不论出身和地位。但黑人或者有某些宗教信仰的人的子女仍被排除在外。平民学校主要资助者为地方政府，与地方社区联系较为密切。平民学校运动带来政治和组织层面的改革，促进了地方政府对学校的有效治理，确保了入学人数的稳定增长。其实，推动平民学校运动发展的更大动力来自美国社会和经济的变革。以马萨诸塞州为例，19世纪初期，该地区逐渐从农业和商业为主转向纺织业和制鞋业等新兴工业，经济结构的变迁引发了人口迁移，新兴工业需要大量工人，而原来的小手工业者则被淘汰，生产的工业化促进了农村城镇化进程，很多女性也离开家庭，涌向城镇，将更多的时间投入工业生产中。这种社会经济变迁引发的一系列问题，如工人的身心对立问题、多元移民同化进入美国主流生活的问题以及阶级冲突问题，都促使人们开始将视线转向平民学校。美国公立学校的著名倡导人、平民教育之父霍拉斯·曼通过他的行动，极大地将平民学校运动推向全国。研究也发现，"美国平民学校的发展是始于东北，再向中西部扩展，而后转向南部，它是随着工业化的发展以及与之相伴问题的出现而出现的"。①

为了呼吁富人及工厂主支持平民学校建设，霍拉斯·曼引用一位洛威尔工业家巴特利特的回信，来证明雇佣受过教育的工人与没有受过教育的工人的不同感受。巴特利特认为，接受过教育的工人安全并且具有可塑性，道德水平较高，他们具有为自己及家庭提供稳定生活的责任感。相比之下，没有受过教育的工人则常常会有酗酒、破坏机器等危险的事情。"平民学校系统是保护他们财产的最起码，也是最有效的措施。教育并监管大众的思想，比官员或监狱要有效得多。"② 霍拉斯·曼呼吁，平民学校不是为了某个人而存在的，而是为了所有人的利益而存在，所有人都有必要支持它，将支持平民学校视为自己的义务，即平民学校是为了整个社会而存在，受益者不仅仅是那些身处学校之中的人，其具有很强的社会价值。他进一步论述了平民学校系统存在的基础。"后起的一辈应当组成一个伟大的联邦。这个联邦的所有福利都寄希望于所有年轻人的教育之中，因为教育能够帮他们脱离一切贫穷与罪恶，将有助于他们在国家和社会中充分履行他们的职责。对于教育这项重要的财产，所有后起的一代都像是股东，他们的财产需要忠诚地被对待、严格地被使用，任何从孩子们和后代那里巧取豪夺的行为都是一种犯罪，其罪过不亚于伤害同辈之人。"③

对于学校的社会价值，霍拉斯·曼给予了高度评价："教育的作用超过了人类其他的任何工具，它是人类极为重要的平衡器——是社会及其的平衡之轮。"④ 从本质上讲，平民学校运动推动了美国民主发展进程，"反映了共和主义、新教主义和资本主义价值观"，⑤ 激发了美国教育界一系列的思想震荡，虽然其当时的结果并不乐观，但其后续影响深远。

杰斐逊关于平民学校体系的设计最先在东北和中西部地区得以实施，而

---

① 韦恩·厄本、杰宁斯·瓦格纳：《美国教育——一部历史档案》（第3版），周晟、谢爱磊译，中国人民大学出版社，2009，第136页。
② 韦恩·厄本、杰宁斯·瓦格纳：《美国教育——一部历史档案》（第3版），周晟、谢爱磊译，中国人民大学出版社，2009，第141页。
③ 韦恩·厄本、杰宁斯·瓦格纳：《美国教育——一部历史档案》（第3版），周晟、谢爱磊译，中国人民大学出版社，2009，第142~143页。
④ 韦恩·厄本、杰宁斯·瓦格纳：《美国教育——一部历史档案》（第3版），周晟、谢爱磊译，中国人民大学出版社，2009，第145页。
⑤ 韦恩·厄本、杰宁斯·瓦格纳：《美国教育——一部历史档案》（第3版），周晟、谢爱磊译，中国人民大学出版社，2009，第162页。

南部大部分地区仍然是通过家庭、社会和教会实施教育，处于一种放任自流状态。独立战争后几十年间，有共济会这样的宗教、慈善或互助团队、工厂主、富人捐助者或教师实业家创办的私立学园，这一直是中上层社会家庭子女的首选。这类学园类似于文法学校，除了教授基本的阅读和算术之外，也提供大学预备阶段的课程，还提供相关科学学科的知识以及商业技能类培训课程，因此受到政治、经济界精英的欢迎。据不完全统计，1783～1860年，佐治亚州创办的学园就有580多所。1860年，弗吉尼亚州正在运营的学园就有398所。截至1860年，整个南部地区的学园已经达2445所，西部1396所，中西部1688所，新英格兰872所。① 但南部教育注重政治和社会各界领导人的培养，南部各州建立了最早的一批州立大学。据统计，1860年，弗吉尼亚州有23所学院，注册学生超过2824人，佐治亚州有32所学院，注册学生超过3302人；而北部的纽约州有17所学院，注册学生不足2970人，马萨诸塞州有8所学院，注册学生不超过1733人。②

　　1840年，弗吉尼亚州人口统计显示，该州每13个人中就有一个是文盲，拓展公立教育系统的呼声再次兴起，社会各个阶层认识到该州第一要务是建立一个综合性的公立学校系统，应该为此提供经费支持。里士满·威格曾总结道："假如立法机构能够处理好我们联盟儿童的教育问题，其所取得的成就绝不亚于为本州挣得50年的收入。"③ 然而，即便如此，立法机构对此并不认同，公立学校系统的发展举步维艰。而1846年时，北卡罗来纳州所有的县都至少建立起了一所公立学校，到1850年，实际运行的平民学校已达2657所，就读学生100600名。所有的白人子女都可免费接受平等的教育。④ 这是1900年之前南部各州中教育发展最好的。

　　18世纪90年代，针对工人家庭子女中的信仰教育及行为教育，为缓解他们所造成的"社会问题"，为工人阶级的子女提供文化知识和道德素养教育，

---

① 韦恩·厄本、杰宁斯·瓦格纳：《美国教育——一部历史档案》（第3版），周晟、谢爱磊译，中国人民大学出版社，2009，第167页。
② 韦恩·厄本、杰宁斯·瓦格纳：《美国教育——一部历史档案》（第3版），周晟、谢爱磊译，中国人民大学出版社，2009，第167～168页。
③ 韦恩·厄本、杰宁斯·瓦格纳：《美国教育——一部历史档案》（第3版），周晟、谢爱磊译，中国人民大学出版社，2009，第171页。
④ 韦恩·厄本、杰宁斯·瓦格纳：《美国教育——一部历史档案》（第3版），周晟、谢爱磊译，中国人民大学出版社，2009，第173页。

美国出现了大规模的星期天学校，利用周末空闲时间为所有穷苦的工人阶级子女提供基本的教育。在 19 世纪初期，星期天学校对那些排除在公立学校之外的个人和群体提供了基本文化知识的教学，发挥着非常重要的作用。尤其对于非裔美洲人，星期天学校为其提供了宝贵的接受教育的机会。博尔兰曾经高度评价星期天学校在美国内战之前所发挥的作用，"作为一种传播文化的机构，星期天学校的重要性在某些方面绝不亚于 19 世纪的公立学校"。①

三　中等教育

美国独立战争之前，在十几所捐赠的免费学校中，只有安纳波利斯的威廉国王学校、弗吉尼亚伊丽莎白城的伊顿学校以及查尔斯顿免费学校提供初等以上程度的教育。到 18 世纪中叶时，马里兰和北卡罗来纳的一些学校才勉强为儿童提供一些超越基础教育的高级阶段的教学。②

18 世纪中叶，在南部殖民地以及中大西洋的一些城市，出现了一些曾在海外留学的、学历较高或知识渊博的人举办的收费的私立学校，经常教授一些新兴的、注重实用的非农业的手工和贸易技能类世俗取向的课程。这类学校授课时间灵活，可以安排在晚上。根据学员情况，教学地点也可搬到邻里。

四　高等教育的兴起与学校教育体系的形成

早期，一些富有的殖民者将子女送回英国接受高等教育。到后来，他们逐渐意识到应该在本地发展高等教育，那样风险小、费用低。但当时美国高校数目少、分布非常分散。17 世纪 20 年代和 60 年代，弗吉尼亚当局先后两次试图创建一所学院，都未成功。直到 17 世纪 90 年代，英国国教弗吉尼亚传教处的传教士詹姆斯·布莱尔才从英国当局那里获得了办一所大学的许可状。1693 年，威廉玛丽学院获得了批准。1694 年，一所文法学校（中等学校）得以建立。1700 年，威廉玛丽学院的第一座建筑完工，但直到 1712 年，才真正开始实施大学层次的教学工作。1729 年，该校才具备了宪章中规定的

---

① 韦恩·厄本、杰宁斯·瓦格纳：《美国教育——一部历史档案》（第 3 版），周晟、谢爱磊译，中国人民大学出版社，2009，第 185 页。

② 韦恩·厄本、杰宁斯·瓦格纳：《美国教育——一部历史档案》（第 3 版），周晟、谢爱磊译，中国人民大学出版社，2009，第 41 页。

6 位教师。作为一所英国国教学院，威廉玛丽学院在从政府那里获得经费的同时，还可以接受教会和个人的捐赠，肩负着为国家和教会培养领导者的使命。在 18 世纪，威廉玛丽学院是当时切萨皮克南部地区唯一一所获得成功的高等教育机构。[①] 整体而言，美国同英国及整个欧洲情况一样，人们对各类正规教育还不太感兴趣，更不要说高等教育了。所以，高等教育的发展只是埋下了一粒种子。

美国具有多样化教育的传统，一个重要原因在于殖民地时期移民来源不同。例如马萨诸塞殖民地的建立者多来自英格兰，移民的文化水平较高，具有坚定的信仰，是一群"有文化的人"，对待读书、识字的态度非常认真。一些新教徒移民到达美国之后，逐渐意识到自己以前的宗教和生活方式在新的环境下变得越来越脆弱，所以他们非常担心原有的传统将会消失，而家庭这一传统的教育场所难以承担如此使命。这种担忧，促使新教徒们下定决心，必须主动采取方法，充分利用家庭、社区和教堂做好教育，要求家长和社区必须严格管控子女，培养孩子谦虚、顺从、孝敬的美德。

1642 年马萨诸塞法院颁布的关于学徒的法律规定：所有家庭的户主都必须给他们的孩子提供一定的职业培训，并保证孩子们能够"阅读和理解宗教的基本准则以及这个国家的重要成文法"。假如当局发现哪些家长或师傅没有尽到这项责任，他们会因此受到惩罚，他们的孩子也会从这个家庭被带走，并置于专门机构"接受学徒教育"。该项法律与 1646 年弗吉尼亚立法的不同之处在于，开始肯定识字和阅读能力对孩子未来就业的重要作用，国民教育的重要性得到认可。另外，开始强调社区在教育中的支撑性作用以及政府在其中所发挥的监控作用。17 世纪 50~80 年代，其他各州也陆续颁布类似法律。尽管如此，新教徒移民多认为教育孩子是家庭的责任，再加上当时周边地区人口稀少，过于分散，所以，这个时期正规的学校教育还是没有得到足够的重视。1647 年，马萨诸塞殖民地议会通过了一项教育法案，俗称《老骗子撒旦法》（The Old Deluder Satan Act），该法律要求所有拥有 50 户及以上的家庭的城镇都必须为本地的儿童提供基本的读写教学，学生家长或者社区的

---

① 韦恩·厄本、杰宁斯·瓦格纳：《美国教育——一部历史档案》（第 3 版），周晟、谢爱磊译，中国人民大学出版社，2009，第 44 页。

人应该担负起教师的工资，100 户以上的城镇必须建立一所文法学校，那些不执行的城镇将受到惩罚。该法律反映了当局支持公立学校的决心和行动，为殖民地后期城镇学校的发展奠定了基础。10 年后，马萨诸塞超过 100 户家庭的 8 个城镇都建立了文法学校，1/3 的有 50 户家庭的城镇建立了读写学校。家庭教育仍然非常重要。那些文盲父母，通常会将孩子送到一些家庭主妇举办的收费低廉、提供最基本的阅读培训的"夫人学校"。

教授拉丁文、希腊文和希伯来文文法等古典教育的学校成了拉丁文法学校，毕业生日后接受大学教育或获得相应的职位。1635 年，波士顿官方呼吁建立一所"培养和教育他们孩子"的文法学校，该学校 1636 年开学，这是一所公立学校。之后，又建立了哈佛学院，1642 年，哈佛学院第一批毕业生——9 名男同学——毕业了。历史学家弗德里克·鲁道夫曾说："哈佛学院的建立是绝对有必要的。"他认为，这是新教的使命感使然。因为，新教联邦需要有能力的统治者，教会需要有知识的牧师，文明社会也需要有知识、有品位、有文化价值感的人，而哈佛学院的目的就是培养牧师、教师和地方管理者，正是依靠这些人，才能将文明与野蛮、天堂和地狱分开来。[①] 这个时期，随着人口的增长和宗教多元化发展，很多高等教育学院在相互竞争的背景下得以发展。例如 1701 年创建的耶鲁学校，这是坚定地捍卫基督教最纯正和保守形式的学院。随着 18 世纪 30~40 年代"大觉醒"运动开始，长老会等一些教派对耶鲁学院的僵化非常不满，于是在 1746 年创建了一所更为友好的普林斯顿学院，希望培养有学识的牧师，通过真正的教育使人们真正懂得圣灵的工作，在灵魂的震动中实现宗教的转换。1763 年，达特茅斯学院创建。1765 年，浸礼会教徒在罗德岛创建了一所学院，后被称为布朗大学。1766 年，荷兰改革派新教徒在新泽西创办了皇后学院，即后来的罗格斯大学。此外，还有一些殖民地学院通过合作的方式得以创建，例如 18 世纪 50 年代中期创建的费城学院和国王学院，即现在的宾夕法尼亚大学和哥伦比亚大学。尽管上述各个学院的宗教性逐渐减弱，办学目的逐渐扩大，但其共同使命是保存和传递创办者所看重的那些宗教和世俗的知识。当时的这些学校和学院的创建与发展，"既被用来保存知识，也被用来教授文化，它们的发展既显示了书写文字的力

---

① Rudolph, F. *The American College and University: A History, Vintage Books* (NewYork: A Division of Random House, 1962), pp. 3-6.

量，也反映了文化的多重用途，更显示出了人口的不断增长以及不同文化之间的接触所带来的影响"。① 正是这种经济、政治以及宗教的多样化、差异化，在彼此碰撞竞争与合作中逐渐形成一种共识——和平共存，这是在这样一个高度异质化的社会中对待差异的有效的实用主义态度。

纽约、费城等商业中心，有些私人教师投资兴办一些私立学校，招收对商业感兴趣的年轻人，从而弥补了实用教育培训的空白。这个时期，富兰克林出现，他重视自学与实用技能教育，希望通过教育服务自己、服务社会。他的教育思想为日后美国实用主义教育的发展埋下了注脚。

总的说来，殖民地时期的美国学校教育体系远未形成，家庭、社区和教堂所发挥的教育力量较为强大。直到 18 世纪，这种情况才逐渐改变。到 18 世纪后半期，随着人口流动的加快、书籍和思想的广泛传播，不同人群、不同教派、不同社区之间逐渐融合，学校教育的重要性逐渐凸显，学校教育体系也初步形成。

五　关于构建教育体系的论争：教育与国家的建立（1776~1830年）

18 世纪下半期，起源于欧洲的启蒙运动开始在美洲大地广泛传播，给政治、思想领域带来深远影响。如同一名历史学家所说："欧洲社会想象出了启蒙运动，美洲社会则实践了它。旧的世界发明了它、解释了它、煽动了它，而新的世界则吸收了它、反省了它、制度化了它。"② 启蒙运动在一定程度上直接推动了美国独立战争的发生。正是独立战争使这些领袖开始筹划创建一个新国家，即联邦国家如何培养合格的、忠诚的、值得信任的公民，则成为美国政治家和有文化的人面对的一个重要问题。在此背景下，他们开始探索教育的价值。培养精英人才的教育是必要的，但普通民众是否应当也接受正规教育？这是当时争论的焦点。以杰斐逊为代表的一些人士认为，教育是必须考虑的重要问题。他坚信，"假如有大量的人口不知'真正'的政府法律和社会秩序为何物，那么这个新兴的州联邦（最终成为一个国家）将不会持续

---

① 韦恩·厄本、杰宁斯·瓦格纳：《美国教育——一部历史档案》（第3版），周晟、谢爱磊译，中国人民大学出版社，2009，第71页。
② Commager, H. S. *Jefferson, Nationalism, and the Enlightenment* (New York: G. Braziller, 1975), p. 3.

长久"。杰斐逊曾对他的朋友说："在一个文明世界里，假如一个国家期望变得无知与自由，那么它所期待的就永远无法实现。"他在写给乔治·华盛顿的信中也提道："在我的思想中，有一条公理，即自由只有在人民手中的时候，它才是安全的，自由只有掌握在那些受过教育的人民手中的时候，它才是安全的"；"这是国家应当去管理的事情，应当有一个总体的规划。"① 总之，在美国建立者的各种政治主张中，教育都是必须考虑的话题。他们在国家建设中，"仔细地将教育理论与政治理论融合到了一起"。② 另外，教育在个人追求幸福的过程中也开始扮演着新的角色，即按照富兰克林的观点，教育必须是有用的，必须有助于青年人在社会中的自我提升，教育应服务于政治、服务于社会，还要服务于个体，这也是教育对于国家建立与发展的重要意义。

杰斐逊在 1779 年美国审议通过的《关于进一步推广知识的法案》中提出，将县划分成不同的小区，在每个小区内，所有的自由儿童，不管男性还是女性，都应当接受免费的初等学校教育，接受必要的文化知识和计算能力培养，能够处理自己的事务。另外，这类学校，还应该教给学生古典学科和现代历史、阅读、写作和算术。杰斐逊希望通过这类学校教育，提高公民的道德水平和公民意识，让儿童了解自己的权利与义务。说到底，杰斐逊认识到初等教育对公民养成教育的重要性，他认为初等教育建设是一项促进个人自我管理和人类幸福的公共投资，是一项奠基性事业。在初等教育之上，杰斐逊在法案中设置的第二个层次的教育计划是让那些分布在各地的 20 所寄宿的中等学校每年从各县的初等学校中免费招收最有潜力的男孩进行 2 年的公立教育，然后再筛选优秀者进行 4 年的教育，之后送往威廉玛丽学院接受高等教育。在杰斐逊的教育计划中，威廉玛丽学院应当成为更具有学术气息的州立大学，成为州教育系统金字塔的塔顶。这一教育计划蕴含着杰斐逊的经典民主思想，以及他对未来一个充满美德、民主与开化的美国的设想。他高度重视民主教育对培养具有共和精神的合格公民的作用。他曾说：为了"使民众在精神道德上达到一个受人尊重的状态，从而保证他们自身的安全，保证政府的秩序"，让普通民众接受教育是绝对必要的。他强调，"最重要的是

① 韦恩·厄本、杰宁斯·瓦格纳：《美国教育——一部历史档案》（第3版），周晟、谢爱磊译，中国人民大学出版社，2009，第 96~97 页。
② 韦恩·厄本、杰宁斯·瓦格纳：《美国教育——一部历史档案》（第3版），周晟、谢爱磊译，中国人民大学出版社，2009，第 97 页。

政府应当立法"，给普通人提供接受教育的机会，"普通人，才是我们自由的最明确的保障"。① 从中可看出杰斐逊的政治哲学，他认为，新生美国不仅需要领导者，还需要有责任感的公民，而教育在其中发挥着重要作用。因此，教育不只是家长的责任，教育应该是国家的事情，应该让所有民众获得平等的教育机会，这是发现具有领导才能和值得信任的人的最合适的路径。为了确保这一体系，杰斐逊还推出了一整套的法律以及机构体系，鼓励创办非正规教育和公共图书馆，以最大限度地消除无知。然而，杰斐逊关于教育在国家救赎中的重要作用的设计在具体落实中遭受重重挫折，只得到了部分实现。1826 年，受教育的人群在很大程度上仍局限于贵族子弟。

除了杰斐逊之外，本杰明·拉什也高度重视教育在塑造美国公民与文化、促进人们基本原则、思想和行为方式变革中的重要作用。他说，（独立战争）只不过是"这伟大戏剧的一个序幕，我们已经改变了政府的形式，但是在基本原则、思想和行为方式上还有许多东西需要变革，以适应我们所采用的政府形式"。而这就有赖于教育，尤其是在美国本土对下一代进行教育，这是培养坚定的、忠诚的爱国主义者的可靠做法。因此，他呼吁在宾夕法尼亚州建立一整套教育体系。他认为，"我们国家的独立给教育事务带来了新的复杂情况"，新政府有责任和义务去支持建设学校系统。学校机构不会增加太多负担，相反还会减轻公众的税收负担。"教育可以增进我们对金融知识的理解，会提供农业和制造业的利润，也会让交通运输业有所提升""那些鳏寡孤独看似无法从教育中获益的人也要为学校系统缴税吗？我的回答是肯定的，谁说他们不能从教育中受益……单身者可以少受盗劫之害，孤儿们可以少受抢夺之苦，富人子弟可以少点儿挥霍。假如我们的后代接受比现在好的教育，我们就不用花费巨资打造刑具，修建监狱了。"② 拉什认识到，每年政府用于维持教育系统的费用会远远低于维持社会秩序、降低社会犯罪率、管理监狱的费用。因此，他呼吁建立一个让每个人都能接受公共教育的统一教育系统，通过学校让大众受教育水平变得更为均衡，从而更能适应一个统一与和平的政府。他的这一设想，不仅适合于宾夕法尼亚州，更适用于整个美国。

---

① 韦恩·厄本、杰宁斯·瓦格纳：《美国教育——一部历史档案》（第 3 版），周晟、谢爱磊译，中国人民大学出版社，2009，第 101 页。

② 韦恩·厄本、杰宁斯·瓦格纳：《美国教育——一部历史档案》（第 3 版），周晟、谢爱磊译，中国人民大学出版社，2009，第 105～106 页。

　　拉什还呼吁联邦建立大学，为国家培养一群共享一些基本原则的、受过最高级别教育的杰出的领导人，这样美国才有更好发展的希望。"假如我们不去祛除无知和偏见，不去改变我们公民的习惯，我们就永远无法去管理我们的武装、组建我们的海军、重振我们的商业。只有当我们的年轻人在一所国立大学中花上两到三年的时间来学习时，只有当我们用联邦的一些基本原则来鼓励他们时，这些才有可能办到。在其后，他们就能够将所获得的知识和所学习的原则传播到每一个县、每一个镇、每一个村。只有办到了这些——各位美国的议员和国会代表们，你们的共和梦想才不是无米之炊，你们在国会之中的所谓联合才能置于一个非常牢靠的基础之上。"[1] 拉什的观点与杰斐逊的理念相似，美国前六任总统基本上认识到建立国立大学对启迪智慧、拓展爱国主义精神、调和学生价值观的重要作用，认为这样的大学能够将"我们自由和幸福的政治体系"置于一个更为牢固的基础上。[2] 尽管这些领导人如此呼吁，但真正推动州立大学法制建设的仍是各州及地方政府。截至1800年，在美国的14个州中已有7个州通过法律明确表示政府对教育负有责任，并且这一做法逐渐影响到其他各州，各州立法机构相继批准建立州立大学。[3]

　　诺亚·韦伯斯特赞同杰斐逊和拉什关于公民教育及领导人教育的问题，他认为，民主政府的一项核心任务就是教育，教育是民主社会中一件最重要的事情。[4] 但不同的是，他更为关心教育在推动和维持"秩序"方面的作用。他呼吁建立的教育体系是，"美国年轻人能够被教给美德与自由的基本原则"，能够使"年轻人对他们的国家产生一种不可磨灭的依赖感"，为学生传授与未来职业相关的知识、技能。

　　除了杰斐逊、拉什和韦伯斯特之外，教育体系构建的论争还有很多。1795年，美国哲学学会曾经组织征文比赛，引导有识之士关注"能为美国天才的培养贡献最大力量的自由和文化教育系统"，提出自己的建议。但从教育

---

① 韦恩·厄本、杰宁斯·瓦格纳：《美国教育——一部历史档案》（第3版），周晟、谢爱磊译，中国人民大学出版社，2009，第109页。

② Welter, R. *Popular Education and Democratic Thought in America*（New York: Columbia University Press, 1962），pp. 25-26.

③ 韦恩·厄本、杰宁斯·瓦格纳：《美国教育——一部历史档案》（第3版），周晟、谢爱磊译，中国人民大学出版社，2009，第110页。

④ 韦恩·厄本、杰宁斯·瓦格纳：《美国教育——一部历史档案》（第3版），周晟、谢爱磊译，中国人民大学出版社，2009，第111页。

的功能看，这些人所呼吁的教育体系更多站在州和国家一级的立场上，强调教育的政治功能和实际的社会效应，教育更多成为一种政治需求而非个人权利，是为了维持国家共和的社会秩序，忽略了个人幸福与提升，具有较强的实用性和工具性。此外，美洲殖民地中教育是家庭的责任、地方应该参与其中的传统观念仍根深蒂固。打破阶级性和等级制，让普通民众接受教育的道路依然漫长。同时，随着奴隶制逐步走向瓦解，对非裔美国人进行系统教育，以及给解放的奴隶们进行教育的问题也成为必须面对的话题。这些先驱们对于教育体系的争论，他们所提出的具有远见卓识的问题，都为美国教育体系的创建奠定了理论与舆论基础。

在美国独立之前的英国殖民地时期属于美国高等教育初创阶段，其重要成就是在模仿英国高等教育的基础上创建了九大殖民地学院。哈佛学院的诞生代表着美国高等教育的肇始。威廉玛丽学院、耶鲁学院等九大学院在继承英国高等教育传统的同时，融合了美国殖民地文化，共同构成了美国高等教育体系的基础。这一阶段，美国高等教育的目的主要包括两个方面，一是培养牧师为宗教服务，二是培养官吏和专业人才为世俗政府服务。人才培养是这一阶段高等教育的主要功能，因此，教学是高等教育机构的主要任务，人文学科的博雅教育是主要教学内容。直到18世纪之后，受欧洲启蒙运动的影响，自然学科的内容才进入教学，人才培养中出现了实用课程，以培养具有一定技术的职业人员和政府官吏。

从哈佛学院创办一直到美国内战，美国高等教育结构单一，主要是从事古典人文教育的本科生院。到1800年，美国高等教育学院仍不足30所。到19世纪上半叶，涌现了数百所具有宗教性质的私立学院，遍布最初的13个州。[①] 古典教育和宗教传统成为美国高等教育的"双中心"，这种模式一直主导着美国高等教育，甚至延续到20世纪初。[②] 18世纪末19世纪初，美国遵循自由市场模式，政府不干预高等教育，任何团体和个人只要申请，都会非常容易地获得特许，创办高等教育。高校内学院管理委员会可以像经营企业一

---

① Potts, D. B., "American Colleges in the Nineteenth Century: From Localism to Denominationsim," *History of Edcuation Quarterly*10(1971): 363-380.

② Cowley, W. H. *Don Williams, International and Historical Roots of American Higher Education* (New York: Garland Publishing Inc., 1991), p. 88.

样，自主地经营大学。① 据历史学家 Tewksbury 统计，当时美国 16 个州政府授予 700 多所高等教育机构的特许状，其中 516 所根本没有创办或者后来消失，倒闭率高达 81%。② 历史学家 Burke 统计了 32 个州在 1800～1850 年实际创办的高等教育学院，共增加了 241 所，80% 持续到内战，70% 持续到 20 世纪。③ 这必然与其教育系统内部经费、质量问题有关，更重要的是在自由市场作用下，这些机构不再符合国家发展需求。

美国独立战争之后到南北战争期间，开始盛行民主与自由主义思想，美国高等教育开始进行自我改造，类型越来越多样化，殖民地时期的文科学院以及公立、私立高等教育机构开始分解，各州纷纷创办世俗的州立大学、教学学院及文、工、医等兼具的综合性本科生院。④ 美国独立之后，一些州政府开始通过改组传统学院，规划创办公立州立大学，如哥伦比亚大学（1787年）、哈佛大学（1810年）、达特茅斯学院（1816年）、威廉玛丽学院（1819年）先后得以改造，田纳西州、印第安纳州、阿拉巴马州先后在 1820 年、1824 年和 1831 年创办州立大学。美国高等教育层次结构开始出现变化。州立大学强调为区域社会经济发展服务，培养掌握一定科学知识能够学以致用的实干人才，科学知识成为主要教学内容。这一时期及之前阶段，专业和技术教育主要是通过学徒制的形式进行的。随着高等教育的发展，美国出现了专门性高等教育机构，例如各种专业性学院、专门的法律学校。西点军校由最初为军事服务，转变为培养工程技术人才。根据美国当时社会发展情况，通过自然科学与人文科学知识的传授，培养专业技术人员成为这一阶段的高等教育的主要功能。至此，美国在学习借鉴和模仿英国、法国和德国高等教育经验的基础上，从无到有结合自身国情，创新性地创建了本国的高等教育体系。殖民地时期美国高等教育的发展奠定了独立后高等教育结构与层次变迁的制度基础，奠定了日后美国成为世界高等教育强国的历史基础，是美国引领第二、第三次工业革命的人才与科学保障。

---

① Cowley, W. H. *Don Williams, International and Historical Roots of American Higher Education* (New York: Garland Publishing Inc. , 1991), p. 80.

② Burke, C. , *American Collegiate Population: A Test of the Traditional View* (New York: NYU Press, 1982), p. 12.

③ Shryock, R. H. , "The Academic Profession in the United States," *Bulletin of the American Association of University Professors* 38, (1952): 32~70.

④ 陈学飞：《美国高等教育发展史》，四川大学出版社，1989，第 26~29 页。

第二节 工业化与城市化进程中的现代教育体系

19 世纪末 20 世纪初这段时间通常被历史学家称为美国发展中的现代化时期。所谓的"现代化"主要体现在三个方面：内战后的国家化趋势、多数人政治以及城市化发展。① 具体来说，美国经历过内战后，统一的联邦政府再次得以建立并且不断得到强化，政府开始越来越多地介入人们的生活，发挥越来越重要的作用。伴随着国家化趋势的加强，美国市民中的"多数人意识"兴起，对多种族融合以及化解宗教团体之间的冲突发挥着重要作用，也直接促进了各州义务教育法的立法与批准进程。在此过程中，美国经济和社会生活也发生了重大变化。首先，农业的机械化生产大发展产生了大量农村剩余劳动力，为寻求财富和出路，这些人开始向城市转移，造成人口结构和传统家庭结构的变化。从 1860 年到 20 世纪初，美国城市居民人口迅速增加，到 19 世纪末，美国的城市人口已占全国总人口的 50%。② 其次，从 19 世纪初开始的美国工业化进程逐步加快、升级，工厂的规模和分工的复杂程度明显提高，工业化生产已经扩及农村地区，工业化生产需要大量接受过教育、有一定文化知识和技术的工人。在此背景下，教育家和政治家开始思考，如何通过教育解决美国这些社会问题，学校发展规划开始成为一项重要的政策工具被提上议事日程。美国教育体系建设开始正式起步，政府则是美国教育系统扩展的重要推动力。

一 现代初等学校教育体系的创建

随着美国公立学校中儿童入学年龄逐渐统一为 6 岁左右，再加上欧洲早期教育改革的经验，为满足低龄儿童社会化的需求，美国创建了幼儿园，并且主要是在都市。一开始，幼儿园是在公立学校系统之外，美国借鉴并观察德国教育家福禄贝尔的教育思想，致力于通过早期教育引导儿童走出"自我"，建立与其他儿童的社会联系，通过游戏的方式进行教育，设计了一整套

---

① 韦恩·厄本、杰宁斯·瓦格纳：《美国教育——一部历史档案》（第 3 版），周晟、谢爱磊译，中国人民大学出版社，2009，第 222 页。

② 韦恩·厄本、杰宁斯·瓦格纳：《美国教育——一部历史档案》（第 3 版），周晟、谢爱磊译，中国人民大学出版社，2009，第 223 页。

的结构化游戏活动，逐渐将儿童引入现行的社会秩序。几十年后，美国又出现了面向城市下层民众子弟的慈善幼儿园，倡导者希望通过幼儿园改变城市下层家庭。一直到 19 世纪 70 年代才建立起美国第一所公立幼儿园。到 19 世纪 80 年代，在倡导者的呼吁下，一些富裕家庭的儿童也开始被送入幼儿园教育体系。可见，美国幼儿园的发展路径是：一开始专为富人子女而设，随后又被用来改善城市贫困儿童的境遇，到最后，幼儿园变为一种公共教育机构，肩负起所有年幼儿童的社会化任务，不论这些人的背景如何。①

内战后，在美国政府，尤其是国会和各行政系统的推动下，美国教育体系得到了扩充。在南部重建过程中，国会要求所有的州在新宪法制定过程中必须明确关于教育供给的问题。在政府的强力推动下，各州都一致承诺向市民提供免费的公立教育。因此，在联邦政府的推动下，南方各州的教育意识不断增强，有 10 个州建立起公立学校系统。内战结束之后，联邦政府对教育的重视逐步从国家层面下移到州层面，各州相继通过《义务教育法》。1890年，美国有 27 个州通过了《义务教育法》，1918 年，这一数据增加到 48 个州。其实，除了政府推动之外，当时与美国工业化、城镇化进程相伴而生的还有大量国外移民到美国定居，他们通常生活条件差、家庭生活不稳定，很多儿童流浪街头，长此以往，将会造成童工等各种社会问题。正是出于种种担忧，新教徒中的中上层阶层以及非移民人口都非常支持《义务教育法》。到 19 世纪后半期，各州立法机关相继通过了《义务教育法》，入学人口不断增长。统计数据显示，从 1860~1890 年，5~19 岁儿童入学率从 49% 上升到 64%，与此同时，文盲人口比例从 20% 下降到 13%。② 为了解决大量增加的学生的教育问题，美国当局有待于规划一套专门化的学校教育体系。这种学校教育体系发展围绕着社会需求展开，其中包括政治需求和经济需求。从美国当局的设计者立场看，学校教育体系的发展过程中要倡导秩序与服从，包括道德的、政治的以及经济的秩序，首要目的是保证变动不居的社会中不变的社会秩序，维持社会结构的稳定。其次是培养能够很好满足各大城市新兴工厂需求的人。在此原则下，美国政府作为主要推动力，在 19 世纪末期，在公

---

① 韦恩·厄本、杰宁斯·瓦格纳：《美国教育——一部历史档案》（第 3 版），周晟、谢爱磊译，中国人民大学出版社，2009，第 249 页。

② 韦恩·厄本、杰宁斯·瓦格纳：《美国教育——一部历史档案》（第 3 版），周晟、谢爱磊译，中国人民大学出版社，2009，第 240 页。

立学校的上层和下层，发展了一些新型学校，初步形成了适应现代化社会的正式的教育体系。

二　公立学校运动的发展与高级中学的出现

美国内战之前，在那些工业不断发展、社会快速变化的地区创办了一些高级中学，主要招收中产阶级的子女，实行男女隔离教育。除了波士顿和其他几个马萨诸塞州的镇之外，纽约市、波特兰市、缅因州在19世纪20年代也建立了高级中学。19世纪30~40年代，各个市一级一些偏远地区也创办了很多高中。到内战结束时，新英格兰已经有了160多所高中，马萨诸塞州也有了100多所。1827年，马萨诸塞州通过了一项立法，要求所有超过500个住户的社区都必须建立一所由税收支持的高中，所有超过4000人的镇或地区，学校教育必须包括拉丁文和希腊文。[①] 新英格兰和中西部各州也效仿这一做法。

1876年，在美国诞生100周年之际，费城举办了一场世界博览会，与会的有58个来自世界各地的国家和美国许多州及工业公司，共同展示了它们的技术革新成果。这场博览会"不仅标志着美国作为一个世界性工业强国的兴起，它还将美国人民带进了一个技术发展的崭新世界"。[②] 在这种背景下，手工艺培训学校应运而生，这为日后职业教育运动埋下了伏笔。

这一阶段，公立学校运动也得到了实质性的进展，"在19世纪末期，建立一个包含早期教育与研究生教育的公共教育系统的主张已经成形"。[③] 但如何将各个组成部分融为一体，将是进步主义者的使命。早期提倡公立学校教育的人通常认为，"学校强调的是秩序、守时、道德以及纪律。好的学生会成为好的雇员，好的雇员又会有利于模范的工业社会的建立。学校是灌输社会秩序的绝佳机构"。[④] 本杰明·拉什说过，"爱国的基本原则其实就是一种偏

[①] 韦恩·厄本、杰宁斯·瓦格纳：《美国教育——一部历史档案》（第3版），周晟、谢爱磊译，中国人民大学出版社，2009，第253页。

[②] 韦恩·厄本、杰宁斯·瓦格纳：《美国教育——一部历史档案》（第3版），周晟、谢爱磊译，中国人民大学出版社，2009，第257页。

[③] 韦恩·厄本、杰宁斯·瓦格纳：《美国教育——一部历史档案》（第3版），周晟、谢爱磊译，中国人民大学出版社，2009，第265页。

[④] 韦恩·厄本、杰宁斯·瓦格纳：《美国教育——一部历史档案》（第3版），周晟、谢爱磊译，中国人民大学出版社，2009，第61页。

见，而且，我们也知道对祖国的这种偏爱一般都是在我们人生最初一到二十年间养成的"。① 可以说，民族认同与国家建设是美国公立学校运动的主要目的，教育的功利性目的发挥着主导作用，但客观上却推动了美国现代化学校教育体系的形成与发展，对美国义务教育的发展发挥了重要影响。因此，有史学家评价说，美国现代的"免费公立学校系统"不是 17 世纪的产物，而是 19 世纪的产物。

美国殖民地时期最早的中等教育机构是专为上层社会子弟设置的古典拉丁文法学校，主要教学内容为拉丁语、希腊语和文学等，学生毕业后多进入殖民地大学直接学习。19 世纪上半叶，资本主义经济发展需要大量受过一定教育、掌握一定技能的劳动力。为适应社会发展需求，文实中学应运而生，这是一种面向中产阶级子弟的新型学校，除了为有继续升学愿望的学生提供古典文化教育之外，还提供直接就业的实用学科和职业训练。有的文实中学还设有培养小学教师的师范科目，专为女生设置的缝纫、家政等课程，以迎合学生多样化兴趣需求。这类学校最初多为私立学校，营利目的很强，所以在适应社会需求方面很有灵活性，到 19 世纪中叶时就取代了拉丁文法学校，但其自身由于课程设置与质量标准的随意性、发展水平的不平衡性被诟病，并且问题越来越突出。随着美国内战后工业化与城市化进程的加快，中等教育的普及具备了物质基础，人们的诉求也越来越强烈，南北战争之后，美国开始广泛出现以税收维持的公立中学（High School）。从 1821 年波士顿建立第一所公立中学，到 1890 年，美国公立中学已多达 2526 所，成为主要的中等教育形式，各州相继颁布义务教育法，到 1918 年，美国强制实行义务教育法的州已有 30 个，中学生入学率明显增加，到 1930 年，美国 14～17 岁青年入学率达到 50%，学生生源也呈现多样化，导致中等教育的性质与任务也发生了相应的改变，不再单纯为高等教育做准备，有相当一部分学生毕业后将直接就业。为更多地满足广大学生以及社会经济发展的需求，美国在借鉴外国中等教育经验的同时，结合本国实际情况，创办了一种面向不同能力、背景和职业方向的学生的综合中学（Comprehensive High School），这是一种独具美国特色的教育模式，所有不同目的的学生在综合中学内都可接受适合自己

① 韦恩·厄本、杰宁斯·瓦格纳：《美国教育——一部历史档案》（第 3 版），周晟、谢爱磊译，中国人民大学出版社，2009，第 105 页。

的需求的教育与训练。因此，美国综合中学集合了升学、职业训练与公民教育的功能，课程门类繁多，面向所有青少年，尽量满足所有学生的所有需要成为其办学宗旨，这种目标一直影响至今。为了实现这一宗旨，美国中学实行选修制、学分制和分层教学，尽量尊重学生的个性与兴趣爱好，因材施教，培养学生自主选择能力，学生完成规定学分学业合格即可获得中学毕业文凭。受进步主义教育观、人才观影响，美国中学课外作业少，但是非常注重学生课外活动与个性和才能的培养，注重学生实干能力与社会适应能力。这与美国大学录取注重全面考察学生综合能力有关。SAT 或 ACT 等考试成绩并不是唯一标准，大学同时还会综合考虑学生中学学业成绩、课程选择、社会活动、社会服务以及工作实习情况。因此，很多美国学生在中学阶段，除了准备考试之外，还利用寒暑假去打工增加工作与生活经验。

　　总之，美国中等教育从拉丁文法学校到文实中学，最后到公立中学的创办，这标志着美国公立教育体系的确立。到 20 世纪初，美国已经初步形成基础教育与中等教育体系格局，虽然各州没有统一模式，但各州通行模式主要有两种，一种是小学八年、中学四年的"八四"制，另一种是小学六年、初中三年、高中三年的"六三三"学制，也有实行小学五年、初中三年、高中四年的"五三四"学制。

三　高等教育的肇始与发展

　　自 17 世纪开始，美国就开始出现各种形式的学院，最初主要分布在新英格兰、东北部地区及弗吉尼亚，一直到 19 世纪，学院才开始在南部和中西部迅速发展。这类学院设置的目的多为培养政治和社会领导人，注重培养学生的纪律服从和虔诚意识。到 19 世纪中期，这类学院发展得越来越同质化，这主要体现在课程设置上，以古典课程、自由教育为核心，个别学院也会加入一些科学课程。

　　到 19 世纪后半期，面对大龄学生日后就业及满足社会、经济发展需要的多样化需求，美国 1868 年在纽约州建立了康奈尔大学，从而掀起了大学运动的序幕，美国相继出现了一批大学，超越了学院，成为高等教育系统中最有影响力的"塔尖"。

　　与学院不同，美国大学提供的课程更为多样化，注重通识教育，尊重学生的选择和专业发展。1869 年，查尔斯·艾略特当选哈佛学院校长，在哈佛引入选课制和高级专业教育，一方面致力于为学生提供与现实实践相关的实用的、社会需要的知识，另一方面致力于高深研究与创新性的知识。哈佛学院逐渐升级为真正现代意义上的大学。为社会服务的实用主义与注重科学研究逐渐成为美国大学发展的重要原则与价值取向。

1862年美国通过的《莫里尔法案》，其核心内容是通过出售和租赁联邦土地的做法为工业和机械教育提供经济资助。在法案通过的初期，支持农业教育是一个重要的内容，到19世纪后半叶，随着工业的发展及其对工程师需求的增加，支持机械和工业教育成为重点。1890年再次通过了赠地法案。两次法案都通过国家行政命令的形式，一部分赠地收入资助那些已有的学院和机构新建农业或工程类学科，直接推动了农业、工业教育的发展。有的州则利用这些资金创建大规模的、多学科的院校，到20世纪时，这些高等教育机构都发展成多元化、综合化的赠地大学。之后，这些大学又通过吸收一些独立的医药、法律等性质的职业学校、开设一些商业等新的学习项目，扩大招生人数和规模，大大提升了影响力。①

美国除了公立的州立大学之外，还有一些私立大学，尤其是在美国东部地区影响比较大，州立大学在中西部和西部地区发展比较好。到19世纪末，一些历史悠久、与地方和国家精英联系比较密切的私立学院成功地演化为大学，获得了与州立大学同等的地位。

1876年，霍普金斯大学在马里兰州的巴尔的摩建立，该大学模仿德国洪堡大学办学理念，致力于纯粹科学研究，主要提供高级阶段的研究生教育，发展传统和新兴学科领域的博士教育，成为美国第一所研究型大学。但是，当时美国社会现实是，经济快速发展、资源丰富、社会问题层出不穷，人们更加注重社会需要的应用研究，而不是纯粹的科学研究。这种舶来的模式并不适应美国本土现实。并且，美国重视本科教育的传统，又在研究生教育之下设置了本科生院，同时开展本科教育。

因此，有学者称美国大学具有"混血"特色——研究生院和职业学院注重应用研究，本科生教育则强调自由教育和通识教育。虽然研究生院和职业学院所强调的专业分化对本科阶段教育有影响，但是美国高等教育仍保留了

---

① 韦恩·厄本、杰宁斯·瓦格纳：《美国教育——一部历史档案》（第3版），周晟、谢爱磊译，中国人民大学出版社，2009，第250页。

极大的多元化和多样性，本科阶段的通识教育的传统一直保留着。

综上，1861~1865 年美国内战统一了南北 36 州，到 1900 年进一步统一了 45 个州，政治上的统一促进了经济形态从农业向工业大国的转变，意识形态领域宗教的影响被削弱，实用主义价值观占据主导地位，社会发展发生巨变，高等教育世俗性特征明显，层次结构也开始发生变迁。因此，有史学家称，南北战争是美国成为现代国家的起点。① 这一时期是美国从殖民地学院向现代大学转变的过程，到 19 世纪后期，美国真正的现代大学开始出现，并且美国内战之后，美国大学在原来学士学位教育的基础上，出现了硕士和博士研究生教育，高等教育层次结构更加丰富。赠地学院出现后，自然科学等现代实用学科的增加转变了美国殖民地高等教育的方向，科学研究及为社会和经济发展服务成为高等教育两大功能。哈佛大学 1828 年起选修制的引入与 19 世纪 60 年代赠地学院的创办标志着美国大学服务社会的现代化进程的开始。19 世纪后半期，德国成为世界高等教育的中心，美国大批有识之士赴德国留学，借鉴德国高等教育中新出现的研究型大学的研究功能，回国后结合实际情况对美国原有的高等教育体系进行了如下创新：一是创办了致力于研究生教育与科学研究的研究型大学，如霍普金斯大学（1876 年）；二是在原有本科生院的基础上创办研究生院，如哈佛大学；三是增设副学士学位，增进普及高等教育的新机构。在 19 世纪末，哈珀教授筹款重建芝加哥大学，希望创建成只进行研究生教育的现代大学，而捐赠者却希望改建为服务工业发展的专业学院，最后的结果是创办一种由前两年初级学院和后两年高级学院两种机构组成的大学联盟，初级学院视为中等学校的继续，构成 6 年制教育体系，学业合格者可授予副学士学位。20 世纪初，为满足社区的教育需求，这种初级学院发展为独立的两年制社区学院，奠定了美国高等教育大众化的制度基础。因此，可以说，这一阶段美国高等教育副学士、学士、硕士和博士教育的层次性结构与相应的高等教育机构类型逐步确立，可视为美国现代高等教育体系创建探索期。

综观这一阶段美国高等教育层次结构、类型结构变迁的过程，美国既有对德国高等教育的借鉴，也有对原有英国高等教育传统的改造，在结合美国

① 贺国庆：《美国高等教育现代化的奠基——南北战争后到 1900 年间美国高等教育的变革》，《河北师范大学学报》（教育科学版）1998 年第 1 期。

实际情况的基础上，一部分传统学院转变为现代研究型大学，另一些传统学院则继续坚持本科普通教育，成为本科文理学院。[①] 其他一些师范、技术或女子中等教育机构进一步升格为高等教育机构。美国这种高等教育制度设计理念虽然来自国外，但在具体高等教育实践中却有着明显的本国环境的痕迹。[②] 美国本科教育规模得到快速扩张，到 19 世纪末硕士和博士层次的高等教育规模也开始增加（见表 6-1）。

表 6-1　1869~1900 年美国高等教育机构授予学位层次规模情况

单位：人

年份	学士	硕士	博士	年份	学士	硕士	博士
1869	9371	—	1	1885	13097	859	84
1870	12357	—	13	1886	13402	923	77
1871	7852	794	14	1887	15256	987	140
1872	10807	890	26	1888	15020	1161	124
1873	11493	860	13	1889	15539	1015	149
1874	11932	661	23	1890	16840	776	187
1875	12005	835	31	1891	16802	730	190
1876	10145	731	39	1892	18667	1104	218
1877	11533	816	32	1893	21850	1223	279
1878	12081	919	36	1894	24106	1334	272
1879	12896	879	54	1895	24593	1478	271
1880	14871	922	37	1896	25231	1413	319
1881	14998	884	46	1897	25052	1440	324
1882	15116	863	50	1898	25980	1542	345
1883	12765	901	66	1899	27410	1583	382
1884	14732	1071	77	1900	28681	1744	365

资料来源：韩梦洁《美国高等教育层次结构变迁及影响因素分析》，《大连理工大学学报》（社会科学版）2014 年第 1 期。

高等教育层次与类型结构的变迁直接引发高等教育职能的扩充。为社会服务成为高等教育的一大职能，从制造业到服务业以及社会生活的各个行业

[①] Gelger, R. L. , *The Era of Multipurpose Colleges in American Higher Education, 1850－1890, the History of Higher Education* (Pearson: Custom Publishing, 2007), p. 365.

[②] Cowley, W. H. , *DON Williams, International and Historical Roots of American Higher Education* (New York: Garland Publishing Inc. , 1991), p. 119.

都成为高等教育关注的对象，高等教育与社会之间的联系越来越密切，应用科学研究在高校中的地位提高了。高等教育机构朝着综合化、开放化、民主化方向发展，入学人口及生源类型增加，高等教育在一定程度上成为缓解社会矛盾、维持社会稳定的安全阀。普通民众通过高等教育获得知识与生活工作技能，提高个人就业竞争力；企业通过高等教育研发新产品、新技术，提高生产率与产品竞争力；政府通过高等教育维护社会与政权稳定，提高国家竞争力。总之，教学、科研和社会服务成为美国高等教育三大职能，高等教育在履行社会服务职能的过程中，促进美国农业、工业和科学技术工业的飞速发展，高等教育机构在此过程中也获得较大发展。

四　职业教育体系的缘起与确立

美国职业教育源于工场手工业中的学徒制，最初引进于英国，结合美国移民国家的国情，发展为自愿和强迫两种形式。自愿做学徒的多为愿意跟随师傅从事某种行业，日后可发展为该领域的师傅。而强迫学艺做学徒的多为贫困家庭子弟，为生计所迫，市政当局出于社会稳定的考虑，强迫他们接受技能训练以谋求一份生计。学徒制适应工业较为落后社会的需求，当美国工业革命之后，产业革命直接促进了生产力水平的提高，出现了工厂化生产需要大量熟悉某一规定动作的熟练工人，学徒制无法满足工业发展的需求，逐渐消逝。

工商业的发展促进了美国新兴资产阶级的兴起，这一阶层的发展不仅对中等教育尤其是职业教育提出了诉求，同时也具备了这一类型教育发展的基础。美国兴起了私人兴办中学的热潮，主要针对实际生活所需，开展灵活多样的教学内容，以满足商务、贸易等行业的发展需求。1751 年，本杰明·富兰克林（Benjamin Franklin）与友人在费城创办了美国第一所文实中学，学制为 6 年，主要教授具有中等职业教育性质的商业、航海、贸易、机械等为就业服务的课程。文实中学除了升学、就业两种职能之外，还具有师范、军事等专科性质以及职业性，适应了美国社会经济发展，到 1850 年，美国文实中学达 6085 所学生 263096 人，为美国经济发展输送了大批熟练工人。然而，随着时代发展，文实中学规模、学制、课程质量等方面都出现了问题，到 19 世纪上半叶，美国出现了既有普通文科课程又有职业教育课程的实科中学，代表着职业教育的初步兴起。

1917 年，美国颁布的《史密斯-休斯法案》明确规定，联邦政府拨款资助各州开展大学以下层次的职业教育，创建与农业、工业和商业等行业相关教育的职业学校，在公立学校增设职业类课程，增加就业职能。从此，美国实行单轨制教育体系，但同时具有升学、就业双重目标，即同时提供普通教育和职业教育。这种融合为一体的教育避免了学生过早分流，有利于学生有更多选择，也为美国职业教育后续发展奠定了坚实的基础。因此，在一定意义上，《史密斯-休斯法案》代表着美国职业教育体系的初步确立。

19 世纪末，美国中等职业教育已经得到广泛发展，并开始向更高层次升级。一些中等职业技术教育机构开始向高等职业技术教育领域迁移，一些高端教育机构也开始出现职业化倾向进而分化出高等职业教育，开始服务社会，培养高级技术人员。之后，职业化成为美国整个教育体系的重要组成部分。犹如我国外国教育史专家滕大春所说："二百年来，美国高等教育的发展方向跟欧洲大为不同，以专业教育为重点，而非以学术教育为重点。欧洲大学重学轻术的观念根深蒂固，美国则偏于重术而轻学。"[1]

19 世纪初，美国西点军校从军事服务导向转型为培养地方技术人才，纽约北部伦赛莱尔多科技术学院的创建，为美国公路、铁路、交通等重大工程培养了大量工程技术人才，意味着美国高等职业技术教育的开始。正如美国史学家卡柏莱（E. Cubberley）所说："正如同有了哈佛才有了美国高等教育的发达一样，有了伦赛莱尔多科技术学院，才有了美国的技术教育。"[2] 之后，美国其他文理学院及机构纷纷创办工程或技术学院，提供技术教育。1862 年，美国《莫里尔法案》的颁布与赠地学院的创建以及 1892 年初级学院的出现，使高等职业教育成为美国高等教育的重要组成部分，构建了美国完整的职业教育体系，促进了美国职业教育的勃兴。赠地学院的创建标志着美国高等教育重视社会生产与经济的开始，促进了高校与社会之间的联系。美国斯坦福大学戴维·拉伯雷指出，"正因为它，美国大学可以对公众说：我们不只为你们的孩子提供一流的学术，我们还提供非常实用的职业教育，致力于开展应用研究，解决本地实际的重大问题，促进工业与农业的发展"。[3] 因此，《莫

---

① 滕大春：《今日美国教育》，人民教育出版社，1980，第 37 页。
② 滕大春：《今日美国教育》，人民教育出版社，1980，第 8 页。
③ 戴维·拉伯雷：《复杂结构造就的自主成长：美国高等教育崛起的原因》，《北京大学教育评论》2010 年第 3 期。

里尔法案》代表着美国职业教育体系的初步形成，奠定了其法律基础。

五 继续教育的肇始与发展

在美国，成人教育通常指继续教育。美国成人教育最早起源于 19 世纪初专为徒工和熟练机械工人开设的机械讲习所，其中 1824 年富兰克林创办的讲习所（富兰克林学院）最具代表性。这些讲习所的宗旨是通过普及机械科学知识、传授工艺技术，培养在机械工艺方面卓有成就者。当时，在一些自办的农场内还有一些面向普通民众普及自然科学知识的农工劳动学校，以及各种科普知识讲座、博物馆、图书馆等。19 世纪 30 年代，波士顿出现了美国首个免费的公共图书馆。这些社会机构，密切结合市民生活普及实用知识，成为美国最初的成人教育。进入 40 年代后，美国经济发展中新技术、新工艺的应用越来越普遍，对劳动者的素质与技术要求也越来越高。联邦政府在普及义务教育的同时，开始着力提高成人扫盲教育，以提高成人文化素质水平。1848 年，美国马萨诸塞州颁布法令，授权各城镇设立成人学校帮助成人学习文化科学知识。在马萨诸塞州的影响下，1856 年匹茨堡和旧金山成立了成人夜校，随后在圣路易斯、芝加哥、费城等地也出现了一些成人夜校。到 1900 年，美国共有 156 个城市设立了成人夜校。[①] 直到南北战争之后，美国学校教育系统才开始提供成人教育。1862 年，美国《莫里尔法案》通过后创建的赠地学院，面向农业和工业界劳动者，主要为当地农业劳动者提供技术培训和知识服务。1869 年，哈佛大学率先创办了面向成人的夏季学校。之后，在政府鼓励与资助下，各州州立大学与赠地学院都纷纷开办大学推广教育部、成人教育班等，进行成人函授教育。到 19 世纪末，一些公立学院也开办成人夜校。到 1910 年美国有 8 所州立大学设立了函授教育，还有宗教团体及私人创办的各种函授学校 200 余所，为当地民众提供多种多样的成人教育。[②] 到 19 世纪 80 年代末期，美国兴起大学推广运动，成人教育形式内容呈现多样化。在成人教育机构方面，有新创办的专门的大学或学院，也有的大学专设面向所在地区普通民众的课程，大学教师担任任课教师，后来发展为成人函授教育机构或夜校。此外，还有初级学院、劳动大学以及社会服务机构等。到 20 世

① 周简叔：《世界高等函授教育概观》，中国人民大学出版社，1988，第 89 页。
② 周简叔：《世界高等函授教育概观》，中国人民大学出版社，1988，第 89~90 页。

纪40年代，美国初步形成了相对完善的成人教育体系。在教育内容方面，美国成人教育内容包括农业教育、职业教育、公民权利教育、公共事业教育等。

早在1917年，美国为解决中等职业技术人才短缺问题，曾颁布了《史密斯-休斯法案》，该法案"促使在人民中间传播有关农业和家政的信息，并且鼓励对这些信息的利用"，[①] 在促进中等职业技术教育发展的同时，也极大地推动了第一次世界大战之后美国成人教育的发展，各州政府对成人教育的资助力度加大，成人教育的办学条件限制、师资设备等各方面不断完善，成人教育规模日渐壮大。1926年，美国致力于扫除文盲、同化移民的很多知名专家学者组成的成人教育协会成立，标志着美国成人教育的进一步深入。

美国成人教育的蓬勃发展与政府的高度重视密不可分。美国政府并不直接干预成人教育管理，只通过立法、拨款等方式进行重点调控，如事关社会稳定、教育公平的难民或受灾者培训等，政府提供资助基金、服务合同金、直接运行金和学生资助金，补贴退伍军人、现役军人等，各州各种协会具体对成人教育进行专业规范与协调。另外，美国工业化进程是成人教育发展的重要推动力。从19世纪20~60年代，美国工业化进程进入快车道，经济发展加速，1859年，美国工业产值占工农业总产值的37.2%，到1870年时这一比例已增至64.4%，1889年时已跃至77.5%。在工业化发展过程中，工业企业作为重要运作形式也获得较大发展，工人阶级规模扩大，其接受职业技能训练与学习的愿望越来越强烈。再加上城市化进程中社区力量影响越来越大，以社区为据点的社区学院逐渐在成人教育中担负着重要角色。此时，美国实用主义哲学与民族文化的觉醒使人民逐步树立起独立、自主、平等、竞争、实干、效用至上的意识与观念，这也成为促进成人教育发展的重要原因。

美国作为移民国家，追求自由成为重要的民族个性。不同宗教派别与群众组织及文化教育机构非常重视学校教育，兴办各级各类教育机构，同时依靠这些机构开展成人教育。美国人高度重视文化建设，广泛建立公立图书馆、博物馆等社会教育机构，以改善人民文化生活，满足广大民众学习与深造的需要。1910年，美国各州博物馆数量有600所，到1939年时增加到2500所。美国人灵活务实，切实地把追求美好生活的愿望渗透到成人教育与经济建设、社会生活中。因此，美国成人教育内容与社会生活联系紧密，及时更新，教

---

① 夏之莲主编《外国教育发展史料选粹》，北京师范大学出版社，1999，第166~167页。

学方式方法灵活多样，如 18 世纪初，针对当时广大移民文化素养低、生存技能差，成人教育的内容多为基础性阅读、书写、计算以及子女教育、农作物种植等。"一战"后面对新加入移民，美国成人教育内容多为美国历史、英语、宪法等以加快移民的社会融入与国家认同、公民教育。20 世纪 30 年代，美国各地失业现象突出，成人教育的内容则注重职业技术培训和普通教育课程，以提高失业工人的文化素养与职业技能。并且，根据不同的教学内容，采取灵活的教学方式方法，合理安排教学时间，根据成人教育对象特点，采用现代科学技术手段和成人喜闻乐见的方式，增加教学的趣味性，提高成人学习的积极性，以实现好的教学效果，解决实际问题。因此，美国成人教育广受欢迎，并且很快发展为成人教育发达国家。

第三节　国家竞争力战略推动下的现代教育体系

自从 19 世纪末 20 世纪初以降，美国政府越来越重视教育在国家发展中的作用，不断进行教育反思与改革，疾呼教育关乎国家前途，以唤起所有人对教育的重视。美国政府坚信："美国教育如果是第二流的，美国就不可能保持其作为世界第一流强国的地位""正是这种教育危机目前在威胁着我们国家的前途，威胁着我们民族的未来。"[①] 因此，在高科技快速发展、信息化和知识经济时代，教育成为影响国家竞争力乃至人类进步的重要力量，美国从国家战略角度出发，制定整个教育体系的顶层设计，激发各级各类教育活力，挖掘人力资源优势，在不断适应国家经济、社会发展与国情的背景下，建立起独具美国特色、兼具活力与效率的现代教育体系。

一　学前教育的肇始与发展

美国具有引领世界的、发达的学前教育系统，在规模、数量、理论与实践方面都紧密结合社会政治、经济发展的需要。但美国学前教育作为后发型教育，兴起于 19 世纪末 20 世纪初。当时美国自由竞争思想占据主流，工业经济占据主导地位空前繁荣，社会阶级分化贫富对立，矛盾突出，无产阶级

---

① 滕大春：《外国教育通史》结语，载滕大春《外国教育史和外国教育》，河北大学出版社，1998，第 318 页。

与进步主义运动的兴起呼吁保护弱势群体，实行福利政策。儿童作为弱势群体的代表和祖国未来的希望，成为福利政策的重点。1909 年，美国白宫专门召开儿童主题会议，制定了一系列确保儿童权利的法律和福利政策及相应的制度安排。① 3 年后，美国成立了联邦儿童局（the U. S. Children's Bureau），旨在进行儿童保健及家长教育。1921 年，联邦儿童局颁布了《母子法》，规定联邦政府与各州通过行政、财政等措施，确保儿童福利、母子保护及家长教育。许多州因此开展儿童研究活动，并从行政层面高度重视家长教育。20世纪 30 年代初，严峻的经济危机造成美国经济、社会动荡不安。罗斯福"新政"背景下，1933 年，美国出台了《联邦紧急救济法》（the Federal Emergency Relief Act），规定联邦政府出资，建立全国性的紧急保育学校（the Emergency Nursery School），以挽救家境困难的幼儿与家庭，为幼儿提供必要的营养与教育，同时使贫困且优秀的教师具有就业机会。到 1938 年，该项目为 20万个贫困家庭的子弟提供了免费营养食物、适龄教育，并配置了专业幼儿教师。虽然这个项目在经济危机结束"二战"到来时终止了，但经过这么大规模的学前儿童保育与教育活动，美国保育学校得到普及，并且奠定了日后学前教育社会结构运作标准设置及幼儿师资培训的基础。②

第二次世界大战使美国一扫经济危机的阴霾，军事经济因战争而兴起，大批妇女进入军事产业。为解除父母参加军工产业的后顾之忧，美国国会于1940 年通过了《兰汉姆法案》（The Lanham Act），决定由联邦政府出资建立儿童保育中心（Child Care Center），为所有参加军工生产家庭的子女提供全天服务，所有儿童都有权参加，从而保障所有儿童都可获得相应的教育与保育。这一项目一直持续到 1946 年 2 月，随着"二战"的结束而停止。③ 1933 ~ 1946 年，美国学前教育虽然历经了经济危机与战争，却因福利政策导向而获得大发展。据统计，紧急保育学校项目实施一年后，美国就新建了 1913 所紧

① Lascarides, V. C. *Blythe Simone Farb Hinitz. History of Early Childhood Education* (New York: Falmer Press, 2000), pp. 377-378.

② Lascarides, V. C. *Blythe Simone Farb Hinitz. History of Early Childhood Education* (New York: Falmer Press, 2000), p. 381.

③ Lascarides, V. C. *Blythe Simone Farb Hinitz. History of Early Childhood Education* (New York: Falmer Press, 2000), pp. 391-393.

急保育学校，72404 名儿童注册入校。① 在《兰汉姆法案》实施期间，大约有 55 万~60 万名孩子登记在册。② 而在 1930 年白宫第三次关于儿童和青年的会议报告中，当时全国仅有 343 所保育学校，6500 名儿童登记在册。③ 但这一阶段，联邦政府对于学前教育的干预并非出于国家竞争力的考虑，仅仅是意识到确保学前儿童的健康、安全、营养是政府的责任。

第二次世界大战之后，美国作为战胜国，工业经济发展势头更加强劲。与此同时，阶级分化更加突出和民主民权运动愈演愈烈，一些贫困阶层由于未接受良好的教育与技能培训而更加贫困。1957 年，苏联人造卫星上天给美国带来极大的震撼，美国觉得本国的世界霸主地位遭到威胁，联邦政府与许多有识之士认为，这种威胁的根源很大程度上来自教育。为此，美国联邦政府从国家竞争力角度出发，规划教育体系改革，通过立法、拨款等方式，加大教育干预力度，促进教育体系民主与均等。进入 20 世纪 60 年代，美国联邦政府通过的《经济机会法》（The Economic Opportunity Act）掀开了反贫困运动，教育作为民权与反贫困运动的手段也受到关注，学前教育理论开始引起重视。1964 年 5 月，美国学者查尔斯·E. 希尔伯曼（Charles E. Silberman）在文章中指出："贫民窟的孩子在上学的头两年没有学习到正确的阅读技巧，是导致他们日后辍学和失业的直接原因……我们失败的原因是开始得太晚了，在贫困孩子的成长环境中，我们没有给他们提供必需的智力和感官刺激。"④ 希尔伯曼建议联邦政府重塑基础教育，从三岁或四岁开始为幼儿提供合适的学前教育。这一论断立即引发了联邦政府对早期教育在整个教育乃至国家发展中重要作用的高度重视。第二年，美国开始实施面向贫困家庭子女的早期补偿教育性质的"开端计划"（Head Start）。在联邦政府经费资助下，所有处境不利家庭的 3~5 岁儿童都能得到几个月的保育与教育，身体健康、社会化、心理情感与认知能力、语言运用能力等都得到改善与提高，幼儿父母也得到

① Lascarides, V. C. *Blythe Simone Farb Hinitz. History of Early Childhood Education* (New York: Falmer Press, 2000), p. 386.

② Lascarides, V. C. *Blythe Simone Farb Hinitz. History of Early Childhood Education* (New York: Falmer Press, 2000), p. 393.

③ Lascarides, V. C. *Blythe Simone Farb Hinitz. History of Early Childhood Education* (New York: Falmer Press, 2000), p. 395.

④ Vinovskis, M. A. *The Birth of Head Start: Preschool Education Policies in the Kennedy and Johnson Administrations* (Chicago: University of Chicago Press, 2005), p. 50.

相应子女教育知识的培训，为儿童顺利进入小学做好准备。这种补充性教育举措受到广泛欢迎与认可。该计划实施当年，美国就建立了 1676 个"开端计划"项目，建立了 9508 所中心，惠及 50 多万名儿童，到 1972 年，受益的儿童有 100 万人以上，使贫穷的学前儿童与其他同龄人在进入小学时站在了同一起点上。① 关于儿童认知与智力提高的教学内容、课程模式也得到广泛重视。20 世纪 60~80 年代，美国学前教育得到了快速发展。在联邦政府的干预与推动下，美国学前教育机会均等程度进一步提高，美国贫困儿童接受学前教育的机会得到保障，教育学、心理学等社会科学研究者关于儿童早期教育的研究对于儿童智力的开发也发挥着重要影响。所有儿童，尤其是贫困家庭儿童接受学前教育对于缓解社会矛盾、增强国家实力方面的有益作用取得了联邦政府与全社会的共识。

进入 20 世纪 80 年代，在世界科技发展、经济转型背景下，美国认识到要维系世界霸主地位，必须提高国人的整体综合素质，通过教育提高整体人力资源水平。教育公平与优质教育成为联邦政府调控整个教育体系的主要原则，学前教育作为整个教育体系的基础，也受到高度重视。联邦政府先后颁布了《提前开始法》（Head Start Act）、《2000 年目标：美国教育法》（Goals 2000：Educate America Act）、《不让一个孩子掉队法案》（No Child Left Behind Act）、《入学准备法》（School Readiness Act）等一系列法案，通过立法、拨款等手段，不断改进完善学前教育目标、经费投入与质量，加深人们对学前教育的重视程度。从联邦政府对学前教育的经费投入看，1975 年为 4.04 亿美元，1985 年为 10.7 亿美元，1993 年为 27.7 亿美元，1997 年达到 39.8 亿美元。②

在联邦政府推动下，美国学前教育在教育机会公平与质量提高方面得到整体发展，逐步形成一个类型多样、覆盖面广、保育与教育质量高的学前教育体系。从类型上看，有面向 0~3 岁婴幼儿的托儿所，有面向 3~4 岁幼儿的学前幼儿园，有为 5 岁幼儿提供教育的幼儿园，也被称为学前班，这属于公立学校体系，即 K-12 学校体系正规学制的起点。从 20 世纪 70 年代，美国各州都设有联邦政府拨款的公立幼儿园，幼儿园得到普及化发展。其中，俄克

① 周采：《美国先行计划的现状与趋势》，《比较教育研究》2001 年第 10 期。
② 王小英、蔡珂馨：《国内外幼儿教育改革动态与趋势》，东北师范大学出版社，2004，第 11 页。

拉何马州在 2002 年，学前幼儿园的 4 岁幼儿数已超过全州所有 4 岁幼儿总数的 60%，乔治亚州 58%~60% 的 4 岁幼儿已接受免费学前教育。[①] 有的州已经开始将免费幼儿园服务的年龄下调到 3 岁。此外，美国还存在各种各样私立保教机构。从学前教育对象看，既包括主流社会群体儿童，也包括弱势群体家庭及其子女。2008 年"开端计划"服务的儿童中，约有 11.8% 为残疾儿童。由于联邦政府及广大民众都认识到学前教育对于儿童未来学业发展与个人成功的重要作用，他们都非常重视对学前教育的投入，因此 0~5 岁的婴幼儿及其家长都成为学前教育的服务对象。2009 年，全美 50 个州以及哥伦比亚地区和波多黎各共 650 个早期教育项目获得"早期开端计划"资助，为超过 6.6 万名 0~3 岁的婴幼儿提供了学前保教服务。并且，美国学前教育服务方案也呈现多元化，包括家庭扫盲、孕期保健、疾病筛查等。在质量保障方面，小布什政府以"儿童是否做好日后在学校取得成功的准备"为质量评价标准，力求促进学前教育机构全面细致地优化发展。

　　近年来，美国学前教育呈现与小学教育一体化趋势。早在 1985 年，美国将 5 岁幼儿教育纳入学校教育体系，近年来，有的州开始将这一年龄降低到 4 岁甚至 3 岁，并且通过设立早期学习标准促进学前教育机构幼小一体化。联邦政府通过立法和经费投入，不断加大对学前教育和保育机构的监控与投入，美国学前教育集权化趋势也越来越明显。2003~2009 年联邦政府对"开端计划"的财政经费投入如图 6-1 所示。

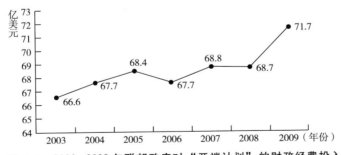

图 6-1　2003~2009 年联邦政府对"开端计划"的财政经费投入

资料来源：Head Start Program Fact Sheet Fiscal Year 2004-2010，http：//eclkc. ohs. acf. hhs. gov/hslc/mr/factsheets/fHeadStartProgr. htm。

---

① 曹能秀：《学前比较教育》，华东师范大学出版社，2008，第 85 页。

奥巴马政府上台以来，还成立了"总统早期学习委员会"，协调 0~5 岁儿童教育的相关政策，确保各州学前教育项目在各个年龄阶段的儿童中顺利推行。在政府推动下，美国各州都设有包括保育学校、"开端计划"中心、公立或私立保教机构等在内的学前教育体系。①

因此，当前美国学前教育虽然作为一个独立阶段，但已经被纳入学校教育体系，并且以公立幼儿园为主，有被纳入义务教育体系的趋势，与大多数发达国家做法一致。并且，现在越来越多的初等学校开始附设幼儿园，并且将幼儿园与小学一年级、二年级、三年级视为一类早期教育机构，甚至一些初等学校也开始设立保育学校。2006 年美国学前儿童入园率达 69%。美国学前教育结构设置情况如表 6-2 所示。

表 6-2 美国学前教育结构设置情况

机构名称	招收年龄	功能类型	隶属关系
日托中心	0~6 岁	保育	社会福利部门
保育学校	3~6 岁	保育/教育	教育或社会福利部门
幼儿园	3~6 岁	保育/教育	教育部门

资料来源：冯晓霞主编《幼儿教育》，吉林教育出版社，2000，第 117 页。

从美国学前教育儿童入学情况看，1965 年、1970 年和 1975 年美国 3 岁儿童入园率为 4.9%、12.9% 和 21.5%；4 岁儿童入园率分别为 16.1%、27.8% 和 40.5%；5 岁幼儿入园率分别为 60.6%、69.3% 和 81.3%。1970 年，3~5 岁儿童中平均 37.5% 接受学前教育，其中半日制占 83.0%。2000 年，3~5 岁儿童接受学前教育的比例提高到 64.0%，其中半日制占 47.2%。2007 年，美国 3 岁幼儿入园率为 41.5%，4 岁幼儿入园率为 67.8%，5 岁儿童入园率达 87.1%。②

美国基础教育中 K-12 中 K 指的就是 Kindergarten，即指从 Kindergarten 到 12 年级高中毕业的国民教育体系，可以说，Kindergarten 是美国国民教育系列教育体系的学制起点。所有儿童 5 岁必须接受学前教育，可免费进入公立学

① The 2012 Race to the Top Fund Continues Investments in Statewide Systems of High Quality Early Education Programs, Colorado, Illinois, New Mexico, Oregon and Wisconsin are Eligible for a Share of $133 Million, http://www.ed.gov/news/press-releases/2012-race-top-fund-continues-investments-statewide-systems-highquality-early-ed.

② 详见《美国 2008 教育统计年鉴》，http://nccs.ed.gov/Pubsearch/pubsinfo.asp?pubid=2009020.

前教育机构，部分州 4 岁以下儿童就可接受免费公立幼儿教育。美国 3 岁、4 岁儿童分别称为 Pre-K3、Pre-K4，随着经济全球化背景下人才竞争的加剧，幼儿教育开始成为竞争的起点。很多州开始通过立法将 Pre-K3、Pre-K4 纳入公立教育体系，很多公立小学内设 1~2 年公立学前教育，这种制度使得美国学前教育与小学教育衔接得很好。可见，美国经济发达，进一步为教育发展提供物质条件，义务教育年龄也开始前移。前总统奥巴马执政后，更加注重学前教育，加大对学前教育的投入，并加强管理，主导学前教育改革的方向，美国学前教育体系的发展越来越体现着深刻的"国家"烙印。

二　初等与中等教育的改革与发展

第二次世界大战之后，美国基础教育的改革与发展都是在联邦政府的推动下完成的，并且国家安全及竞争力成为重要推动力。在美苏两国"冷战"期间，科技、经济与军事竞争成为国际竞争的核心。1957 年，苏联卫星上天震动了美国政府与社会各界，美国人开始感觉到本国科技尤其是空间技术的落后，并将之原因归于教育。为了维护本国的世界地位，1958 年，美国国会颁布《国防教育法》，规定改革完善美国中小学数学、自然科学和外语教学，提高教学质量，从数量与质量层面确保为美国高端科技与国防人才培养提供坚实的基础。《国防教育法》是美国为维持世界大国地位而颁布的重要法案，掀起了美国教育史上一场从基础教育到高等教育整个教育体系的改革，直接奠定了第二次世界大战之后美国教育体系及各级教育改革的方向。

进入 20 世纪 60 年代，随着美国民权运动的兴起，50 年代实行的教育种族隔离政策、拒绝黑人儿童进入白人学校的做法引起了教育界人士的反思与声讨，在基础教育阶段废除种族隔离的呼声越来越高并且得到了美国最高法院的支持。但美国大多数学校却反对这一政策，或者即使允许黑人子弟入学，在现实中仍实行差异化教学。针对这种情况，1965 年美国国会通过了《初、中等教育法案》，促进教育机会平等，要求美国各学校对不同种族的子弟实行同校政策与相同的教育，各州与地方政府提供经费支持以确保美国中小学的课本、器具等学习资料的充足以供各种族学生使用。该法案极大推动了美国基础教育民主化运动，对于非种族隔离政策发挥着重要历史性作用，但由于忽视了不同学生的认知水平，未结合学生实际考虑教材难度、知识应用与技能训练，造成了事实上教育过程中的不平等。

　　经过"二战"后 20 多年的教育发展，到 20 世纪 70 年代，美国科学技术和经济发展蒸蒸日上，对人才层次、规模都有了新的要求。此时，美国基础教育中，适龄儿童入学率下降，学生学术能力测验成绩普遍下降，导致大部分学生离开学校时既不能升学，也缺少在社会生存的知识与技能，公众失去了对基础教育的信任。70 年代初期，美国兴起了"生计教育"运动，呼吁教育要联系现实生活，学校为学生未来升学、就业做准备。教育界提出，要重视能力与个性发展，减少学术类课程，但教育改革又走向另外一个极端——中小学纪律自由涣散、高度自由化，学生学业成绩进一步下降。在此背景下，美国国会颁布了《补偿教育方案》，规定基础教育改革必须注重"基础能力与技术"，通过严格的纪律约束，确保学生在校学习英语、数学、自然科学及历史等基础学科的时间，从而为未来个人发展打好基础，恢复基础成为美国 70 年代末基础教育改革的重要方向。

　　进入 80 年代之后，随着世界经济增长方式的变革与知识经济的兴起，美国认识到基础教育在提高普通民众科学文化素质、培养知识劳动者方面的重要意义。美国委派一家全国性教学质量研究机构对 1973~1982 年的高中毕业生考试成绩进行分析，发现学生成绩下降，测试显示，美国基础教育阶段学生的平均学业水平比欧洲、日本的同龄儿童至少要低 2 个年级，以至于"一些高中毕业生，手持毕业文凭，可是根本没有阅读能力，写不出一个完整的句子，也不会做算术"。[①] 基础教育水平的状况再次引起人们的普遍关注，国会通过 1983 年的《国家在危机中：教育改革势在必行》报告。该报告提出重建美国国家教育体制，强调在普通教育中融入职业教育，这些都对美国基础教育以及整个教育体系产生了深远影响。另外，该报告从提高美国国际竞争力的视角，高度强调提高基础教育质量，这引起了全社会对基础教育的关注。在国内外教育的压力下，联邦政府也意识到基础教育质量下降所带来的深远影响。1989 年，美国布什总统在弗吉尼亚州召开中小学教育专题会议，提出了到 2000 年应达到的六项目标，其中包括要求高中生毕业率达到 90%、数学和科学学科教学达到世界一流水平等。这次会议由于只确立了改革目标，尚未指出具体的原因与改革举措，这导致未能实现基础教育水平提高的目标。现实中工人基本素质与水平低下，责任意识差，造成 90 年代初期美国经济恢

---

① Gray, P., " Debating Standards, " *Time* (1996): 40.

复缓慢、产品质量低下，难以与日本、西欧等国家相抗衡，这种状况严重威胁到美国工商业在国际竞争中的地位。因此，1996 年，美国工商业界的几家知名大公司首先发起了关于美国基础教育危机、教学质量下降的高峰论坛，总统与 41 个州的州长参加，在深度剖析了教育质量下降的原因之后，提出了"高标准、严要求"的决议，并明确了各州与地方政府的责任是制定最高水平的学业标准和准确测量学生学业成绩的考核制度，工商业界的责任是在招聘员工时，严格要求应聘者提交成绩单、毕业证书等并择优录用，在选择新厂址、投资时首要考察该州或该地区的教育水平与学生学业水平。从而，美国政府、工商企业界、学校以及家长等全社会对基础教育改革形成了统一认识。

1997 年，美国时任总统克林顿发表国情咨文，提出十条教育改革原则作为其执政期间首要目标，从此美国开启了以统一教学大纲、统一考试、统一严格的评分标准、反映学生实际学业水平、提高教育质量为核心的基础教育改革运动。在此改革中，美国联邦政府还投入大量经费，为落后学生提供师资、课程辅导等软件、硬件等方面的帮助，还制定明确的奖励措施，鼓励学生刻苦学习。美国各州也积极响应，如马里兰州教育行政部门聘请考试公司编制高中考题，并确定 80 分及以上才可毕业，85~90 分为优等生，90 分以上可保送马里兰大学并得到奖学金。大公司在招聘时以学业成绩为标准择优录用。[①] 基础教育发达的纽约州通过统一领导与规划，推行统一考试、严格评分标准，改革教师执照、提高师资水平与质量等举措，扎实推进基础教育改革。到 2000 年，美国各州都已形成具体的教学大纲、不同年级各个科目的教学实施细则，实行统一教学大纲和考试，废止了 100 多年来的自然升级法。

与此同时，美国开始改革原有划片入学的制度，尊重学生与家长的选择权。受新自由主义经济思潮的影响，提倡教育产业化和学校市场化运营方式，推动择校政策。在此背景下，组建了以下三种学校。第一种是公立学校性质的磁石学校（Magnetic School），在课程设计方面注重特色与儿童兴趣爱好，如音乐、喜剧、电脑等，因材施教。这点与公立学校略有不同。第二种是公办民营性质的特许学校（Charter School），拥有公共教育经费，由教育团体或个人开办并负责运营。课程设置、教学进度与标准、师资选聘等由州教育行政部门、社区、家长共同商定，联邦政府提供经费资助，实行公立学校的统

① Chenoweth, K. , " 2004: Maryland´s Reform Odyssey, "*American Educator*(1996): 18~21.

一考核标准，以培养的学生是否符合标准为学校能否继续开办的依据。第三种是那些由于宗教信仰、校园暴力等不满公立学校的适龄儿童在家庭进行学习的一种家庭学校（Home School）模式。目前，由于在家庭学校接受教育的学生成绩通常优于公立学校，家庭学校的人数每年增长比例高达15%。

进入21世纪后，美国《不让一个孩子掉队法案》的颁布将基础教育改革再次推到一个新阶段。联邦政府进一步加强了对教育的宏观控制与严格规范、统一考核，通过经费资助推行严格的教学质量标准，在全国范围内关注学生学习质量，关注弱势群体及学习水平差的学生，同时也放宽了各州管理教育事务的自主权。《美国2000年：教育战略》的颁布标志着美国教育国家标准的实施。从"二战"后美国基础教育改革都具有强烈的时代特征，与美国政治、经济密切相关。联邦政府推动的一系列改革，在提高基础教育阶段学生整体学业水平的同时，也是对整个教育体系的提高，极大地提高了美国的国际竞争力。

从教育传统看，美国基础教育以往强调机会均等、注重社会实践培养学生个性与创造能力，实行各州自治与分散管理的自由主义政策。但这种传统做法的弊端日益积累导致基础教育自由涣散、教学质量下降。在美国联邦政府的强力推动与国家危机论的警醒下，全社会形成了统一大纲、统一考核标准、提高教学质量的教改浪潮，通过联邦政府的"集中"实现"统一"，进而确保质量，智力因素得到了强调与重视，这是美国基础教育的根本性改革。这种改革冲击着传统的教育管理制度与教育思想，撼动了美国一直占主导地位的、强调民主、平等的实用主义教育思想，而主张统一大纲、统一考试的当代教育家申克（Shanker）由于适应当代提高教育质量的现实，开始占据主导地位。但这种改革是否会影响美国原有基础教育培养学生独立思考、创造想象、实践动手能力的优势，也受到学界的质疑。但不管怎样，美国通过不断的权力下放，为基础教育不同的利益相关者——教师、学生、家长等"授权"，从而使其明确了各自的"责任"，学生的学业要求更加明确，提高学生学业成绩成为共同目标。在联邦政府、学校、家长、工商企业界等各方通力合作、共同推动下，美国基础教育重建运动呈现勃勃生机，这也再次说明，任何一次教育改革都不是单方面推动的，而是一个系统性工程。

美国向来重视儿童个性的自由发展，提供多样化的教育。从历史上看，美国由于实行分权式教育管理制度，各州与地方掌握教育权，初等教育学制是多样化的。但通常各州中小学年限为12年，其中实施初等教育的小学绝大多数是 6 年制，也有部分小学实施 4 年制、5 年制和 8 年制。20 世纪 60 年代，考虑到学生在小学后期和早期青年期的生理与心理特点，为了更有效的教育与教学，美国将 5、6、7、8 这四个年级统一组建为新类型学校——中间学校。这是美国初等与中等教育学制、中等教育结构与类型的重要改革。

近年来，美国更加重视人才竞争，强调人才竞争从早期教育抓起，注重学前教育与小学教育之间的衔接。2010 年，奥巴马政府重新修订《初等与中等教育法案》，提出联邦政府将继续划拨经费，鼓励并支持小学与学前教育机构合作，加强幼小衔接。[①] 因此，目前美国小学内普遍设有"小学阶梯"——幼儿园，接收 4~6 岁儿童。其中，5 岁儿童就开始接受为期一年的小学准备教育，以符合时代生活要求的数学、自然科学教育为主，从而奠定小学教育的良好基础。

美国与其他国家一样，中等教育分为初中和高中两个阶段，其学制随着时代发展和学校类型而呈现多样化。美国高中主要机构是综合中学，内分学术、技术与普通教育三种方向。通常，高中 3 年，称为高一、高二、高三，与我国高中类似。

自 20 世纪 60 年代中间学校出现后，美国初等教育与中等教育改变了以往的"六三三"学制，呈现新的图景（见表 6-3）。

表 6-3 美国近现代初等、中等教育的学制变化

学校	时间	学制（年级）
小学	1800~1890 年	1~6，1~8
小学 中学	1890~1910 年	1~6，1~8 7~12，9~12
小学 初中 高中	1910~1960 年	1~6 7~9 10~12
小学 中间学校 中学	1960 年至今	1~5 6~8 9~12

资料来源：邓志伟主编《中等教育》，吉林教育出版社，2000，第 51 页。

① 参见 http://www2.ed.gov/policy/elsec/leg/blueprint/blueprint.pdf。

三　职业教育的发展

如前所述，美国作为后发型国家，美国工业化起步时英国第一次工业革命已经基本完成了一半。教育也是如此，职业教育源于欧洲，在工业化进程中起步较晚、起点相对较高，由于职业教育体系与工业化发展的密切配合，美国虽然起步晚，但很快成为第二、第三次工业革命的领跑者，职业教育从学徒制到实科中学、综合中学，再到社区学院，这种组织机构的变迁过程中为工业化发展输送了一批批适用的熟练技术工人。但由于美国在工业化进程中注重管理和绩效，采用流水线式的管理方式，整个生产过程的每个岗位被分解为若干环节和规定动作，劳动者只需掌握规定动作即可，劳动技艺要求降低了，并且机械化程度的提高大大减少了人工劳动量，这需要一些妇女、儿童等廉价劳动力。因此，原来的学徒制以及职业教育都失去了其存在的经济基础。随着电气化等产业转型升级，工业化的发展对工人职业技术与文化素质的要求有所提高，美国出现了同时进行普通教育与职业教育的综合中学，后来又出现了初级学院，最后发展为社区学院，提供职业教育、生计教育、补偿教育、大学转学教育与普通教育等。同时，因为美国非常重视科技创新所带来的经济利益，所以高等教育尤其是研究型大学获得极大发展，高等教育体系最为发达，培养出很多引领行业发展的人才，为美国科技发展、创新型经济发展发挥了重要作用。而相反，职业技术教育却相对从未获得较大发展。同样，美国作为移民国家，发达的高等教育吸引力来自世界的优秀生源，所以美国本国中等教育一直未获得太多关注，成为一个相对被忽视的领域。因此说，美国职业教育以及整个教育体系的发展，与职业转型升级及生产经营模式密切相关，并且这种经济增长模式也直接影响教学内容及教育组织结构。

社会繁荣稳定也是美国职业教育发展的重要目标。从第二次世界大战至今，美国职业教育体系的发展经历了多次质与量的变革。1945 年《退伍军人就业法》颁布到 1958 年《国防教育法》出台，美国针对退伍军人就业问题，有计划地开设职业训练机构，对退伍军人进行职业训练与培训，在解决退伍军人就业问题的同时，推动了职业教育的恢复与发展，这可以说，社会意义和政治意义大于经济意义。从 20 世纪 60 年代到 80 年代初期，教育公平成为时代主题，美国 1974 年颁布了《生计教育法》，引导学生了解和熟悉职业，提高就业能力成为职业教育改革的主旋律。整个 80 年代，效率与绩效再次成为引领美国各领域改革的导向，企业界更加重视通过管理与机械创新，这使得该阶段美国职业教育开始转向"劳动力训练"。

1990 年，美国颁布了以《帕金斯职业教育法》（Perkins Vocational and Applied Technology Education Act）为代表的一系列职业教育法案，这些法案明确规定，职业教育的目的是促进经济发展，提高美国竞争力，使美国成为"全民皆学之邦"，① 美国职业教育体系现代化进程进入了一个新阶段。进入 21 世纪后，世界性工业经济转型升级与金融危机迫使美国转变工业生产经营模式，一味重视管理、忽视中低端制造业导致美国实体经济缺失，产业"空心化"问题严重，中低层人员失业率上升，直接危及社会稳定和国家可持续发展。2009 年，先后颁布了《美国经济复苏与再投资法案》（The American Recovery and Reinvestment Act）和《为明日工作之工人而准备》（Preparing the Workers of Today for the Jobs of Tomorrow）报告，强调要推动行业发展，必须加强高等职业培训，创建美国职业教育模式，加大培训力度，这也是所有美国人应尽的义务，因此号召强化社区学院建设，创建"面向人人"使"人人具备高技能"的社区学院。这代表着美国职业教育体系发展的新起点与新目标。

四　现代高等教育的发展

第二次世界大战成为美国高等教育体系发展的分水岭。这场战争不仅给美国带来了巨大经济利益，奠定了美国世界霸主的地位，对美国高等教育体系的影响也是巨大的，主要反映在以下几个方面：一是高等教育与美国国家竞争力的联系更加密切；二是美国实现了从高等教育精英化向大众化的转变，高等教育层次与类型结构更加丰富完善；三是以科研和科技创新为主的研究型大学、研究生教育发展受到高度重视，高等教育的教学、科研和社会服务功能得到进一步加强。这些变化与"二战"后美国政治经济形势发展趋势直接相关。"二战"期间，美国高等教育为战争输送高级人才和战备技术，助力美国通过战争获得了最大限度的利益。"二战"后，面对数百万退伍军人的就业问题，作为补偿，也是为了解决社会与政治问题，美国国会通过了《退伍

---

① 吴式颖主编《外国教育史教程》（缩编本），人民教育出版社，2003，第 639 页。

士兵权利法案》，大批退伍士兵进入高等教育，加速了美国高等教育从精英化向大众化的转型。再加上《国防教育法》的颁布，美国高等教育体系的国家战略、全球化特征更加明显。

"二战"后，美国率先启动了以原子能、电子计算机、空间技术和自动化为核心的第三次工业革命。高度自动化机械与高新科技在工农业生产中的应用，促进了美国向后工业社会的迈进和产业结构的改变，美国第一、第二产业在国民经济总产值比重下降，服务业上升。在就业机会方面，制造业所新增的就业机会在 1958～1962 年减少了 100 多万，农业、建筑业等情况也类似，而服务业新增就业机会占据所有就业市场的 3/4。① 美国就业市场出现了结构性失业率上升的现象，落后或不适应市场需求的人面临失业的严峻现实，高等教育与市场需求之间供求脱节。而"二战"后美国婴儿潮所带来的大量人口到 20 世纪 60 年代给高等教育及就业市场带来了巨大压力，亟须美国政府调整高等教育政策与高等教育体系，以更好地容纳这些人口，并且在高等教育体系内不同类型、不同层次内部进行合理分流，以实现人力资源的有效利用。这种现实既是国家政治、社会与经济发展的需要，也是高等教育大众化的推动力。与此同时，美国城市化快速发展和产业转型升级所带来的城市贫困问题使美国政府试图通过高等教育，让所有青年人通过接受高等教育提高就业能力与机会，从而打破贫困的恶性循环，战胜贫困。消除贫困、民权运动与教育机会均等也成为高等教育体系向大众化转变的一大推动力。在理论界，美国很多经济学家将美国 20 世纪上半期的经济繁荣归因于学校教育的贡献，西奥多·舒尔茨认为学校教育和大学科学研究是美国经济增长的主要源泉，国民收入的 80% 来自人力资本。丹尼森研究发现，1909～1929 年物力资本对美国经济增长的贡献几乎是学校教育对经济增长贡献的两倍，但在 1929～1957 年，学校教育的贡献却超过了物力资本。② 教育对于人的价值以及人力资本理论深刻地解释了自 1920 年后美国教育与世界经济强国地位之间成正比的现象，这也得到美国政府与广大民众的认可。美国对教育尤其是高等教育的投入更加受到重视。因此，美国政府相继颁布多项有关扩大教育机会与提高就业率的法案，从联邦人力政策体系的立场出发干预高等教育与经济发展，

---

① U. S. Department of Labor, Manpower Report of the President, Washington D. C.: U. S. Government Printing Office, 1963. XIV: 5, 20, 22.

② 杨德广、王一鸣主编《世界教育兴邦与教育改革》，同济大学出版社，1990，第 174 页。

对当时人力资源开发、经济繁荣与促进就业，发挥着重要作用，高等教育从而成为联邦人力资源体系建设的重要组成部分。随着全球工业经济向知识经济的转型，劳动力市场对高等教育的质量、数量与规格都有了新的要求，人人接受高等教育成为劳动力市场的必然要求，也是国家经济发展和个人提升的必由之路。如同美国"未来高等教育委员会"指出的："我们承认，并非每个人都需要上大学，但每个人都需要一种中学后教育。确实，我们已经看到足够的证据，获得中学后教育和培训对于个体的经济安全越来越重要。"①

1957 年，苏联第一颗人造地球卫星上天让美国人意识到必须改革本国教育体系，培养高科技人才，通过提高学校质量维系美国科技地位。许多议员建议政府加大对高等教育尤其是国防和科技方面的投入。② 因此，"冷战"的爆发使得美国高等教育与国防建设成为之后十多年内优先发展的重点。

经过"二战"后高等教育的发展与改革，美国形成了灵活多样独具特色的发达的高等教育体系。从不同类型结构看，美国高等教育体系可分为大学、四年制文理学院和两年制社区学院，其具体情况如下。

大学（Universities），这里主要指研究型大学，是经过借鉴德国现代大学改革经验、结合美国本国实际发展而成的，教学设施一流，教学质量、科研水平很高，普遍设有研究生院，具有完备的学历教育体系，独立授予学士、硕士和博士学位的权力与资格，多所大学位于世界研究型大学排行榜前列，成为世界高等教育的"塔尖"，为美国国家安全、科技创新输送了高水平的科技与人才。

四年制文理学院（Liberal and Science Colleges）是美国最富传统特色的高等教育机构，有公立和私立之分，主要提供高水平的本科教育，以通识教育和教学为主，有很少量的也提供科学研究和研究生教育，学历体系最高止于硕士研究生层次。

两年制社区学院（Community Colleges），由 19 世纪末出现的初级学院发展而来，1947 年，杜鲁门总统高等教育委员会提交的《为美国民主服务的高

① Spellings Commission on the Future of Higher Education, A Test of Leadership: Charting the Future of U. S. Higher Education, http://www. ed. gov/about/bdscomm/list/hiedfuture/index. html.

② Rivlin, A. W. The Role of Federal Government in Financing Higher Education (Washington D. C. : The Brookings Institution, 1961), p. 72.

等教育》报告提议初级学院改名为社区学院，到 20 世纪 60 年代末，美国社区学院和初级学院协会正式决议，全国两年制学院统一使用"社区学院"这一名称。① 社区学院是第二次世界大战之后美国高等教育普及的主要机构，也是美国高等教育体系中非常具有美国特色的重要高等教育机构，是实施高等职业教育的主要机构。社区学院面向社会、立足社区，以促进地方经济发展为目标，专业设置与课程教学强调实用性，形式多样，实践课比重占 40% ~ 60%。社区学院实行免试入学原则，学费低廉，对社会、企业开放，根据科技发展以及社会市场、企业需求，及时调整专业与课程设置，进行合作教学或培训，强调实习实践，学生必须深入现实岗位体验真实的工作，学以致用。来自社区的高级知识分子以及商业、企业等生产工作一线的专业人员构成的兼职教师，占总教师比例为 60%，专职教师学历较高，主要进行基础理论或基础性较强的课程的教学、教材编写工作。因此，社区学院办学目标明确，针对性强，3/4 的毕业生都能顺利找到学用一致的工作。另外，社区学院与其他高等教育机构制度连接通畅，具有灵活的转学功能。社区学院既是独立的高等教育层次，也可作为中转性机构，在培养社会急需的熟练工人、初级技术人员、进行职业培训和各类成人教育服务方面发挥着重要作用，是美国高等教育体系中的一个重要链条。目前，社区学院及其在校生人数约占美国高校总数、在校生总数的 1/3。社区学院提高国民素质、培养各类技术与服务人才、促进经济发展的功能得到政府与社会的普遍认可。除了联邦政府与州政府的政策与经费支持之外，美国最知名的大学以及其他专业组织与机构也通过师资培训、课程开发、学分互认等方式对社区学院给予支持。社区学院满足了社区不同群体接受高等教育的需求，完善了美国现代高等教育体系，既实现了高等教育大众化、民主化，分流了大部分学生，又避免了大学扩张，确保了高等教育质量，形成了美国现有的多层次、多规格、多类型、兼顾民公平与质量的金字塔模式的高等教育体系。美国通过转学系统、学分互认制度将三类高等教育机构之间互相连通、资源共享，从而使得高等教育体系更为高效。

从层次结构看，美国卡内基教学促进会按照学位层级将美国现行高等教育体系从低到高分为副学士、学士、硕士和博士。所谓"副学士学位"又称"协

---

① 万秀兰：《美国社区学院的改革与发展》，人民教育出版社，2003，第 40 页。

士学位"，学生完成社区学院学业或修完四年制文理学院前两年课程，学业合格可获得副学士学位；学士学位，学生完成本科课程学业合格可获得学士学位。根据不同专业类型，学士学位分文学士（B.A）和理学士（A.S）两种，此外还有一些专业学士学位，如美术学学士（B.F.A）、社会工作学士（B.S.W）、工程学学士（B.Eng）、哲学学士（B.Phil）、建筑学学士（B.Arch）等。硕士和博士学位属于研究生教育，其中硕士学位分学术型和专业型两种，学术型硕士包括文学硕士（MA）或理学硕士（MS）、工商管理硕士（MBA）等，专业硕士包括教育硕士（ME）、美术学硕士（MFA）等。博士学位分哲学博士和专业博士两类，哲学博士属于学术型学位，专业博士包括文学博士、教育学博士、工程学博士、医学博士、药学博士、理疗学博士以及法学博士等。

美国高等教育的科类结构与产业结构发展趋势相一致。从"二战"后美国产业结构变化趋势看，农业、工业和建筑业在国民生产总值中比重下降，而服务业和高科技产业迅速崛起并成为支柱性产业。进入 20 世纪 60 年代后，美国第三产业占国民生产总值 50.0% 以上，逐渐取代第一、第二产业占据优势地位。到 20 世纪 70 年代，第三产业的产值份额为 65.5%，其中信息产业已占 50.0% 以上。[1] 与此相对应，美国政府加大对高等教育干预力度，高校开始由"二战"期间为国家战争服务逐渐扩展到为各级政府、工商企业、城市建设、环境保护等社会各个方面服务。[2] 随着第三次工业革命的到来与高科技迅速发展与转化，各个行业专业化程度越来越高且相互渗透、综合，交叉学科、跨学科出现了很多新领域，直接影响大学的学科和专业结构。在上述经济和社会等因素综合作用下，美国科类结构出现了以下变化：教育、工商管理、工学、英语文学学士学位授予数从 1945 年的 52% 下降到 1971 年的 49%，硕士研究生阶段由教育、医学、牙医和宗教与经院哲学占 61% 转变为教育、工商管理、法学和工学占 52%，博士生层次由化学、生物科学、教育和其他管理类占 51% 转变为教育、生物科学、工学和化学占 45%。与第三产业发展相关的人文与社会科学学科在学士和硕士层次学位的授予量最高学科中的比例持续提高，学士授予数由 48% 上升到 56%，硕士生授予数由 53% 上升到 56%。出现了一些新兴学科，工学类越来越发达，教育学在新兴交叉学科、

---

① 景跃军：《战后美国产业结构演变研究》，博士学位论文，吉林大学，2004，第 67 页。
② 黄福涛主编《外国高等教育史》，上海教育出版社，2003，第 334 页。

跨学科等博士层次教育最为活跃。数学、物理学、生物科学、化学等基础学科以及作为思维科学的心理学获得快速发展。计算机与信息科学 1960~1971年学士、硕士、博士授予数分别增长了 233、149、128 倍。该学科的出现和快速发展，不仅带来整个工业领域的深刻变革，并且引领了第三产业结构的优化和升级。[①]

在高等教育大众化进程中，美国高等教育体系不同类型的高等教育机构职责明确、界限清晰、各司其职。大学（研究型）坚持精英教育和科研导向，确保优质生源与教育质量，引领整个高等教育体系。新州立大学和社区学院承担大众化功能。据统计，美国各州高等院校从 1940 年的 1708 所，增加到 1950 年的 1851 所、1976 年的 3026 所，其中社区学院由 1960 年的 521 所增加到 1976 年的 1002 所，在校生人数从 1940 年的 14.9 万人增加到 1950 年 24.4 万人、1960 年的 45.1 万人、1970 年的 163 万人。四年制学院在校生从 1940 年的 123.8 万人增加到 1950 年的 217.8 万人、1960 年的 277.5 万人、1970 年的 525.9 万人。[②] 1970 年，美国两年制和四年制学院在校生人数占全国大学生总规模的 86.98%。

美国在加大高等教育大众化投入的同时，也非常重视对精英教育的经济支持，投入大量经费改善研究型大学的办学与科研条件。从 1946 年第一个国家实验室建立到 2002 年美国已拥有 720 多家实验室，[③] 这直接推动了研究型大学的发展，使美国的科研水平大大提高。1995 年，美国联邦政府对国家实验室投入 80 亿美元专款，其中 53 亿美元投入大学，100 余所研究型大学科研开支占全美大学经费开支的 76% 以上。[④] 这些大学通过科技创新和高水平精英人才培养反馈国家与社会，例如哈佛大学毕业生中曾出现了 8 位总统、40 多位诺贝尔奖得主、30 多位普利策新闻奖得主；斯坦福大学 1500 多位教授中有十几位诺贝尔奖得主、8 位普利策新闻奖得主、230 余名院士、20 多位国家科

---

① 李战国、谢仁业：《美国高校学科专业结构与产业结构的互动关系研究》，《中国高教研究》2011 年第 7 期。

② U. S. Department of Commerce, Statistical Abstract of the United States, WashingtonD. C. : U. S. Government Printing Office, 1977, p. 154.

③ 庄越、叶一军：《我国国家重点实验室与美国国家实验室建设及管理的比较研究》，《科技管理》2003 年第 12 期。

④ 赵文华、黄缨：《美国在研究型大学中建立国家实验室的启示》，《清华大学教育研究》2004 年第 4 期。

学奖得主；哥伦比亚大学师生中有 87 名诺贝尔奖得主、3 位总统；纽约大学有 30 多名诺贝尔奖得主、16 名普利策新闻奖得主、9 名国家科学奖得主、19 名奥斯卡奖得主等；还有圣路易斯华盛顿大学、霍普金斯大学等私立研究型大学均有诺贝尔奖得主。[①] 在研究型州立大学中，加州大学伯克利分校有 8 名诺贝尔奖得主、5 名普利策新闻奖得主、140 名古根海姆奖获得者、22 名麦克阿瑟奖获得者；加州大学洛杉矶分校有 6 名教授和 4 名校友获得诺贝尔奖；伊利诺伊大学香槟分校有 26 位教授或校友获得诺贝尔奖、4 位获得普利策新闻奖；华盛顿大学有 11 名诺贝尔奖得主、10 名普利策新闻奖得主、5 位国家科学奖获得者、11 名麦克阿瑟奖获得者。[②] 1978 年，全世界科研成果最多的前 20 所大学中 16 所是美国的研究型大学。上述成就充分说明，美国大学是社会、国家科学研究中心和高端人才培养基地，国家国防、空间探索、重大疾病防御与治疗以及工业生产与创新等重大问题都依赖于这些大学来解决，其在国家、社会、经济和科学技术发展中发挥着战略性作用。

美国研究型大学的发展也带动了研究生教育的发展。早在 1949 年，美国的瓦尔福尔曾对美国人力资源进行调查研究，指出当前及以后新式武器的研制、人民健康与人类财富以及生产力的提高等方面都需要高水平教育的脑力劳动，美国需大力发展研究生教育，这是国家日后最大的财富来源。与此同时，美国总统中等教育委员会的调查也发现，美国急需能干的、合格的大学教师。这些状况都表明，美国急需发展和扩大研究生教育。因此，在《国防教育法》的推动下，美国 20 世纪 60 年代研究生教育获得大发展，培养的学者比 20 世纪前 60 年培养的总和还要多。1975 年，美国主要研究型大学的研究生数量超过了在校生人数的一半，比 1950 年增加了 4 倍以上。经过"二战"后高等教育体系的调整，美国高等教育不同层次、类型的结构基本上满足了国家、社会及个人对高等教育的诉求，适应了美国经济产业结构和生产方式的转变对人才的需要。再加上美国实行高等教育自治与自由市场竞争的管理机制，美国高等教育机构在市场导向下，为优秀生源、师资和经费而竞争，在优胜劣汰、适者生存的竞争中不断完善发展，成为更加优秀的大学，

---

① 张旭编著《通向成功彼岸的第一步美国 TOP60 名校逐一点评》，电子工业出版社，2010，第 1~216 页。

② 何学良、李疏松、何思谦编著《美国名牌大学介绍》，中国科学技术大学出版社，2003，第 1~403 页。

整个高等教育体系也在这种机制中激发了活力，提高了效率。当然，由于美国高等教育市场化导向导致过于商业化和功利性，一些基础性学科被忽视，教育和普通文理学科由于社会竞争力差而得不到足够的资源，从而影响了中小学师资的培养，影响了中小学教师质量，进而影响了整个教育体系与美国经济、社会与科技的进步。

综上，"二战"后美国高等教育体系的调整与发展是在国际竞争、国家处于危机的背景下，通过政府强力干预进行的。从20世纪初与欧洲各殖民大国的斗争，到"二战"期间取得世界霸权，到"二战"后与苏联"冷战"时的国家安危，再到20世纪80年代直接提出国家处于危机中，到现在与欧洲以及中国争夺世界市场，美国高等教育乃至整个教育体系的改革频率越来越快、改革内容越来越深入，并且每次都紧扣国家安危这一主题，以激发美国公众求生存、竞发展的危机意识，从而在全国形成尊重知识、尊重教育、尊重科技与人才的氛围，将教育绑在国家竞争力的"战车"上。当然，在这过程中，美国不断借鉴英国、德国教育传统，创新本国教育模式，形成本国特色，并以自由、灵活、开放的教育体系很好地容纳了来自世界各地的学子，通过优秀人才的不断汇集而形成世界性高科技人才中心，这些优秀人才在美国高等教育机构任教，进一步提高美国高等教育质量与世界影响力，进而更加吸引世界优秀生源，形成良性循环。最优秀的人造就了最优秀的大学，而最优秀的大学进一步培养了最卓越的人，这些优秀的人才在推动社会发展过程中进一步扩大了母校的影响力，优秀的毕业生与优秀的大学共同塑造了卓越的高等教育体系。

随着美国高等教育体系的完善，高等教育大众化得到充分发展，美国成为世界上最早普及中学后教育的国家，其他各个层次的高等教育都获得相应的发展。研究型大学和四年制文理学院的发展为社区学院培养了优秀的师资，带动了国家社会和经济的发展，进一步为社区学院的发展创造了良好的环境。1955~1965年，美国各地平均每周创建一所新的两年制学院。招生规模也日益增加，1960年，平均每所社区学院在校学生为1230人，到1980年公立社区学院平均入学人数为4448人，其中有48所社区学院入学人数超过15000人，[①] 并且，社区学院在回应劳动力市场与大众的高等教育诉求过程中，逐渐

① 赵俊梅：《美国社区学院的发展历程及启示》，《现代教育论丛》2001年第4期。

形成了转学升学、职业教育培训、普通教育、社区服务等职能。四年制本科教育作为高等教育体系的主体也获得大发展。1940 年，美国四年制大学只有1000 多所，1960 年为 1447 所，1973 年已经有 2000 多所。[①] 研究生教育在"二战"后随着高等教育体系的不断健全获得突飞猛进的发展，成为各研究型大学的主体，1955 年，美国研究生招生总人数为 25 万人，1965 年增加到 58万人，1968 年为 75 万人，1970 年为 85 万人，1976 年已达 132 万人。[②] 这些不同层次的高等教育结构为美国经济腾飞、社会发展培养了大批适用人才。据统计，1940 年，美国各种高等院校共有 1708 所，1950 年增加到 1851 所。随着高等教育进一步大众化，到 1976 年已发展到 3026 所。[③] 各类高校每年招生人数由 1940 年的 150 万人增加到 1960 年的 323.6 万人，1970 年增加到858.1 万人，1977 年增加到 1118.5 万人。其中两年制学院招生人数由 1940 年的 14.9 万人增加到 1960 年的 40.3 万人，后又增加到 1970 年的 163 万人，1977 年达到 268.2 万人；学校数量由 1960 年的 521 所增加到 1970 年的 827所，1976 年达到 1002 所。[④] 从高等教育入学率看，1900 年，美国各类高校在校生不到 25 万人，约占 18～24 岁适龄人口的 4%。[⑤] 1943～1945 年，美国各类高等教育机构招生总数为 115.5 万人，占适龄人口的 6.8%。1958 年招生总人数增加至 322 万人，1966 年猛增至 639 万人，比重达到 30.7%。1997 年，适龄人口高校入学率稳步上升至 36.9%。[⑥] 由于这一阶段联邦政府对高等教育投入很大，公立高等教育机构发展很快，社区学院从 1960 年的 315 所增加到1976 年的 779 所，美国大学生尤其是大众化背景下的学生大多流向公立学校，

---

① U. S. Department of Commerce, Statistical Abstract of the United States. Washington D. C. : U. S. Government Printing Office, 1977: 154.

② 滕大春：《美国当前高等教育》，《河北大学学报》（社会科学版）1980 年第 4 期。

③ U. S Congress, Higher Education Facilities Act of 1963. in United States Code, Congressional and AdministrativeNews, St. Paul, West Publishing Company, 1963: 135, 154; U. S. Department of Commerce, Statistical Abstract of the United States. Washington D. C. : U. S. Government Printing Office, 1977: 154.

④ U. S. Department of Commerce, Statistical Abstract of the United States. Washington D. C. : U. S. Government Printing Office, 1977: 154; U. S. Department of Commerce. Statistical Abstract of the United States. Washington D. C. : U. S. Government Printing Office, 1963: 133.

⑤ 纳尔逊·曼、弗雷德·布莱尔：《美国社会生活与思想史》（下册），许季鸣、宋蜀碧、陈凤鸣译，商务印书馆，1997，第 499 页。

⑥ 项贤明等：《大众化过程中高等教育结构的变迁——美国的经验与我国的发展趋势》，《成都航空职业技术学院学报》2001 年第 2 期。

20 世纪 40 年代初，美国的大学生 80.0% 以上在私立大学就读，而到 1974 年，在公立学校就读的学生人数占在校学生总数的 80.0%。[①]

美国高等教育体系的变革尽管有联邦政府的推动，但更多与劳动力市场的完善与不断变革相关。"二战"之后尤其进入 20 世纪 70 年代后，美国经济结构从第一、第二产业向第三产业转移的过程中，生产方式也相应地从劳动密集型向知识密集型转变。经济结构调整与增长方式转型对从业者的工作技能与职业素养要求提高了，五六十年代的工长或生产主管已经演变为现代工程师、部门经理、销售经理等新职业，需要掌握多种高等教育技能，并且在此过程中职业划分更细、更专业化、多样化，这种职业的分化与扩张以及对劳动者职业技能的提高，都对高等教育提出了新的诉求，推动了高等教育的发展。知识经济的到来使得劳动力市场的行业性、专业化特征更加清晰，知识成为现代经济与社会转型、国际竞争与现代服务业发展的关键要素。在美国劳工部劳工统计局发布的 2010~2020 年美国劳动力就业前景研究项目中，预计需求增长最快的前七个行业分别为医疗卫生、个人护理、社区和社会服务、计算机和信息技术、建筑业、商业和金融业以及数字行业。在 2009 年 1 月至 2013 年 11 月期间，第三产业新增岗位最多。其中 2012 年 11 月至 2013 年 11 月一年内，平均每月新增 195000 个新职位，其中，运输和仓储物流业新增职位 31000 个，教育和医疗卫生新增职位 40000 个，零售业新增职位 22000 个，制造业新增职位 27000 个，建筑业新增职位 17000 个，金融服务业新增职位 35000 个。[②] 可见，以知识为驱动的服务业占这些新增行业的主导，美国进入了"后工业"知识经济时代。在以创新驱动的知识经济增长时代，对高等教育的依赖日益加深，高等教育成为人们获得工作机会的必要前提，人力资源的开发与维持成为国家或企业可持续发展的重要途径，教育、健康护理以及高新技术等部门对高等教育的需求持续增长，这是知识经济发展的重要标志。与此同时，美国制造业的技术化、专业化水平越来越高，这些制造业以及农、林、牧、矿、渔等第一产业对中学及以下教育水平的工作人员的需求持续下降，对拥有高等教育学历的从业人员需求增加。不同行业劳动

---

① 弗雷德·赫钦格、格雷丝·赫钦格：《美国教育的演进》，汤新楣译，美国驻华大使馆文化处，1984，第 152 页。

② U. S. Department of Labor, Bureau of Labor Statistics. Current Employment Statistics Highlights, http://www.bls.gov/ces/highlights122013.pdf.

力市场对高等教育的需求影响着美国高等教育人才的行业分布，这成为高等教育结构调整的重要参考。据美国劳工部统计分析，2002 年，美国需要受过各种高等教育或培训的工作职位占总工作职位的 74%。据斯特尔（Jeffrey Strohl）和卡恩威尔（Anthony Carnevale）预测，1992～2004 年，美国不同行业中实际需要高等教育的工作岗位增加了约 63%，对学士和研究生学位的需要比例增长得更多。[①] 尽管学界质疑美国劳动统计局的统计方式，但不管怎样，根据劳动力市场的需求构建合理的高等教育结构体系的导向是绝对正确的。

教学、科研和为社会服务是高等教育的三大重要职能，美国 4000 多所不同层次和类型的高等教育体系以市场劳动力需求为导向重新调整定位，培养实用型人才，如商科与信息技术型等市场需求较大的毕业生。2012 年，美国授予的 1399542 个学士学位中，文科、理科、综合研究与人文学科学位 42106 个，数学学位 13327 个，商科学位 307149 个，园林、娱乐休闲和健康学位 22164 个，信息技术和通信学位 70968 个，视觉和表演艺术学位 77181 个，等等。同年，美国授予的 665301 个副学士中，文科、理科、综合研究与人文学科只占 1/3，其中包括数学 801 个，实用专业占 2/3。[②] 即便如此，随着美国工业自动化和信息化的发展，自 20 世纪 80 年代以来，美国对接受过高等教育的从业者的需求一直在增加。[③] 从自由市场理论看，美国发达的高等教育体系提供了充足的接受过高等教育的工人。但有学者认为，由于劳动力市场发展变化快，从整体看，美国高等教育体系不同层次提供的更高学位的劳动力供给仍相对短缺。

在"二战"后美国高等教育体系变迁过程中，接受过高等教育的毕业生在就业时和工作中，平均收入高于其他没有受过高等教育的人，即"工资溢价"（Wage Premium）。美国劳动力市场中接受过高等教育的毕业生的工资溢价体现了劳动力市场对高等教育的重视与经济回报，毕业生个体收益与社会收益的提升进一步促进了社会对高等教育的诉求，促进了高等教育的发展。这种良性循环最终促进了经济转型与国家整体生产收益的提高。这种工资溢

---

① Carnevale, A. P., " College for All?" *Change* 2(2008): 23-29.

② NCES, U. S. Department of Education, The Condition of Education 2014, table 39-2, NCES, 2014: 175.

③ Paul, B., "How Many College Graduates Does the U. S. Labor Force Really Need?" *Change* 1/2 (2008): 16-21.

价的增长与美国知识经济转型的良性发展密切相关。在 20 世纪 80 年代之前，"二战"后美国婴儿潮期间诞生的众多人口在高等教育大众化过程中接受了高等教育，在六七十年代美国现代工业经济滞胀期，接受过高等教育的从业者的工资溢价不明显。1979 年，接受过高等教育的工人比中等教育学历的工人工资大约高 43%。而进入 80 年代后，电子信息技术的发展与知识经济的转型，美国接受过高等教育的工人工资溢价明显暴涨，1999 年，美国高等教育毕业生比中学毕业生的平均工资收入高 73%，持有硕士及更高学位的毕业生比中学毕业生平均工资高 124%，在劳动力市场更具竞争优势。[1] 美国 70 年代之后接受过高等教育的工人规模增加了 3 倍，其中 90 年代后接受过高等教育的从业者比例增加了 32 个百分点，净增人数 1835 万人，其中持有学士以上学位的有 1000 多万，这期间他们的工资与中学毕业生相比增加了约两倍。[2] 虽然美国个人的高等教育成本投入也在提高，2003～2008 年，高等教育成本上涨了 40%，但个体接受高等教育的经济收益、社会收益及个体收益回报远远大于高等教育成本。[3] 因此，美国高等教育、经济创新发展与高等教育毕业生的工资溢价成为一种良性运转机制。

接受过高等教育的人通常学习能力、适应新工作的能力、创新能力都较高，这是知识经济时代人力资源高绩效的典型特征。在知识经济时代，受过高等教育的人通常从事需要创新技术技能的"可转移技术的工作"，而中学教育及以下水平的人则通常从事只需简单劳动技能的"由技术装备的工作"。[4] 普林斯顿经济学家克鲁格（Allan Krueger）研究发现，在工作中使用信息技术提高生产力方面，大学毕业生的生产力是中学毕业生的两倍。员工接受高等教育或培训平均可提高 3%～11% 的生产力。因此，因为生产力价值与收益、知识经济与高等教育及培训、新技术之间协同促进。考虑到通用技能与具体职业技能不同的经济价值，高等教育体系应分别承担不同的功能，着力于生产力的提升，这需要政府从宏观层面进行干预。这也是"二战"后美国政府在遵循市场主导的同时加大对高等教育管控的重要原因。

---

① Carnevale, A. P. , " College for All?" *Change* 2(2008): 23-29.

② Kane, T. J. , and Rouse, C. E. , "Labor Market Returns to Two-and Four-Year College" *American Economic Review* 85(1995): 600-614.

③ Barrow, L. , and Rouse, C. , "Does College Still Pay?" *The Economist's Voice* 2(2005): 1-8.

④ Carnevale, A. , and Desrochers, D. M. , "The Missing Middle: Aligning Education andthe Knowledge Economy," *Journal for Vocational Special Needs Education*(2002): 7.

当然，高等教育与培训机制不仅为个体提供工资溢价，还促进了社会流动。个体通过高等教育受益的同时，为国家经济的发展所贡献的智慧与技术也更多，国民文化素质在此过程中也得到提升，这些构成了国家竞争力的重要基础。美国重视高等教育毕业生的经济收益、社会收益与生产力收益，并形成一种制度文化，成为提高国家竞争力的软实力。

在经济全球化汹涌浪潮中，信息化、互联网的兴起使得很多工作不再受时间和空间的限制，高等教育与劳动力市场、国家竞争力的关联更加紧密。美国在经济转型中实施全球化战略，着眼国际化劳动力市场，加大高等教育投入与国际竞争。美国发达的高等教育系统聚集了来自全世界优秀的人力、技术与金融资源，成为世界经济竞争的核心，对全球经济、文化、科技发展长期发挥着引领作用，如好莱坞电影、迪士尼、苹果手机、麦当劳与肯德基快餐等，2008年经济危机爆发之前，美国仍稳居世界十大经济体之首，位于日本、英国、德国和法国之前。[①] 这种相对稳定地位是由其发达的高等教育体系所提供的各行各业的人才所支撑的，在此意义上，美国的高等教育强国使其不仅在全球经济中占重要地位，更在全球人力资源中占重要地位。美国高等教育体系成为世界上最具竞争力的劳动力培养体系，成为美国竞争力的"软实力"的基石。毋庸置疑，美国强大的高等教育体系在未来国际竞争中，将继续从人力、技术等方面助力其从世界经济竞争中获益。

五　继续教育的发展与繁荣

从19世纪至今，随着美国近现代工业、经济全球化、知识经济的出现与迅猛发展，经济增长方式的变化与生产的高度专业化对从业者知识、技术技能及学历要求不断提高，为在职人员提供教育成为经济、社会和教育发展的必然要求，美国继续教育随之孕育、兴起并发展，经历了200多年的发展与变迁，至今已经形成庞大且发达的继续教育体系。

美国继续教育体系真正形成于20世纪。20世纪初，美国出现的职业训练制度与《史密斯-休斯法案》，从政策和法律层面形成了美国公立学校对在职人员进行职业教育的制度传统，为成年人开展继续教育是大学应有的责任成为美国教育界的共识，美国各高等教育机构纷纷兴办继续教育。"二战"后，

---

① Carnevale, A. P., "College for All?" *Change* 2(2008): 23-29.

美国经济发展进入快车道，产业结构的变迁、高科技的广泛应用促进了社会分工的细化与专业化，在很大程度上改变了劳动力市场需要，计算机信息技术、绿色新能源、高端服务业等领域涌现出成千上万的新岗位，同时传统工作岗位几百万工作人员需要转型，新兴产业急需大量专业技术人才。经济与产业结构的调整在促进职业种类与数量变化的同时，带来职业岗位的巨大变化，转岗、待岗人员增多，一些传统的行政与管理岗位减少，而一些农、林、牧、渔等岗位因为新技术的应用而空缺，这些新岗位、新职业对从业人员的职业资格提出了更高的要求。而面对社会经济发展需要大量专业人员的诉求，美国正规高等教育机构的人才培养无法满足社会专业化发展，毕业生进入劳动力市场后因缺乏雇主所要求的关键工作技能与职业素质，也不得不依靠企业培训来弥补。因此，为促进人们的就业与再就业，提高人力资源的价值，继续教育成为重建人力资源生态、实现人岗匹配的有效途径。

美国联邦政府通过立法推动继续教育的发展。1944 年，美国国会通过的《退伍士兵权利法案》，推动大批退伍士兵免费接受不超过 4 年的职业教育或培训，在促进大批士兵适应社会和工作的同时，缓解了美国战后经济发展、社会稳定问题。20 世纪 50 年代《国防教育法》的颁布，进一步推动了成人教育机构与设施的发展与完善，加大了对成人教育的资助力度。《人力开发与培训法案》（1962 年）、《职业教育法案》（1963 年）、《经济机会法案》（1964 年）、《高等教育法案》（1965 年）、《成人教育法案》（1966 年）、《全面就业与培训法案》（1973 年）、《青年就业与示范教育计划法案》（1977 年）、《工作训练伙伴法案》（1982 年）、《再就业法案》（1994 年）等一系列法案的出台，逐步完善了广大成人就业与继续教育的相关举措，为美国继续教育的持续、稳定发展提供了法律保障。而终身教育理念的兴起与发展，进一步指导、促进了继续教育的发展，1976 年《终身学习法案》加入 1976 年的《高等教育法案》成为教育法的重要组成部分之后，终身教育和学习型社会的理念已经深入人心。

美国继续教育的发展有着充足的经费保障与广泛的社会支持。联邦政府除了不断加大财政拨款外，通过法律法规的形式明确了中央、地方政府所应承担的继续教育经费额度，规定企业及雇主有义务为员工提供继续教育的机会与经费支持，从政策上鼓励民间团体和个人积极投入继续教育。这种多渠道经费来源成为美国继续教育顺利发展的重要保障。政府为所有开展继续教育的公立大学、社区学院、成人学校提供 70% 的经费，为开展继续教育的私立大学提供所需经费的 13%。此外，联邦政府还通过公共基金，在各地创办职业中心，进行专门的职业教师训练与职业教育研究。在联邦政府的鼓励与要求下，美国企业每年要提供固定比例的资金，用于企业员工培训。还有一些企业积极向成人学校捐赠或提供志愿服务，支持继续教育。因此，美国企业普遍设有人力资源开发机构，举办企业大学，对员工提供知识与技能培训。美国企业继续教育占整个继续教育体系的 50%。行业协会也利用自身的专业优势组织继续教育，占整个继续教育体系的 20%。私人举办的继续教育机构占整个继续教育体系的 6%。而高校在整个继续教育体系中占 24%。美国形成了世界上最为发达的、多样化的继续教育体系。

美国各级各类教育机构也都非常支持继续教育。众所周知，美国各大企业、社团、教会团体以及广大民众都非常重视教育，有捐赠办学的传统，注重投入大量人力、财力兴办学校。到 20 世纪五六十年代，美国各州都已形成包括公立中学、初级学院、赠地学院在内的教育体系，由于这些教育机构得到了联邦政府、地方政府、宗教团体以及地方民众的大力支持，在办学定位中将为地方经济社会发展服务视为办学目标一部分，积极主动为当地人民提供文化补习、技术培训等服务，致力于提升所在地区的文化氛围与当地居民的文化素养和生活质量。因此，各级各类教育机构都面向社会，开展继续教育。很多大学设置面向成人的学位或学分课程，设置与社区或社会工作、生活密切相关的新课程，根据成人特点不断规范、优化继续教育管理，加大对继续教育的研究，拓宽继续教育的专业领域，增加继续教育的内容，不断提高继续教育的层次。美国有 200 多所工科高等教育机构为企业提供继续教育，研究型大学不仅开展继续教育，还将继续教育置于与本科、研究生教育同等重要地位，许多州立高校的一些应用性较强的学院接受继续教育的人员高于攻读学位的人。很多著名大学不仅设有成人教育院系，提供继续教育课程，在二三十年代还形成了从学士至博士学位的成人教育体系。社区学院因其开放性、实用性、灵活性、多功能性强，专业设置和人才培养侧重于地区发展所需要的初级和中级专业人才，再加上其学费低廉、地理位置便利而广受人们欢迎，成为美国继续教育体系中主要的机构。进入 90 年代后，社区学院开始承担社会教育、继续教育和文化教育的多重功能，为在职人员提供就业或再就业培训、转岗训练、文化补偿与职业技能培训服务。社区学院在促进美国继续教育发展、提升人力资源文化水平与国家经济建设中发挥重要作用。

随着美国诸多法案的逐步贯彻落实，再加上不同部门及资源的协同合作，美国继续教育已经由最初适应国家经济、社会的社会本位取向转向了服务个人发展需要的个体本位取向，继续教育进入蓬勃发展阶段。

美国文化核心中的个人主义和实用主义价值观是继续教育发展的驱动力。由于美国各个行业专业化程度都非常高，要求所有从业人员都具有相应的专门技能资格证，这就造成一部分成年人因所学专业不对口为了转岗或生存而必须接受继续教育。美国人力资本理论的兴起使得美国人普遍认可教育的经济收益，再加上劳动力市场上的工资溢价，激励许多成年人不断进行继续教育，以获得更好的发展和更高的收入。有很多已有工作的成年人危机意识强烈，为了在这个变幻莫测的社会活得更从容，通常会利用公司鼓励员工进修的机会，选择在职进修。还有一些年届退休的人，出于享受人生、丰富生活的考虑，往往进入社区学院或通过网络接受继续教育。因此，美国成人继续教育体系包括基础教育、职业技术教育与闲暇教育三大部分，其中基础教育主要是文化补偿教育，如成人基础教育、中等教育、英语扫盲教育、公民教育等。美国教育休假制度的建立进一步将继续教育、学习型社会与终身教育联系在一起，进入终身教育阶段。美国联邦政府继续从法律、政策及经费等方面，逐渐构建起一个人人时时处处可无障碍学习的社会，人们已经习惯了教育、工作、再教育与再就业的人生常态，知识与技能在此过程中不断传递、更新、补充，从而形成了一个历久弥新的社会。

随着美国进入后现代、后工业化社会，经济和技术在全球化竞争中扮演越来越重要的角色，知识的实用价值的经济效益越来越高。各个行业及与其相关的知识生产方式都发生了变化，美国继续教育因其注重实用、有效性高、社会影响大而受到更多重视。据统计，2005年，美国44%的16岁以上的成年人参与了与工作相关的基本技能培训、个人兴趣课程等方式的终身学习。[1] 在终身教育理念下，美国成人继续教育的机会越来越多、层次也在持续提高。这极大地促进了美国人力资源素质的提升。这在提升个人的同时，对其所在组织、社区、社会以及美国的进步都发挥了关键作用。美国成人教育国家报告系统（National Reporting System，NRS）的分析显示，近年来美国成人教育的教育

① Elliott, B. G. National Report National Report on Adult Basic Education and Literacy, Paper Presented at Sixth UNESCO International Conference on Adult Education, Research Triangle Park, 2008: 1.

收益一直呈增长趋势。[①]

美国继续教育不仅有来自联邦政府的完善的立法保障和顶层设计,还有以各州为主体力量的积极自主参与与落实,并通过绩效责任制手段的质量保障体系确保继续教育的质量与可持续发展,建立继续教育内容标准数据库整合优化教学内容,以维系全国性最低质量标准。作为移民国家,美国在开展继续教育过程中优先关注移民以及那些经济或某方面处于弱势地位的群体,设置专门针对这些特殊群体的教育计划,促进社会融合与稳定。美国继续教育充分考虑成年人及在职培训的特点与教育对象的广泛性,遵循"学员至上"的办学策略,教学方式与管理灵活多样,教育内容紧跟市场发展需求,专业与课程设置根据教学经验丰富、知名工商企业人士组成的专门顾问委员会市场调查的结果,及时应用最新的科研成果和生产需要,实用性、针对性强,重点突出,注重应用与实践。继续教育事实上多数为成人教育,因此继续教育具有补偿与提高双重功能。在当前终身学习理念指导下,美国继续教育出现"上移"趋势,高学历在职人员继续进修学习的越来越多,大学后继续教育成为重要趋势。由45所著名大学联合组建的科罗拉多国家技术大学就是专门实施高层次继续教育的远程大学。综合来看,美国继续教育目标的多样性与务实性使其真正与社会经济以及个人发展融为一体,其教育对象的广泛性与教育内容的多样性确保了继续教育社会影响的深远性,教学中以学员为中心、注重学员经验与参与、教学方式灵活、强调服务性的特征,符合成人在职学习的特点,重视继续教育师资培训与全国专业化管理都有助于继续教育质量的改进与提高。正是这些内部机制的有效运行使得美国继续教育能够顺利、高效运转。

在美国,继续教育是事关经济发展、政治改革、社会稳定、绩效提高、社区建设等各个行业领域的社会事业,因此,美国继续教育发展也得到政府、社会机构、私人等社会外部机制的有力参与、支持与调控。联邦政府通过间接、有选择、有重点的辅助管理与务实调控的方式进行宏观干预,各州协会、企业及社会各界都积极支持和举办继续教育项目,使美国继续教育能够在各部门有效协调共治中走向专业化、规范化,再加上私人基金与志愿服务的积极支持,以及以高度发达的科学技术为支撑,各种因素相互作用下,很好地

---

① Elliott, B. G. National Report National Report on Adult Basic Education and Literacy, Paper Presented at Sixth UNESCO International Conference on Adult Education, Research Triangle Park, 2008: 44.

符合了继续教育的生态系统特征，符合美国政治制度与文化特征以及继续教育的客观规律，因而能成为世界上最发达、最有特色的继续教育体系。

当然，美国高度发达的高等教育体系与科学技术日新月异的发展，再加上美国以自由市场竞争为导向的管理制度，使得美国社会阶层分化加快、企业竞争加剧、个人安全感降低，知识经济时代对知识与技术的需求与重视，这些都成为个人乃至美国全社会重视并积极进行继续教育的根本原因。尽管美国拥有发达的高等教育体系，但现实中工商企业界所需的知识型劳动者必须采取学校教育—劳动力市场劳动—职业技能培训的方式与路径，单纯从学校到学校的路径走不通。在此意义上说，美国科学技术的快速发展成为近年来知识经济社会美国继续教育发展的最大驱动力。现代化、专业化与终身化将成为当前美国继续教育发展的重要特征。继续教育体系将在支撑美国经济发展、国家竞争力提升方面发挥奠基性作用。

当前，美国教育体系如图 6-2 所示。

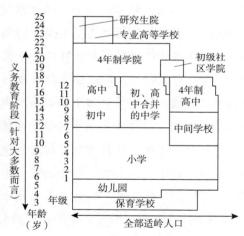

图 6-2 美国教育体系

资料来源：T. N. 波斯尔斯韦特主编《教育大百科全书：各国（地区）教育制度（下）》，李家永、马慧、姚朋等译审，西南师范大学出版社，2011，第 424 页。

第四节 美国教育体系变迁与国家竞争力分析

与英国、德国、法国相比，美国作为移民国家，也是教育后发型国家，在 300 多年间建立起完善的教育体系，其教育发展史相对短暂，但美国教育体系与国家竞争力之间的关系更具代表性。

第一，国家的发展与强盛是教育体系形成与完善的重要推动力量。各级教育机构的形成与发展与美国国家的成长是同步的。作为欧洲移民组成的国家，美国通过公共教育运动培养民族认同感与民族、国家意识，培养建设国家的公民。通过高等教育为国家培养大量优秀的人才，促进了国力发展与强盛，进而又反哺教育，在这种正向良性循环中高等教育逐渐走向社会中心，美国也成为世界高等教育中心、世界经济中心。19 世纪下半叶是美国工业经济急剧发展时期，研究型大学的出现与快速发展、州立大学的出现使得美国科技发展水平迅速提高，工业总产值到 1894 年时跃居世界首位，制造业占全世界制成品的 1/3。"二战"后，随着各大国之间"冷战"升级，军备竞争加剧，科学技术成为占据经济和军事优势的核心，发展高等教育增加智力储备成为直接关系到国家安危的重要战略。美国 1958 年颁布的《国防教育法》第一次从国家安全的角度对从基础教育一直到研究生教育的整个教育体系进行了重新部署与改革，这次教育体系的调整产生了深远的影响。"二战"后面对婴儿潮时期出生的大量人口的入学要求以及退伍士兵就业问题，美国通过中等与高等教育改革，进行反贫困运动，将接受高等教育视为人权，促进了高等教育大众化，为美国经济腾飞、国力强盛输送了大批人才。到 20 世纪最后 20 多年间，美国已成为世界超级大国。为了在日益激烈的经济竞争中维持世界大国地位与国际影响力，美国高度重视人力资源开发与发展的战略意义，在重视高等教育在科技创新方面的引领作用的同时，还瞄准人才竞争从基础教育抓起的战略，开始加大对学前教育与基础教育的投入力度。可以说，美国教育体系的不断调整与更新与美国国家成长、国家发展密不可分。

第二，强国战略视野下外国经验与本土文化的结合是美国教育体系变迁的显著特征。美国作为教育后发型国家，各级教育形成与发展的不同历史阶段最大特点就是集成英国、法国、德国等国家的经验，再结合本土实情而创新与扬弃，如美国殖民地学院主要借鉴英国，但其办学目的"服务于社会各种目标的机构，而不应当像牛津大学和剑桥大学那样……常常完全漠视社会的义理，并缺乏自我改造的可能性"。① 因而宗教性下降，世俗性和职业性浓

---

① 张文静：《美国走上高等教育强国的历程及其经验》，《赣南师范学院学报》2009 年第 2 期。

厚，毕业生中从事牧师职业的比例在18世纪前半期占50%，到1761年时下降到37%，1801年下降到22%，1861年为20%，1900年为6.5%。①

美国建国初期，鉴于英国牛津大学、剑桥大学对产业革命无动于衷、一味坚守传统与人文教育、不顾社会发展现实的状况，再加上政治上与英国抗衡，美国与支持其独立的法国交往密切，并且接受法国先进的思想与制度。18世纪法国的启蒙运动和资产阶级大革命对美国产生了重要影响，法国提倡建立世俗的、免费的、普及的、人人平等的国家教育制度，政府主导教育，教育要关注应用和科学研究，并且在此理念下兴建了一批以近代工程技术教育为主的高等专科学校，进行精英教育，极大地推动了法国工业和经济发展。美国独立后开始借鉴法国世俗的、平等的教育理念和高等工程教育思想，却没有照搬其办学模式，而是创办综合性的州立大学，以弗吉尼亚大学、密歇根大学、纽约州立大学为代表的州立大学的创办都与法国密切相关。② 美国在大学新增自然学科，州政府创办公立大学，以促进科学技术快速发展并更快地服务于国家、社会。美国学习德国洪堡大学科研为教学服务强调基础理论研究的经验，创办研究型大学。再加上原有英国牛津大学、剑桥大学注重人文经典教育的传统，美国形成了文理学院和综合大学并存、通识教育和科研并重的高教体系，走出高等教育象牙塔，学习德国将研究引入大学，但又突破德国大学的窠臼，科研转变为研究型大学重要职能，开展赠地学院运动，并将大学办入社区，融合职业技术学院和专科技术大学的功能创建社区学院，向全社会开放，孕育并首创了高校为社会服务的"威斯康星理念"和"康奈尔计划"，使得大学为社会服务成为高等教育第三大职能。美国在借鉴、综合他国先进教育思想与理念的基础上不断改革创新，形成了教学、科研和为社会服务职能齐全的高等教育体系，成为当今世界上重要的高等教育大国和世界科技中心。

第三，民主与质量、普及与提高并重是形成多层次、多样化教育类型体系的导向。宗教文化、共和文化、个人主义文化和实用主义是美国主流文化，其自由、平等、民主、功利与实用等核心决定了人们对教育民主、自由、平

---

① 贺国庆、王保星、朱文富等：《外国高等教育史》（第2版），人民教育出版社，2006，第137页。

② Wiggin, G. A., *Education and Nationalism, a Historical Interpretation of American Education, Mcgrau——Hill Book* (Company Inc, 1962), p. 124.

等的追求，重实用和绩效的价值引导以及商业化自由竞争机制的引入，都直接影响着美国教育体系的形成、发展与变迁，形成了美国民主与质量并重、层次类型多样的教育体系。在美国各级各类教育机构形成过程中，非常注重民主与自由原则，为民众提供多样化选择，无论是初等教育、中等教育还是高等教育，既有体现民主、平等思想的公立教育体系，也有提供精英教育的私立教育机构；既有为普通大众就业准备的职业技能训练，也有进行高深科学研究的机构，既为广大民众提供接受教育的机会，也为他们接受适合自己的教育保障质量。美国通过建立多层次、多样化的互相融通的教育体系，容纳了不同层次、不同民族、不同社会状况的学生，质、量兼顾，实现学生自主分流，平等衔接、兼顾公平，很好地解决了教育民主与公平、质量与绩效的问题。这种教育体系在实现其政治与人的个体发展价值的基础上，还具有强大的经济功能，整合了美国以多民族移民为特征的人力资源的优势与不足，充分挖掘人力资源的潜力，为人才分流、高精尖人才的养成提供了多样化的通道。这种大熔炉式的教育体系成为美国国家竞争力提升的人力资源基础。

第四，职业教育与通识教育融合。美国教育体系是典型的单轨制，普通教育与职业教育融合，职业教育机构层次与类型多样。在传统的教育体系中，职业教育与普通教育或学术研究之间的对立与冲突是一直存在的。整个 20 世纪，美国综合高中体系中一直保留着两套相互独立的教育标准，将职业教育与普通学术教育隔离，加深了职业与学术之间的对立。[①] 美国传统的哈佛大学、耶鲁大学等私立精英大学也不屑提供职业技术教育，学界与教育界长期以来一直围绕职业技术教育与学术教育而争论。"二战"后，在民权运动和民主思潮的推动下，总统高等教育委员会（President's Commission on Higher Education）认为应该为学生提供"学术及职业教育均衡组合的课程"和统一的教育，并从 20 世纪 90 年代开始，相继通过立法的形式推进学术与职业的融合，社区学院在此过程中功能不断拓展。不应仅仅传授给学生立即有用的职业技术教育，更应向学生提供适用于任何职业的教育，即同时融合职业教育与普通教育，这成为美国教育体系变迁的重要导向。目前，约 80% 的中学后教育机构、50% 的四年制教育机构及所有的两年制学院都有资格直接开展职业与

---

① Wirth, A. *Education and Work for the Year* 2000 (San Francisco: Jossey-Bass, 1992), p. 168.

技术教育或培训，分别承担着培养技术员、技术师以及成人技术培训等不同性质与类型的任务，学员通过不同学制、不同方式的学习，获得副学士学位或证书，以应对全球化和技术不断革新对入职者的能力与素质的要求。美国没有单独进行职业技术教育的体系，鉴于私立精英大学不承担普通大众的职业技能教育的现实，在文化多元、人人生而平等和实用主义教育思想的影响下，19世纪下半叶在工业化发展过程中兴起的赠地学院承担起为工业、农业发展服务的办学使命，社区学院的出现进一步满足了现代复杂的社会与经济发展对受过更多高级职业技术、技能训练的劳动者的需求。社区学院注重多元人才生存技能培养，注重求职就业的应用型、实用性和多元性，也为不同个体未来职业发展奠定良好基础，符合美国崇尚民主、自由、实用的社会文化传统，与中等教育、高等普通教育相互衔接，与企业无缝对接合作，与普通教育相融合。社区学院同时担负着学位教育、职业教育、补习教育、转学教育等功能，为普通教育与职业教育的融合与衔接构建了"立交桥"。美国社区学院、赠地学院等机构始终密切与社会经济发展互动，以服务社区、服务社会和地方产业发展为己任，在培养工业化发展所需要的技术技能人才、培训"二战"后退伍士兵提升美国过剩人力资源方面发挥了重要作用。美国这种面向人人、面向终身发展的普通教育与职业教育相结合的教育体系成为其延长与创造人口红利、维系公平与质量的利器。

第五，向社会开放、与产业界密切结合，发达、开放、多元、融通的高等教育体系。美国人崇尚科学与实用，工作与生活中遇到的问题最后都会求助于教育。因此，社会经济发展的变化就成为推动教育体系变迁的重要动力，也是政府干预教育的重要原因。美国发达的高等教育体系从无到有、日益开放多元就是在政府调控、社会各界多元参与过程中形成的。

300多年来，美国高等教育从最初的9所殖民地学院，发展到19世纪上半叶的传统学院，到19世纪下半叶致力于农业和机械技艺相关领域以及科学、经典学习以及军事战略的州立大学的兴起，到20世纪上半叶社区学院的出现，美国在继承欧洲高等教育传统机构的基础上，不断根据本国经济与政治发展情况，设置新机构，形成了包括副学士—学士—硕士—博士各个层次、研究型大学/教学型大学/教学研究型/各个类型、大众化/精英化不同性质的公立、私立并存的发达的高等教育体系。从类型结构看，研究型、应用型与实用型高校共同承担起美国经济发展中所需要的高水平科研人才、应用性研究人才、合格公民、实用性专门人才、熟练工人等不同层次的多样化人才的培养任务；从层次结构看，美国高等教育体系副学士、学士与研究生教育（硕士和博士）三级之间既相互独立，又相互融通、衔接，根据"人人生而平等"的价值观对不同层次与类型的高等教育机构平等对待，通过学分互换制度满足不同学生不同时期的自由选择，让所有进入高等教育系统的人永远拥有选择自己希望的路径的可能，这种机制适应了社会经济发展对不同层次人才的需求，促进了社会流动与分层；从科类结构体系看，以市场需求为导向，按照实用主义、自由市场竞争原则及时跟进经济社会与科技发展需求调整学科与专业结构，引领或与国家经济发展同步。"二战"后，美国政府加大了对高等教育体系的干预力度。联邦政府通过立法、拨款等手段进行间接宏观调控、州政府直接干预公立高等教育的分权式管理体制，有力地促进了美国政府主导下的公立高等教育体系的结构调整，如加州三类高等教育体系的整体布局与规划。同时，联邦政府与州政府还通过经费支持、政策与项目指导等方式引导私立高等教育发展。公立高等教育确保教育民主化与普及化，而私立高等教育多为精英教育，确保高等教育的卓越性。公立与私立高等教育并存、自由竞争的格局为民众提供多样化选择的同时，还形成了相互补充与制衡的均衡生态，增加了高等教育机构的生存与发展的压力，不同高等教育结构在买方市场的格局下，为优秀生源、师资与经费而竞争，从而在市场机制的杠杆调节中实现整个高等教育体系的不断更新与完善。

此外，美国不同层次与类型的高等教育机构从20世纪五六十年代普遍开展继续教育，为社区和社会经济发展服务。终身教育理念的传播、信息技术广泛应用与远程高等教育的兴起，促使各高等教育机构通过互联网向社会发布公开课，美国还出现了凤凰城大学与国防技术大学等远程教育虚拟机构，成为正规学校教育的有益补充，这也意味着美国高等教育体系线上空间的进一步拓展。美国从欧洲高等教育的模仿者，在继承传统中不断创新，最终创建起世界上最为多元、开放、发达的高等教育体系，最先实现了高等教育普及化与卓越化，成就了美国在世界科技发展中的领先地位。

总之，美国教育体系的变迁既体现了丰富的社会经济发展变化的痕迹，也彰显了联邦政府独到的战略眼光与手段，军事科技、主流文化、市场竞争、政治体制等系统所形成的环境与人的合力共同影响、推动了美国教育体系的变革、完善。美国对高等教育的重视使其引领世界科技，然而其对中等教育和基础教育的相对忽视导致其本土生源质量较差，进而导致劳动力市场上中低端劳动者难以满足经济发展需求，从而造成社会两级分化严重、失业率高、产业经济结构失衡的问题。因而，美国近年来开始将国家竞争的人力资源战略着眼点落到基础教育和中等教育改革上，美国教育体系完善仍在"国家危机论"中进行。

第七章　提升国家竞争力的教育体系建设分析

现代化是一个过程，是指在科学技术影响下人类社会从以农业为主向以工业、服务业为主转变，并在此过程中对所处其中的社会、人、教育等所产生的一系列影响与变革。这是一个从封闭走向开放、从封建走向民主、从无知走向科学的过程，因此，技术变革最终的落脚点是人的现代化，而人的现代化需要依赖先进的理念和技术，这都有赖于教育来完成。古往今来，任何国家与社会发展都需要人才，教育成为民族国家形成以来国家用于国力建设、维护国家安全的重要手段。然而，在古代社会各级教育通常是远离手工技艺，与经济社会生活相脱离的。近代科学技术发展在经济生产中广泛应用之后，欧美国家教育体系才出现变革趋势，开始注重专业技术教育，并且有了专门从事高级专业化知识与技术研究的高等教育机构。"不了解历史的人，必将重蹈历史的覆辙。"① 综观英、法、德、美四国教育体系变迁的历史过程，这既是民族国家兴起、竞争走向繁荣的过程，是工业现代化过程在教育体系改革中的体现，也是教育体系现代化和人的现代化的过程。无论是英国开展现代科学知识的红墙大学、面向大众的开放大学的出现，还是法国高等专科技术学院的兴起，德国双元制职业技术教育、洪堡研究型大学的崛起，抑或美国公立学院运动、赠地学院运动、社区学院运动等，这些不同层次、不同类型的教育机构在外界社会政治、经济需求的背景下应运而生，在回应外界需求的过程中促进自身体系的变迁，不断在促进社会与国家发展的同时赢得自身发展的基础。正如法国教育社会学家涂尔干（Durkheim）曾经说过的："当人们历史地研究教育体系的形成和发展方式时，人们就会看到它是依存于宗教

---

① 韦恩·厄本、杰宁斯·瓦格纳：《美国教育——一部历史档案》（第3版），周晟、谢爱磊译，中国人民大学出版社，2009，前言第1页。

和政治组织的，是依存于科学的发达程度以及工业状况等的。倘若把这种历史的因素同教育体系分开，那么，体系就会变得不可理解。"①

在教育现代化进程中，"教育活动和教育组织日趋普及，不同层次的教育系统，如初等、中等、职业、成人、高等教育之间持续发生分化。每一个这样的'系统'，甚至每一系统内的许多子系统都在自己的框架之内越发独立自主、专门化和组织化"。② 这个分化过程是外界社会不断作用于教育引发教育体系内部不适应的机构消失、新的教育机构诞生的复杂过程。科技变化、经济的发展及其导致的职业结构的分化是引发、推动教育体系变迁的重要因素。其实，教育体系的分化与变迁还代表着教育价值观的改变。例如，美国职业技术教育的推行、社区学院的创建以及法国高等专科技术大学校的兴起等，都意味着对传统理念的变革。

第一节　国家竞争力：教育体系的重要职能之一

教育体系的发展变迁是一个复杂的历史过程，有其独特的发展逻辑。不同的国家国情不同，教育目标、教育战略也不同，其教育体系的形成与发展也是有民族性的，具有国家政治文化制度的烙印，是在具体历史情境下针对具体历史问题而做出的一系列反应所形成的结果。其中，一个国家的社会文化是教育体系形成与发展的原动力，也是决定教育体系发展的根本因素。不同国家的社会文化，形成了独特的教育体系的发展变迁逻辑。教育体系是一个动态的概念，教育体系变迁与发展的历史轨迹，印证着这个国家的发展与嬗变。解剖教育体系发展与变迁，必须避免简单的线性思维。因为社会需求、政治需求和文化需求是随着时代的变化而不断调整变化的，并不是遵循着特定的路线。

一　教育体系职能的演进

在几千年前古代与近代，人们总把教育子女问题视为家庭的职责与家长的责任。随着历史的发展和民族国家之间竞争的加剧，这种观念逐渐改变，

① 瞿葆奎主编，张人杰选编《法国教育改革》，人民教育出版社，1994，第1页。
② S.N.艾森斯塔德：《现代化：抗拒与变迁》，张旅平等译，中国人民大学出版社，1988，第20页。

教育在开启民智中的作用越来越得到认可。18世纪，法国启蒙主义思想家爱尔维修提倡教育万能论，由于当时的物质条件尚未成熟，人们对教育的认识与重视仍较为有限。到现代社会尤其是第二次世界大战之后，国与国之间的竞争、政治改革、经济发展、科技进步无不需要教育，在知识经济时代教育更成为人类社会进步的决定力量。被誉为超级教育大国的美国，非常重视教育在国家发展中的作用，高度警惕教育危机，强调"美国教育如果是第二流的，美国就不可能保持其作为世界第一流强国的地位"。又说"正是这种教育危机目前在威胁着我们国家的前途，威胁着我们民族的未来"。尤其是1957年美国面对苏联卫星上天的挑战时，美国举国上下一致要求重审美国教育体系，有学者称，与制造卫星相比，发展教育是更根本、更重要的。这种论断再次说明了教育与国家以及人类发展的密切关联性。

从教育体系职能看，从人类教育初期一直到19世纪，教育的主要职能是为延续政权而存在的。无论是古希腊、古罗马时代，还是中世纪时期，一直到19世纪以民主政治为标榜的美国，都将教育作为巩固与延续政权的重要手段。美国霍拉斯·曼和亨利·巴纳领导的公共教育运动的宗旨就是维护和巩固革命成果。当然，在近代以来，随着社会进步和科学发展，强调教育在创造新社会、缔造新国家中的作用的国民教育思潮兴起。这也与人们对人类自身的认识有关。法国启蒙思想家孔多塞认为人类具有无限的可完善性，而政府应该通过教育促进人类社会不断进步、完善。德国哲学家康德主张教育应该着眼于人类未来的发展，这样学校才能发挥创建理想的国家和社会的作用。受达尔文进化论的影响，一向奉行实用主义的美国坚信，物竞天择、适者生存不仅指生理器官的适应，还包括社会制度的适应。而"制度的适应是由无意识阶段进入有意识阶段的，教育和学校恰恰肩负着有意识地促成社会制度改革的责任"。① 杜威在《民主主义与教育》中指出，今后社会的发展与进步需要人们有意识地通过教育发展来推进。"教育不仅是社会发展变化的追随者，更应是其先行者。"② 这一事实在第二次世界大战之后逐渐成形。因此，有学者指出，过去教育发展受经济发展制约的特色比较突出，而现在，"教育

---

① 滕大春：《〈外国教育通史〉结语》，载滕大春《外国教育史和外国教育》，河北大学出版社，1998，第319页。

② 滕大春：《〈外国教育通史〉结语》，载滕大春《外国教育史和外国教育》，河北大学出版社，1998，第319页。

在全世界的发展正倾向先于经济的发展。这在人类历史上大概还是第一次"。"现在，在教育史中乃是第一次为一个尚未存在的社会培养新人。"也就是说，过去的教育更多关注当下或者近距离的未来，而现在教育更多发挥引领国家与社会发展方面的作用，因此有人称，"放弃教育就是丢掉未来！"①

二 从经济到教育：国家竞争力的考量

美国学者认为："美国安全对强大经济的依赖是前所未有的，如果没有一个确保我们经济强大的战略，我们在世界上相对的经济地位以及自卫能力都将降入危险境地。"② 经济是政治、军事以及社会各项事业的基础和依托，同时也是政治、军事所追逐的一个重要目标。"政治权力不过是用来实现经济利益的手段。"③ 经济实力代表着一个国家在国际上的实力和竞争力，直接关系到国家在其他领域的战略选择，如其他选择的空间、手段、目标与前提等，"经济利益和经济安全对一个国家的整体安全战略起着引导和核心的作用"。④ "冷战后，不管是国内政治还是国际政治，经济作为基础性的作用已经上升到主导地位，国际关系中以军事力量为基础的权力竞争已经在向以经济实力为核心的财富竞争转变。"⑤ 邓小平曾明确指出，"把经济搞上去才是真正治本的途径"⑥，他认为要想实现我国的战略目标，必须发展经济和科技，把经济建设搞好，提高综合国力。

产业是国家经济的载体。产业竞争力是影响产业安全的主要因素，也是产业安全的核心，尤其对于主导产业和新兴产业而言。所以，高度重视产业竞争力是目前各国普遍做法，具有极其重要的意义。自 19 世纪初开始，一国主要产业的国际竞争力的强弱决定了国家整体经济竞争力。在资本主义发展初期，荷兰凭借着发达的航海业和商业成为欧洲的霸主。德国经济学家李斯特认为："当时全部海上运输贸易所使用的船舶约两万艘，而其中为荷兰人所

---

① 滕大春：《〈外国教育通史〉结语》，载滕大春《外国教育史和外国教育》，河北大学出版社，1998，第 319 页。
② 美国《商业周刊》（英文版）（2001 年 12 月），载李孟刚《产业安全理论研究》（第 3 版），经济科学出版社，2012，第 45 页。
③ 《马克思恩格斯选集》第 4 卷，人民出版社，1972，第 246 页。
④ 李孟刚：《产业安全理论研究》（第 3 版），经济科学出版社，2012，第 46 页。
⑤ 程毅等主编《国际关系中的经济因素》，华中师范大学出版社，2001，第 5 页。
⑥ 《邓小平文选》第 3 卷，人民出版社，1993，第 89 页。

有的达一万六千艘，这个数字同这样一个小国是完全不相称的。"这构成了荷兰的产业优势，从而形成了其欧洲首屈一指、纵贯全球的地位。但随着英国逐渐在工业生产方面占了绝对优势，航海方面也逐渐超过荷兰，国家随之而崛起，替代了荷兰的霸主地位。"以英国登上世界霸主地位为标志，工业成为决定一个国家整体经济竞争力的重要产业。从此，各国工业兴衰演变引起国际力量格局的变动，直到美国挟其强大的工业实力取代英国，登上世界霸主的地位。因此，由产业国际竞争力所决定的产业兴衰从根本上决定着各个国家的命运。"①"英国之所以在18~19世纪崛起，就在于其能够大规模生产具有强大国际竞争力的工业品。当时它的制造业横扫了欧洲大陆的各国市场。"②

美国著名学者、进攻性现实主义的代表人物约翰·米尔斯海默在其《大国政治的悲哀》一书中把国家实力分为潜在实力和军事实力两种，潜在实力是指用来构筑军事实力的社会经济发展要素，这主要以一国的财富和总的人口规模为基础，即与对手竞争时所能调动的潜能综合，经济是潜在实力的很好的指标。阿什利·泰利斯等指出："什么是最重要的国家实力？关于国际政治中大国崛起的权威研究表明，国家实力最终是两个因素互动的产物：一个国家在某一特定时期主导经济创新周期的能力；它利用该主导成果创造有效的军事能力，反过来加强了现有经济优势，造就了稳定政治秩序，既维持着自身的战略优势，同时也有利于总体的国际关系。"③ 从这一组关系可推演出，主导经济创新周期的能力主要来自科学技术及掌握科学技术的人才，而科技与人才源于教育。诚如弗里德里希·李斯特在谈到文化科技发展对国家未来发展的作用时说："国家对于物质资产势必多少有所牺牲或放弃，借以获取文化、技术和生产的力量；就是说必须牺牲些眼前利益，使将来的利益获得保证。"④"财富的生产力比之财富本身，不知道要重要多少倍""任何一个在农业上、文化上已有了发展的国家，其幼稚工业如能适当加以保护，不论开始时怎样缺点累累，成本高昂，通过实践与国内竞争，其产品一定能够在任何地方与国外竞争者的老产品相比而毫无愧色。"⑤ 以德国为例，正因为高等教

①　李孟刚：《产业安全理论研究》（第3版），经济科学出版社，2012，第66~67页。
②　李孟刚：《产业安全理论研究》（第3版），经济科学出版社，2012，第50页。
③　阿什利·泰利斯等：《国家实力评估》，门洪华、黄福武译，新华出版社，2002，第26~27页。
④　弗里德里希·李斯特：《政治经济学的国民体系》，陈万煦译，商务印书馆，1961，第128页。
⑤　弗里德里希·李斯特：《政治经济学的国民体系》，陈万煦译，商务印书馆，1961，第118页。

育发达，大批科学研究人员、技术人才、管理专家进入大工业企业工作，德国是最早建立公司内部研发机构和内部实验室的国家，企业非常注重科学理论研究。在德国，大学、科学团体和大公司之间的互动频繁且有效。对促进技术创新有积极意义的各种学会在德国的企业和政府共同赞助之下对促进技术创新发挥着积极作用。社会崇尚科学、尊重科学、尊重知识和人才，这些就是高等教育发展之后西欧国家最大的收获之一。

生产要素又可分为初级生产要素和高级生产要素。天然资源、气候、地理环境以及非技术人员或半技术人员等属于初级生产要素。"二战"之前，尤其是 17~18 世纪时，产业生态以劳动力密集型、资源依赖型为主，非技术密集型，产业仍比较粗糙。"二战"后，越来越多的产业向知识密集型转换。尤其是 20 世纪 80 年代之后，国家竞争力对材料、能源以及其他资源的需求依赖逐渐递减，有些被新的合成物，即现代的材料所取代，如工程塑胶、陶瓷、碳纤维和半导体上的矽等，因此企业对技术、效能和效率的需求增加。绝大多数制造业需要电信、道路、港口等基础设施的配合。这些资源条件构成了现代化的基础，也在现代化的过程中逐渐普及。现代化通信的基础设施、高等教育人力（如电脑科学家和工程师）以及各大学研究所等属于高级生产要素。高级生产要素需要先在人力和资本上大量而持续地投资，作为培养高级生产要素的大学、研究院所等教育培训计划，本身也需要更卓越的人力资源和技术。因此，高级生产要素不如初级生产要素那么普遍，但是国家或企业提高竞争力不可或缺的。"具有高度专业能力的人力资源，是产业在现代化国际竞争中最重要的因素，这些人才的养成不只靠着一般的教育体系，更与产业竞争的过程密切相关联，如同一项成功的产业技术，它的发展过程往往是为了胜过特定的竞争对手，因此，企业会在特定产品上进行数以千计的生产流程设计与改善。国家生产力升级的基石正是高竞争力的产业人才与技术发展。"[①] 美国社会学家丹尼尔·贝尔在谈到后工业化时期西欧各国社会政治生态时指出，"如果说过去百年间处于统治地位的人物一直是企业家、商人和工业经理人员，'新的人物'就是掌握新的智力技术的科学家、数学家、经济学家和工程师。"[②]

---

① 迈克尔·波特：《国家竞争优势》，李明轩、邱如美译，华夏出版社，2002，第9页。
② 丹尼尔·贝尔：《后工业社会的来临——对社会预测的一项探索》，王建民译，新华出版社，1997，第344页。

创新是企业竞争优势之源泉，即改善技术、改进做事方法。所谓的"创新"，"有赖经验的沉淀而非技术突破，它的观念不一定最为新颖好奇，一般人容易忽略。因此，学习型组织的重要性不亚于正规的研发工作。此外，创新的产生离不开对知识和技术的投资，所以有形的资产和人为的努力都是不可或缺的条件"。①产业结构的发展或者突变将引发新的竞争形态，国家和企业应该时刻警惕这种情况，教育体系也应对此做出及时回应。技术变迁是造成竞争优势改变的重要因素，也是战略创新的一部分。技术变迁会生发产品设计概念、市场营销手段、生产和运输方式以及相关服务等方面的更新，甚至会催生一个新的产业，国家和企业必须高度重视这种新技术的重要性，否则竞争生态将会改变。从竞争力持续时间看，竞争持续力如果取决于特殊资源的优势，虽然资源的重要性有层次之别，但如果是廉价的劳动力或者原料，是很容易被模仿和取代的。国家必须致力于形成高层次的竞争优势，例如先进的技术与能力、高级专业人才等，且持续投入，形成自主发展、创新的能力。这种持续的改善与自我提升的能力是竞争力持久的源泉。

知识经济从根本上看是"人才经济"，其发展中的任何问题最终都可归结为人才问题，有了合格的人才队伍做保障，知识经济的形成与发展才会成为必然与可能。首先，知识经济的核心和根本性的推动力量是知识和智力资源，任何知识和信息的生产、存储、使用或消费以及相应过程中的技术、管理与决策等，都从根本上取决于各类、各层次的人才；其次，知识经济是以创新速度、发展方向决定成败的经济，创新是知识经济的生命和源泉，只有拥有了以创造性为本质特征的人才，科学、技术与管理等的创新及其创造性运用才会成为可能；最后，知识经济的实现与发展是一个"知识经济化"和"经济知识化"的双向互动过程，站在经济发展背后充任其支点的，是不断地创造出新的知识并付诸新的应用，将其物化并创造出新的价值的人才。国际经合组织在《以知识为基础的经济报告》中特别提到，人才是知识经济实现的先决条件。人才问题最终都要归结于教育问题。因此，可以说："先有教育升级后有产业升级。"教育训练青年为社会发展作出贡献，我们不仅要有好的工作者，而且要使人人成为好的公民。教育能产生新的思想，这三个方面都体现了当今国家非常重视人才。教育产生未来的工作者，教育产生未来的公民，

---

① 迈克尔·波特：《国家竞争优势》，李明轩、邱如美译，华夏出版社，2002，第43页。

我们的教育宗旨就是要为培养好公民服务。

综上可见，当今世界的竞争就是教育竞争，尽管这种竞争可能采用政治、经济和军事竞争的形式，但教育仍旧是这种竞争的核心。由此，我们可以得出结论，即国家安全的各个层面都取决于教育，因而教育应当被看成事关国家安全的问题，是国家安全事业的基石。国家在教育体系方面的调整和改革，其实就是在创造一个人人都能有发展、人人都有出路的教育环境，其应该是一个符合人性的、适合人的发展特征的教育体系。

第二节　国家竞争力推动下英、法、德、美教育体系变迁脉络

教育作为人类社会形成以来的一种社会活动，具有强烈的依附性。对此法国社会学家涂尔干指出，"教育的组成器官无论在什么时代'都密切联系着社会体中的其他制度、习俗和信仰，以及重大的思想运动'"。而要真正了解一个国家的教育情况，需要从对比的、历史的维度看不同国家在同一历史节点、面对同一事物所进行的不同改革，以及最后所取得的效果，从场域之外看，理解起来更为透彻。德国哲学家康德（I. L. Kandel）对此也有论述："比较教育首先要求理解形成教育的无形的、不可捉摸的精神和文化力量，这些校外的力量和因素比校内事务更重要。因此，教育的比较研究必须建立在对学校所反映的社会和政治理想的分析之上，因为学校在传递与发展中集中体现了这些理想，为了理解、体会和评价一个国家教育制度的真正意义，有必要了解该国的历史与传统，统治其社会组织的力量与态度，决定其发展的政治与经济条件。"① 不同层次的教育在教育体系中发挥的作用不同，基础教育作为整个教育体系的塔基，在提高普通大众的基本文化素养、形成社会价值观认同、维护社会稳定方面发挥着根本性作用。而高等教育作为整个教育体系的塔尖，在早期经济需求相对较弱的时候，受各国政治、文化影响较大。

一　基础教育是教育体系之基、社会稳定和经济发展之根本

从 18 世纪产业革命到 19 世纪工业化运动再到 20 世纪的能源争夺战，直到 21 世纪进入了知识经济时代，信息化、高科技革命的发展，使得人才成为

---

① 王承绪主编《比较教育学史》，人民教育出版社，1998，第 66 页。

各国各行各业竞争的关键，各国认识到教育虽然距离政治、经济有一定距离，但其潜在作用很大。因此，教育改革成为世界各国竞争的重点。在此过程中，作为人才成才之基石的基础教育备受关注，英美德法以及东南亚各国，都把基础教育改革列为重点，摒弃以往认为的基础教育已经普及、无须过度关注的观念，开始重建基础教育，注重挖掘基础教育的社会功效与潜在作用。

从现代教育意义上看，大学是世界上最早出现的教育机构，如 12 世纪创立的意大利博洛尼亚大学。基础教育的兴起主要受益于 16 世纪宗教改革运动。德国在 18 世纪最早提出了普及基础教育的口号，但是直到 19 世纪后期才真正实施普及基础教育。其他发达国家到 20 世纪初期才先后普及小学教育，20 世纪 50 年代之后先后完成普及小学、初中 9 年乃至 11 年义务教育。

在基础教育逐渐获得普及发展的过程中，基础教育被视为提高人口基本素质、提高人口识字率的重要举措，因为识字率被视为现代化指标及国力发展指标之一，因此，各国尤为注重基础教育规模的扩张。随着人类心理认知科学及教育相关的人文社科类相关理论的发展，基础教育在为国民基本素质的奠基、培育方面的重要意义越来越得到认可，各国越来越认识到基础教育的好坏直接关系到全体国民安身立命的基础，直接影响到国家的长治久安的未来与发展。一个国家或民族的基础教育水平，直接反映了这个国家或民族的现代性发展水平和意识，以及把握世界未来发展方向的能力。马丁·路德的宗教改革运动，推动了欧洲基础教育的发展，为世界人类历史发展作出了贡献。凡是能认识到基础教育重要意义、重视基础教育发展的国家，都得到了繁荣与发展。18 世纪中叶，英国作为世界上全国人口中基础教育入学率最高的国家率先奠定了工业革命的基础；德国作为世界上最先普及基础教育的国家而书写了国家发展的壮丽篇章；美国也在 19 世纪中叶就发起公立学校运动，奠定了这个国家辉煌灿烂的基础。

1806 年，普法战争爆发，德国节节败退；1807 年，签订了丧权辱国的《第里希特条约》，普鲁士面临灭亡的危险。德国莱茵河以西地区变为法国领土，南部也成为法军占领区，德国丧失了全国一半的土地，还得遵守和服从法国的思想、观念、法律和传统，由法国委派国王，普鲁士邦的政府官员必须向拿破仑宣誓效忠，德国在文化与道德方面也失去了独立权。在这危急时刻，德国哲学家费希特 1807~1808 年在柏林科学院做了关于教育问题和哲学问题的 14 场演讲，论述普邦战败的根源在于国民缺乏高尚的道德品质和崇高的精神境界，不追求远大理想而陷于追求个人眼前小利。他强调挽救国家与民族于危难之中需要唤醒国民的理性与灵魂，"只有建立新的教育体制，不分出身和性别地教育所有人民，俾能群起救亡"。这种新教育应当"使受教育者放弃意志自由，协力报效国家"。① "教育复国"、"教育救国"和"教育强国"，把国家物质方面的损失通过人民的精神振兴而夺回，重振国威。他的这一系列演讲构成了《告德意志国民书》的主体，在全邦上下引起了强烈的反响，歌德、席勒等文学家、哲学家和思想家也积极支持与响应，在国际上也形成了巨大的潮流。在这种思潮的影响下，腓特烈三世也认识到这种民意和教育为立国之本，决定通过教育改造国家、改变国家的地位。此时，裴斯泰洛齐在瑞士进行的教育改造社会、发挥教育拯民济世功能的改革与取得的伟大成就给费希特极大启示。在普法战争后，拿破仑一再要普鲁士按照法国意旨和模式改革教育的背景下，德国以执掌普邦教育的洪堡为代表的人士坚决抵制，他与费希特坚信"教育是拯救德意志的唯一手段，公共教育的一切健康的改革必须建立在裴斯泰洛齐的原则的基础之上"。② 德国和法国均派人员赴瑞士考察裴斯泰洛齐学校，法国派 24 人前往，为期 1 年；而德国洪堡一方面鼓励青年才俊到瑞士留学，一方面派 17 人前往考察，为期 3 年，所有费用均由国库承担，并且提出的要求是不要过于关注裴斯泰洛齐的教学方法，而是要着重考察学习复兴国家所急需的献身教育事业的圣洁品德，"你们要特别注重那种使你们感到温暖的焚烧在裴斯泰洛齐心中的'圣火'，这种'圣火'是充满着极为旺盛的生命力和热爱之心的。裴斯泰洛齐虽功绩伟大，然而，他的教育功绩距离他所期望达到的目标尚远。他在教学方法方面的贡献和这些目标以及理想相比较，乃是极为次要的末节"。③ 在这一精神的指导下，教育考察人员回国后，更加激发了德国的教育热情。德国原有的主要背诵《圣经》的教师敷衍、名存实亡的小学，也开始以裴斯泰洛齐的进步精神、原则和方法竭力进行改革创新，新生了一批被誉为"普鲁士裴斯泰洛齐学校"的初等学校。在此基础上，初等教育、中等教育和师范教育呈现新面貌，德国教育走上科学化道路。

在共同学习裴斯泰洛齐教育思想的各国中，英国着重学习教学方法，为

---

① 滕大春：《外国教育史和外国教育》，河北大学出版社，1998，第 253 页。
② 滕大春：《外国教育史和外国教育》，河北大学出版社，1998，第 254 页。
③ 滕大春：《外国教育史和外国教育》，河北大学出版社，1998，第 245 页。

当时英国兴起的导生制提供了参考和借鉴；而法国对裴斯泰洛齐的真正借鉴是通过普邦。拿破仑推崇人才政治而并未意识到国民智力的重要性，重视帝国大学和国立中学，忽视初等教育。因此，当发展工业时才感觉到人力无法满足国家和社会发展需求。1830 年，七月王朝建立之后，时任教育部长的基佐曾于 1831 年委派巴黎大学教授库兴赴普邦考察，高度认可普邦学习瑞士而创建的最佳的教育体制，不顾一些反对声音，坚持于 1833 年颁布了教育法，发展了初等学校和师范学校。而在法国库兴将普邦的教育考察报告翻译成英文传到美国之后，美国在 19 世纪 40 年代兴起了公共教育运动，并在借鉴裴斯泰洛齐的基础上掀起的奥斯维哥运动和昆西运动，极大地改善了美国学校办学水平，在像裴斯泰洛齐一样具有为教育而献身精神的霍拉斯·曼的带动下，美国公共教育获得巨大发展为未来发展奠定了基础。

二 在相互交流、竞争中形成本国竞争力基础的高等教育体系

德国柏林大学的创办提出了科研是大学的第二使命，教学与科研相结合，"学以致知"，大学教授具有教学自由、学术自由的权利，学生也有学习的权利，标志着世界高等教育步入一个新台阶。洪堡确定的柏林大学的主旨是："国家不应把大学看成高级古典语文学校或高等专科学校。总的来说，国家绝不应指望大学同政府的眼前利益直接挂起钩来；却应相信大学若能完成它的真正使命，则不仅能为政府眼前的任务服务而已，还会使大学在学术上不断提高，从而不断地开创更广阔的事业基地，并且使人力物力得以发挥更大的作用，其成效是远非政府的近前部署所能意料的。"① 洪堡预言大学不能急功近利，大学的伟大功绩的彰显至少需要 25 年之后，要求举办高等教育必须具有非凡的远见卓识。柏林大学首任校长费希特在执政之初就秉持这一理念，招聘专家学者为教授，尊重教授们的教学与研究自由，将学术研究视为大学的本质任务，学术研究的终极目标是探索新知识，锻炼和培养学生的思维能力和从事创造性研究的能力。这一理念促使柏林大学迅速成为世界高等教育的典范，德国成为世界高等教育中心，吸引美国等各国学生及高等教育专家学者来留学。英国学者赫胥黎在对比英国和德国高等教育对科学技术的贡献时指出，"在三十年前根本不曾受人注意的德国大学，到现在却已发展成为研

---

① 弗·鲍尔生：《德国教育史》，滕大春、滕大生译，人民教育出版社，1987，第 126 页。

钻极为高深和极有生产效益的智慧的集体，这种集体乃是人类世界所从未曾有过的"。[1]

而这一时期英国却远非如此。早在 16~17 世纪英国女王伊丽莎白时代，牛津大学、剑桥大学曾向国会申请科研补助，但执政当局担心学术研究会动摇国人的宗教信仰，危及大学和教会，因而只划拨了微量的费用用于研究神学。这种保守的氛围导致这两所高校在很长时间内都未涉及科学研究，古典研究也开始落后。培根、洛克、达尔文、斯宾塞以及密尔等科学家、思想家的相关理论和思想都不是在大学内形成的，英国大学未承担起孕育新知识的责任。这也是造成世界高等教育中心从英国移到德国的一个重要原因。就美国而言，作为英国殖民地，美国高等教育自创建以来一直效仿英国，按照牛津大学、剑桥大学模式建设哈佛大学，独立战争之后，美国开始扭转方向，遵循学以致用的原则根据现实需要创建州立大学。同时，效仿德国柏林大学，开展学术研究。1876 年创建了约翰·霍普金斯大学，开展研究生教育，之后鉴于美国大学一年级、二年级水平达不到欧洲毕业生的标准，该大学又在研究生院之下创建了本科教育。1869 年，高等教育专家艾略特极为推崇德国治校精神与原则，将哈佛发展成规模宏大、钻研高深学术的知名高校。艾略特指出，"我们并不狭隘地仅仅重视数学或科学，也不仅仅重视文学或形而上学。我们要钻研一切的学科，而且达到最高的水平"。他认为需要的途径是"把语文学术教授得更富有体系，把自然科学教授得更富有归纳性的论证，把数学和历史教授得更有朝气，把哲学教授得更少武断性的判断"。[2] 艾略特同时引进了德国的选修制和学分制，推行学术自由和学生学习自由。此外，这一时期美国其他赴德考察的教育家回国之后，都将德国先进的大学理念用于美国高等教育建设中，极大地推动了美国高等教育的发展。由于一些大学如纽约大学，既是高等教育机构，又是领导中小学教育的教育行政机关，美国高等教育的发展又在一定程度上带动了中小学教育的发展，促进了美国整个教育体系的发展。

在德国将大学权力归于教授与学生、赋予大学学术自由时，法国也曾在 1808 年整顿大学教育，只不过整顿方针完全相反。拿破仑"把大学的学院分别改组为专门培植准备担任医务人员、行政人员、司法人员的专科学校，各

---

① 滕大春：《外国教育史和外国教育》，河北大学出版社，1998，第 249 页。
② 滕大春：《外国教育史和外国教育》，河北大学出版社，1998，第 251 页。

校分别推行专业教育，并由政府给各专科学校制定严格的规章。各专业学校的课程与考试也由政府规定。各校教授只是讲课的教师和主持考试的监考人员，而不是学者；所有个人的首创精神都被压缩到极小限度。当这位耶拿战场上的胜利者（拿破仑）把法国高等学府都置于政府官吏控制之下时，那个被战败的国家（普鲁士）却鼓起勇气，采取了不同的政策，它把培养未来政府官员的教育委托为大学，并要给大学以探索学术知识的自由——这里也体现了另一种不可磨灭的特点，就是政府坚信自己的民族和坚信真理与自由。可是经过五六十年以后，法国也开始按照德国的教育路线来改造自己国家的教育了。这就充分证明：听任教育自由发展比妄施控制与约束是更为优越的"。①

三　教育体系民主化、大众化是各国提升国家竞争力的共同选择

在古代和近代的阶级社会，教育是贵族或者统治阶层的特权，普通大众没有平等地接受教育的权利。随着社会进步、经济发展和科技繁荣，尤其是民主政治改革的推行，教育民主化的历程开启。早在16世纪宗教改革运动时，马丁·路德就从宗教信仰的视角提倡教育机会公平。德国为造就忠于国君的英勇善战的国民，从专职政治需要的立场出发呼吁普及初等教育，使教育机会面向大众公开。法国在大革命之后为了培养共和国需要的公民，呼吁将受教育权放开。最早开展工业革命的英国，为了培养工厂机械生产者和使用者，缓解和避免社会问题，创立了工场学校和初等学校，向普通大众开放教育。19世纪初美国发起的公立学校运动，以民主政治为宗旨，逐步扩大受教育人群。在英、法、德、美等发达国家教育民主化运动的推动下，初等教育受教育权向普通大众开放，并且有的国家开始通过教育立法，规定接受一定年限的教育是每个人必须完成而不可回避的义务，家长必须确保子女入学接受教育，这成为公民应尽的义务。义务教育的年限逐渐增长。

西方许多资本主义国家为了解决儿童入学的相关困难，免收学杂费，免费提供书籍、午餐、衣服、交通工具等，很好地保障了儿童入学接受教育的权利。这种教育民主化的浪潮不断延伸，一是少数族裔、黑人等弱势群体逐

---

① 弗·鲍尔生：《德国教育史》，滕大春、滕大生译，人民教育出版社，1987，第94页；滕大春：《外国教育史和外国教育》，河北大学出版社，1998，第252页。

渐被纳入受教育范围，美国在南北战争之后，经过一系列的斗争，黑人终于取得与白人相同的受教育权。其他国家也通过法令，将受教育权惠及弱势群体。二是一些身心残疾的儿童和青少年也得到同等的受教育权力。1975年，美国国会通过《身心缺陷青少年教育法》，对于全国800万名3~21岁身心有缺陷者，一律实行免费教育，并根据具体情况，分别安排进入学校、在家庭或到医院，学习适合的课程，而且凡学区缺乏条件者，由州负责其事。联邦和州政府曾为此拨付庞大的职业培训费、医疗护理费、生活救济费和幼年患者矫正费。① 其他国家也采取类似措施。三是受教育权突破学龄儿童范围，向年长或老年人开放。随着科学技术发展和知识更新速度的加快，在职人员培训或补习教育成为时代发展的需要，成人教育兴起。美国在"二战"前后初级学院或社区学院的数量以及学生人数迅速增加，其他国家设置的面向成人的中等和高等水平的教育机构也纷纷出现。四是义务教育范围逐渐向高层次学校延伸。最初，英法德美各国义务教育的范围局限在初等教育领域，并且由于经济等方面，在实践中发展受限，直到19世纪才逐渐落实。第一次世界大战之后，普及中等教育成为英美等发达资本主义国家的奋斗目标。第二次世界大战之后，这些国家又出现了高等教育大众化的浪潮，政府通过奖学金、贷款等方式帮助青年人进入大学学习。1964年，美国联邦政府颁布《经济机会法》，规定每年贷款3亿元，用于贫困大学生贷款和为在校大学生安排部分就业机会。1972年，美国又颁布《基本教育机会补助法》，对中等以上学校贫困学生给予补助。许多高等院校也为贫困生设置贷款以及赊欠学费等制度，学生毕业后可分期偿还。②

此外，随着高度专业化的工业化发展，科学和技术对人类及社会未来发展中的作用越来越大，本科层次以上的研究生教育也受到越来越多的重视与青睐。美国、英国等国家不仅招收刚毕业大学生开展全日制研究生教育，还同时重视并扩充专业性、创造性强的专业，面向社会招收富有实践经验、理解知识重要性、学习目的明确的成年人开展在职研究生教育。"为所有人提供适于其才能最高发展的最高层次的教育，是必须选择的方向"，这也是最大限

---

① 滕大春：《外国教育通史》结语，载滕大春《外国教育史和外国教育》，河北大学出版社，1998，第321页。

② 滕大春：《外国教育通史》结语，载滕大春《外国教育史和外国教育》，河北大学出版社，1998，第322页。

度挖掘、发挥人力资源优势的捷径。因此，高等教育的发达与普及程度成为衡量一个国家发展潜力与竞争力的重要指标。

在正规学校教育之外，英法德美等国高度重视图书馆、博物馆、展览馆、体育馆、文化宫、儿童之家等社会教育设施的校外教育作用，更大地扩大了教育的外延与服务范围。

四 加强教育体系制度化是国家竞争力驱动下的必然趋势

古代社会教育机构稀少，彼此之间缺乏联系，更遑论严密的教育体系。西方文艺复兴和宗教改革之后，政治制度变革与产业革命的发展直接推动了各国各级学校的兴起，初等学校、中等学校与高等院校之间的关系逐步形成。最初，高等学校是最高层次教育，专为贵族子弟而设，中等学校是高等学校的准备阶段，贵族子弟通常在家庭接受初等教育，贫困家庭子弟对此是不敢奢望的；初等学校多为贫困儿童和青少年所设，如英国为贫困子弟设立的教堂学校、主妇学校、慈善学校和贫困学校，美国的星期日学校等，贵族子弟对此是不屑一顾的。因此，初等教育与中等教育及高等教育因招收对象不同而形成了互不相通的双轨，通称双轨制。随着工业经济发展对人力素质要求的提高以及教育民主化进程的加快，人人接受初等教育，毕业后可继续升入中等和高等学校接受教育的需求日益强烈，并且逐渐成为现实，初等教育、中等教育和高等教育逐渐形成一个完整互通的教育体系。英美德法四国教育体系基本形成于19世纪，其发展路径主要有三：一是纵向延伸，在初等教育之下出现了面向婴幼儿的学前教育机构幼儿园等，在原有高等教育机构的本科之上出现了开展研究生教育的研究生院，德国的大学甚至以研究生培养为主要任务；二是横向拓展，在合理继承古代传统文化的基础上，随着国家生产力的发展和经济生产方式的变革，在普通教育的基础上，增加系统的、实用的职业技术教育，普及科技知识，从而建立起类型多样的教育机构，满足工业化生产的需要；三是体现终身教育和民主化的理念，建立兼顾普及与提高双重功能的教育体系，实现普通教育与职业教育、正规教育与非正规教育机构之间的衔接与融通，最后形成多层次、多类型、灵活性高、弹性强、多样化、终身化的教育体系。

如果说在英法德美四国在教育体系形成与建立初期更多考虑政治与意识形态因素，"正如19世纪的法兰西与普鲁士，这些国家20世纪60年代以来的教育发展和他们国家实体以及民族认同感的建立紧密联系在一起，教育发挥着与经济发展同等重要的作用。确切地说，快速构建的国民教育体系既是加速的国家形成过程的推动因素，又是这一过程的产物"。① 第二次世界大战之后至今，影响教育体系变迁更多的似乎是社会经济因素和生产力发展的需求。"在过去20年中，经济竞争已经成了所有西方国家提高教育水平的主要动因。相比之下，在诸多老牌发达国家之中，学校教育在增强民族认同感和公民意识方面所发挥的意识形态功能已经被相对弱化了。"② 随着教育成为促进个人提升、维护社会公正、确保国家安全与发展的重要杠杆，国家和政府对教育体系的调控力度加大，教育国家化的趋势越来越明显。进入21世纪，西方各国政府更加重视教育在促进经济发展和提高国家竞争力方面的作用，对经济的控制有逐步放权的趋势，但在教育问题上，则更加注重推行全国性统一政策。

当然，教育体系的变迁方式与各个国家的政治制度有关。通常，制度变迁运行方式分诱致性制度变迁和强制性制度变迁。③ 法国作为中央集权型国家，实行集中强制性制度变迁，资产阶级大革命之后综合大学的关闭与高级技术专门大学校的创办以及20世纪五六十年代短期高等教育的出现，就是政府自上而下强制推行的结果。而美国则是典型的诱致性制度变迁，例如美国联邦政府通过赠地的方式，诱导各州在接受捐赠的同时，推行职业教育，面向社会经济发展需求服务。当然，到20世纪后半期之后，美国在推行诱致性制度变迁举措的同时，也开始加大政府干预力度。

第三节　中国现代教育体系建设的国际启示

当前，我国正处于最好的发展时期，当今世界正经历百年未有之大变局，两者同步交织、相互激荡为实现中华民族伟大复兴的梦想提供条件基础。构建什么样的教育体系来支撑中国式现代化建设，如何促进教育体系改革来提升国家竞争力成为新时期亟待解决的关键问题。1974年诺贝尔经济学奖获得

---

① 安迪·格林：《教育与国家形成：英、法、美教育体系起源之比较》，王春华等译，教育科学出版社，2004，中文版序言第4页。

② 安迪·格林：《教育与国家形成：英、法、美教育体系起源之比较》，王春华等译，教育科学出版社，2004，中文版序言第4页。

③ 林毅夫：《再论制度、技术与中国农业发展》，北京大学出版社，2000，第37页。

者缪尔达尔在论述发展中国家贫困的根源及脱贫路径时，其中之一就谈到教育体系。他说，在许多发展中国家，教育体系不但不能促进发展，相反却是在阻碍发展。这些国家虽然反复宣布要扫除文盲，举办成人教育，发展初级学校，实际上并未真正实施。他认为只有改革这些国家的教育体系，才能有利于"发展"。关于教育体系改革，他主张"广泛开展成人教育、优先发展初等教育；停办一些普通中等学校和高等学校，或者改变其教学方向；发展技术教育和职业教育，以便培养更多更好的教师、医生、技师等等"。① 这种看法在当时乃至现在都有很强的参考价值。

如同萨德尔（Sadler）在一次著名的演讲《我们从对别国教育制度研究中究竟能学到什么有实际价值的东西？》中提到的，"以一种正确的精神和严谨的治学态度研究国外教育制度的作用，其实际价值就在于，它将促使我们更好地研究和理解我们的教育制度"。② 同时，他还提出，"我们不能随意地漫步在世界教育之林，就像小孩子逛花园一样，从一堆灌木丛中摘一朵花，再从另一堆中采一些叶子，然后指望将这些采集的东西移植到家里的土壤中便会有一棵有生命的植物"。③

因此，基于英、法、德、美四个发达国家教育体系的比较研究，能够从中发现如何整合、开发教育体系的力量，支持、促进国家政治、经济发展和竞争力的提升，教育体系的结构影响着其功能与效率。综合四国教育体系变迁与国家竞争力之间的关系，可总结出高效、公平的教育体系应具备以下特征。

一是全民性，即面向人人，使每个人都能够拥有接受适合自己的教育的机会，尤其是弱势群体，更应通过教育提高自身文化素养，提高生活品质。二是终身性，指人们可具有终身学习、可持续发展的机会与能力。全面性与终身性是现代教育体系的重要特征，也是现代经济社会发展对人的必然要求。三是易得性，让所有人不受时间和空间限制，在人生任何时候、任何地方都可通过自己喜欢的方式获得需要的教育内容。四是多样性，现代教育体系应是多元的，教育层次、类型多样化，通过多样化的方式为人们提供多样化的学习内容，从而满足个人发展以及社会经济发展的多样化需求。五是完整性。指教育体系应实现层次、类型、科类齐全，以更好地发挥其功能。六是融通

---

① 王振中、李仁贵主编《诺贝尔奖经济学家学术传略》，广东经济出版社，2002，第98页。
② 王承绪主编《比较教育学史》，人民教育出版社，1998，第66页。
③ 王承绪主编《比较教育学史》，人民教育出版社，1998，第66页。

性，即不同教育体系内不同层次、不同类型的教育之间相互衔接、融通，以便人才合理分流与再选择，为人才成长提供多次选择机会，以更好地实现个人价值与教育体系的效率。七是开放性。指教育体系面向社会、面向世界、面向未来，在不断回应外界需求中调整自身发展方向，为国家、社会和个人服务。八是协调性。指教育体系内教育类型、层次与科类以及区域结构应与国家社会经济发展战略一致，以更好地发挥教育体系的整体功能，这是教育体系质量的体现，也是国家竞争力的重要决定因素。在教育体系改革进程中，中国应始终立足于"教育是国之大计、党之大计"的战略高度，将全人教育、终身教育、多元主体协同育人作为中国式现代化教育体系的改革方向，促进产业界、教育界等社会力量交叉互动、跨界融合，解决教育发展的不平衡、不充分的问题，构建良好的教育制度以实现中国教育体系的高质量发展。

如今，中国的全球影响力不断增强，国家综合实力也随之上升，但技术水平和人力资源指标的相对落后阻碍了国家竞争力提升。在世界经济论坛发布的《2016-2017年全球竞争力报告》中可见，中国在全球138个经济体中排名第28，在不同评价指标中，中国的市场规模得分排名第1、宏观经济环境排名第8，但技术水平排名第74（见图7-1）。

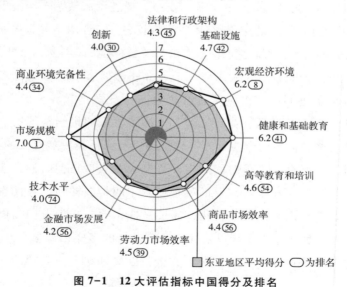

图7-1　12大评估指标中国得分及排名

资料来源：《全球竞争力中国排28名，哪些项目拖了后腿？》，http://news.sina.com.cn/c/2016-09-30/doc-ifxwmamz0110316.shtml。

从图 7-1 所列出的 12 个一级指标体系可看出，当前我国市场规模、宏观经济环境等指标都不错，但影响我国竞争力的人力资源相关的指标都相对较差，如劳动力市场效率排名第 39，健康和基础教育排名第 41，高等教育和培训排名第 54，创新排名第 30。国家竞争力作为一个系统性的综合指数体系，这些数据反映出我国教育体系、科技创新、经济发展所面对的现实困境。在教育体系上，结合英、法、德、美四国教育体系变迁过程中的经验得失，可总结出以下启示或建议。

第一，从国家发展战略出发，对教育体系进行顶层设计。

教育政治、经济功能的良性互动有赖于国家和地区的政治、经济、文化制度、环境的相互嵌入与协同，以系统性、整体性协调互动来发挥教育体系的整体功能。1974 年诺贝尔经济学家获得者谬尔达尔用整体性分析法分析社会经济制度，并提出了"循环累积因果原理"，他认为，"社会经济制度的演进，是技术的进步以及社会、经济、政治和文化等因素的演变造成的。在一个动态的社会经济过程中，社会经济的各种因素是互相联系、互相影响、互为因果的。最初某一社会经济因素的变化，会引起另一社会经济因素的延伸变化，而后者的变化又会反过来推动前者的变化，使社会经济过程沿着最初的那个变化的方向发展。由此可见，因果累积关系包括最初的变动、强化的引申变动以及上下累积过程三个阶段，所以，社会经济诸因素之间的关系不是守衡或趋于均衡，而是以循环的方式运动，但不是简单的循环流转，而是具有累积效应的"。[①] 无独有偶，另外一位诺贝尔经济学奖获得者阿瑟·刘易斯在其经济发展因素论中，提出影响经济发展的直接原因包括人们从事经济活动的努力、知识的增长和运用、资本的积累等三大因素，间接原因包括人口因素、意识形态和社会政治经济制度的作用。而所谓的"知识"包括技术知识和社会知识两类，在当前科学阶段，科技发明与科学研究联系越来越密切，人们对新知识的态度、社会对此能否提供合适的报酬等都对知识传播和运用有着直接影响。这方面美国劳动力市场上受过高等教育劳动者的"工资溢价"、各种职业的高度专业化都极大地激励了普通民众加大教育投入。这都需要政府从国家发展战略出发，从社会、经济、技术等方面进行全盘规划，将教育发展纳入国家经济发展总规划。

---

① 王振中、李仁贵主编《诺贝尔奖经济学家学术传略》，广东经济出版社，2002，第 95~96 页。

由此，中国式现代化教育体系改革应当立足本国国情，以中国特色社会主义建设为基础，结合我国政治、经济、人口等实际情况，促进教育、科技、人才的三位一体化协同互动，从整体教育体系考虑，对教育的层次、类型、形式、科类、区域结构进行合理的、长期与短期相结合的规划，以提高教育体系的整体功能，加大人力资源开发力度，促进我国从人力资源大国向人力资源强国转变。

第二，重视各级、各类教育之间的衔接与融通。

各级、各类教育之间的紧密衔接、有机融通是促进教育体系高效运行的有力保障。当前，我国教育体系中存在的一个重要问题是各级、各类教育之间缺少衔接，例如幼小衔接、中学阶段内初中与高中两个阶段的衔接以及中学与大学之间的衔接，各个层次的教育之间相互隔离导致学生每升入更高阶段，都要有很长时间的考试准备期、新生活适应期，而尤其考试准备期多为人为的、无用的人力与物力的浪费。另外，普通教育与职业教育机构之间缺乏融通机制，导致两类机构发展不平衡，普通教育学生缺乏实用技术训练而难以就业，而职业技术类学生因缺乏普通教育基础而发展后劲不足，更重要的是人们缺少多次选择的机会。这就易于造成人力的浪费，降低整个教育体系的效率与功能。美国、英国和法国的幼小衔接，美国职业教育与普通教育的融合、法国高中与大学之间的衔接等都为我国提供了很好的范例。

因此，教育衔接、分流培养、普职融通是未来教育体系改革的发展方向。针对不同阶段的教育对象，制定幼小衔接、小初衔接、中学衔接等多阶段、多层次的教育衔接方案，并结合不同培养目标、培养类型、培养标准形成分流培养、普职融通的教育制度。通过人才分流培养模式激发学生个人的特长和潜力，以普职融通模式促进产业、教育的交叉融合，校企合作协同培养产业经济发展所需的人才。使得每个学生能够学有所长、学有所成，实现人才资源因材施教，优化教育资源配置等目的。

第三，大力发展学前教育与初等教育，提高人口基本文化素养。

学前教育与基础教育阶段作为整个教育体系的基础，也决定着国家人力资源整体的文化素养水平。据 OECD 统计，2010 年所有的 OECD 国家的义务教育都包括小学和初中教育，大多数国家还包括高中教育。除印度外，在所有 OECD 国家和其他 G20 国家中，5～14 岁人口的入学率超过了 90%。[1] 而发达国家义务教育的年限通常更长，近年来英国、法国和美国的义务教育都有向学前教育延长和义务教育内部阶段的调整的趋势与做法，美国奥巴马政府提出的人力资源竞争要从学前教育抓起的诸多战略，再次说明学前教育和基础教育虽然未能直接为社会经济发展服务，但从长期看，这个阶段的教育直接决定了未来人力资源的质量与基础。学前教育与初等教育的投入受国家或所在地区经济发展水平以及政府努力程度的影响，我国资深外国教育史研究专家吴式颖先生在总结其多年外国教育研究的感受时指出，国家举办教育应摒弃功利化思维，基础教育是教育之根，国家怎么重视都不为过。

目前，我国早已实现了义务教育普及，处于义务教育均衡阶段，重视学前教育与初等教育是教育体系改革的重中之重。作为终身教育体系的开端，应当从国家发展所需要的人的角度出发，从学前教育、初等教育开始抓起，从人的身体健康、认知理念、道德规范等多方面培养和塑造儿童的身心健康、个性品格。

第四，发展面向人人、为人终身发展奠基的职业技术教育与培训。

从历史上看，技术的保存、传递与创新，推动了人类生活的进步。英国是世界上第一个发生工业革命的国家，享有"世界工厂"的桂冠。但是到第二次工业革命时，英国大量的技术和资本通过各种渠道传播到其他西方国家，为英国工业培养了潜在的竞争对手，而英国自己却未走出昔日的辉煌，随着科学技术和工业化在西方世界的广泛传播，到 1900 年左右，英国教育体系脱离实际，技术发展无法满足社会需求，市场规模缩小，外部殖民帝国的效益递减，在世界经济竞争中的比较优势下降，沦为世界第二工业大国，屈居美国之后，勉强领先德国。[2] 如同诺贝尔经济学奖获得者舒尔茨所提出的，"由教育、保健、人口流动等投资所形成的人的能力提高和生命周期的延长，也是资本的一种形式；人的质量是经济发展的最重要因素，经济发展主要取决于人的质量，而不是自然资源的丰瘠或资本存量的多寡"[3]。舒尔茨提出的人力资本经济学解开了"二战"后日本、德国乃至西方国家经济迅速发展的秘

---

[1]　经济合作与发展组织、中国教育与科学研究院译：《教育概览 2012：OECD 指标》，教育科学出版社，2012，第 356 页。

[2]　保罗·肯尼迪：《大国的兴衰》，蒋葆英等译，中国经济出版社，1989，第 287 页。

[3]　王振中、李仁贵主编《诺贝尔奖经济学家学术传略》，广东经济出版社，2002，第 203 页。

密。人的质量高低主要取决于技术的教育和培训。联合国教科文组织在第二届国家职业技术教育大会上提出："技术与职业教育及培训应能使社会所有群体的人都能入学，它应为全民提供终身学习的机会。"① 美国在"二战"之后出现了职业教育全民化、终身化的改革，创建社区学院和副学士学位，德国的双元制职业教育体系也为职业教育体系发展作出了表率，职业教育向高中后延伸并且职业教育层次上移，这些都代表了提升人口素质，使人口大国摆脱人才建设困局走向人力资源强国的路径。对于我国现在而言，国家在建设工业强国过程中，工业化、城镇化进程加快，高端服务业兴起，大量农村劳动力转移和中小企业的发展需要职业技术教育，面向全体大众，培养大批掌握专门劳动技能的中高级人才，真正创建一个全面学习型社会，才能使我国步入真正的"高级技工时代"，才能充分发挥人口优势，延长或创造新的人口红利。②

因此，为职业技术教育与培训的横向与纵向发展开拓空间，我国应当大力推动产业、教育、社会等多元主体协同合作，通过校企合作、产教融合、产学研合作等实践项目促进企业、学校间跨界融合，建立现代产业学院、未来技术学院等培养一大批高质量、高素质技能人才，为广大民众提供接受职业技术培训的机会和能够终身发展的路径与希望。

第五，面向市场办学，优化高等教育尤其是研究生教育。

知识经济成为 21 世纪一个显著特征，有效的经济组织和高素质的人力资源是国家产业竞争力的基础。面对经济全球化激烈竞争，高等教育尤其是研究生教育的重要性已成为共识，如金耀基指出的，"现代化最终的动力与实力是知识，也是教育，特别是大学教育"。③ 美国经济崛起与久居世界霸权地位的重要武器就是发达的高等教育尤其是领先世界的研究生教育。发达国家越来越意识到，"今天，工业化国家的教育和高等教育的质量比过去任何时候更加重要了：它越来越决定着一个社会的发展潜力，而且，用经济学的话来说，

---

① 蔓盛：《职业技术教育新思路与新趋势——第二届国际技术职业教育大会评介》，《比较教育研究》1999 年第 6 期。

② 《厉以宁凤凰演讲：鸦片战争中国 GDP 远高英国　关键是调结构》，http://finance.ifeng.com/news/special/2012Summit/20121216/7438701.shtml。

③ 金耀基：《大学之理念》，生活·读书·新知三联书店，2001，第 160 页。

影响国际的竞争和工业地位的选择"。①

　　对于我国这样后发型国家来说，已经实现了高等教育大众化，成为世界高等教育大国，但应进一步面向社会开放，优化高等教育层次、类型、科类与区域结构，在国家宏观调控下引入市场调节机制，通过"双一流"建设、"新工科"建设等战略计划培养一大批研发型、创新型、复合型高端科技人才，为掌握关键核心技术，解决"卡脖子"问题提供高质量人才资源。同时，为更好地服务国家重大战略需求、地方及区域经济发展，助力国家竞争力的提升提供人才支持与智力支撑，为国家国力强盛、社会稳定以及教育体系整体质量提升而再起航。

---

① 弗兰斯·F. 范富格特主编《国际高等教育政策比较研究》，王承绪等译，浙江教育出版社，2001，"前言"第 1 页。

图书在版编目（CIP）数据

教育体系与国家竞争力：以英法德美四国为例 ／ 高
迎爽著 . -- 北京：社会科学文献出版社，2024.5
（中国社会科学院大学文库）
ISBN 978-7-5228-3714-7

Ⅰ.①教… Ⅱ.①高… Ⅲ.①教育研究-英国、法国
、德国、美国 Ⅳ.①G40-03

中国国家版本馆 CIP 数据核字（2024）第 110954 号

· 中国社会科学院大学文库 ·

教育体系与国家竞争力
—— 以英法德美四国为例

著　　者／高迎爽

出 版 人／冀祥德
责任编辑／孙　瑜　佟英磊
文稿编辑／王　敏
责任印制／王京美

出　　版／社会科学文献出版社·群学分社（010）59367002
　　　　　　地址：北京市北三环中路甲29号院华龙大厦　邮编：100029
　　　　　　网址：www.ssap.com.cn
发　　行／社会科学文献出版社（010）59367028
印　　装／三河市龙林印务有限公司

规　　格／开　本：787mm×1092mm　1/16
　　　　　　印　张：16.75　字　数：283千字
版　　次／2024年5月第1版　2024年5月第1次印刷
书　　号／ISBN 978-7-5228-3714-7
定　　价／118.00元

读者服务电话：4008918866